2014

1

Public Policy Review

公共政策评论

主　　编　姚先国 金雪军

执行主编　蔡　宁

ZHEJIANG UNIVERSITY PRESS
浙江大学出版社

《公共政策评论》
简　　介

　　《公共政策评论》是浙江省公共政策研究院、浙江大学公共政策研究院不定期汇编出版的一种探讨公共政策理论与实践的学术文集,致力于为所有有志于国内外公共政策研究的人士构建平等的高层次学术交流平台。本文集以当今国内外公共政策重大理论与实践问题为研究和讨论核心,追求科学性和学术性,研讨理论,注重实践。以"经世致用,天下为公"为宗旨,聚焦经济、社会等公共政策领域的前沿问题研究,主要研究范围包括:公共政策分析、政府管理、社会治理、经济发展、国外动态等。本文集竭诚欢迎诸位学人惠赐佳作,尤其欢迎"无学科的"公共政策综合性研究成果。

　　联系方式:0571－88206853;网址:http://www.ggzc.zju.edu.cn
　　地址:浙江省杭州市浙江大学紫金港校区蒙民伟楼 322 室;邮编:310058
　　联系人:周佳松

目　录

改革专论

作者
金雪军
姜聪聪

地方金融发展与改革研究

——以浙江为例

内容提要：目前，浙江经济社会发展处于工业化和城市化发展的中后期，人均GDP 已经突破 1 万美元，达到世界中等发达国家的水平。国际经验表明，这一历史阶段正处于经济转型和产业升级的关键期，如果转型升级不成功，很可能陷入"中等收入陷阱"。过去的一年，中国金融改革迈出重要步伐，从金融市场开放到金融产品创新，从汇率波动幅度扩大到利率市场化推进，特别是先后批准设立的三个国家级金融改革试验区，有力地推进了我国金融改革进程。但是，我们必须认识到，中国的经济和金融改革已经进入攻坚区和深水区，牵一发而动全身。地方金融改革既要积极推进，又要针对地方特色全面设计、审慎进行。

关键词：地方金融；金融改革；经济转型

一、浙江金融业发展现状

改革开放以来，浙江金融业迅速发展，金融运行质量在全国位居前列。尤其是试行国家多项金融改革试点后，浙江金融业发展逐渐展现其自身的特色，温州民间金融、舟山海洋金融、丽水农村金融、义乌贸易金融等得到前所未有的发展机遇，发展势头良好，成果丰硕。但是也有一些共性的问题，主要体现在金融总量、组织体系、融资结构和区域发展这几方面。

（一）金融业发展迅速，但在 GDP 中占比依然偏低

依托于浙江发达的市场经济和民营经济，浙江金融业飞速发展，

金融业增加值占 GDP 的比重从 2000 年的 3.5％上升到 2011 年的 8.4％,仅次于北京和上海(见表1)。同时,在改革开放的 30 多年里,银行、证券、保险等行业均取得了长足的发展。

表1　全国主要省市 2011 年度 GDP 及金融业增加值情况

地区	GDP				金融业增加值					
	GDP(亿元)	位次	增速(%)	位次	金融增加值(亿元)	位次	占 GDP 比重(%)	位次	增速(%)	位次
广东	53210	1	15.6	29	2916	1	5.5	7	9.7	29
江苏	49110	2	18.6	25	2600	3	5.3	8	23.5	13
山东	45361	3	15.8	28	1640	6	3.6	19	20.5	17
浙江	32318	4	16.6	27	2730	2	8.4	3	17.3	21
上海	19195	11	11.8	31	2277	4	12	2	16.7	23
北京	16251	13	15.2	30	2215	5	13.6	1	18.9	19
全国	521441		9.3		25901		4.8		19.0	

注:根据相关材料整理

首先,浙江银行业存贷款规模保持了快速发展,年增速均在 10％以上,2012 年存贷款余额分别达到 66679 亿元和 59509 亿元,分别是当年全省 GDP 的 1.93 和 1.72 倍。

其次,浙江证券融资规模不断扩大,尤其是在中小板和创业板推出之后,全省的上市企业数量迅速上升,通过股票市场筹资的规模也迅速增加。截至 2012 年底,全省境内上市公司 246 家,位居全国第 2 位,累计融资额达到 2786 亿元;中小板上市公司 119 家,占全国中小板上市公司总数 17％,位居全国第 2 位;创业板上市公司 36 家,占全国创业板上市公司总数的 10.1％。

再次,保险业务规模也呈快速增长的局面,2012 年实现保费收入 984.6 亿元,保险密度为 1802.1 元,远远超过全国平均水平 1143.8 元。

总体上看,浙江金融业取得了迅猛的发展,在经济发展中所处的地位越来越高,但是与发达的经济水平相比,浙江的金融业总量依然偏低。浙江金融业增加值仅占 GDP 的 8.40％,与国内其他一线城市上海、北京等比较仍有较大差距,后者均在 12％以上。同期,发达国家的比例平均为 10％,美国则为 20％。以浙江应有的金融发展潜力以及浙江特色金融的活力来看,浙江金融业规模及其对经济发展的贡献仍有待发掘。

(二)融资总量增长迅速,但融资结构失衡严重

从整体来看,在各项改革试点的推动下,浙江金融市场实现了较快的发展,各个金融子市场交易活跃,融资总量规模上升趋势明显。但是,融资结构严重失衡的局面并

没有改变,直接融资与间接融资比例失衡问题依然严峻。直接融资比例严重偏低,区域资本市场还比较落后。2012 年,贷款、债券、股票三种方式融资比例为 79.6∶17.4∶3.0,直接融资的比重 20.4%,比往年有较大提高。但是,与同期日本、德国、美国企业的 50%、57% 和 70% 相比,企业直接融资比重依然明显偏低,有较大改善空间。同时,从信贷总量来看,2012 年浙江信贷总规模与地区生产总值之比是 1.7,远高于全国的 1.3 的水平。这种高负债率的发展模式在经济上行期能够快速推动企业扩张,但在经济下行期则容易集聚债务风险,影响区域金融安全。表 2 为 2000—2012 年历年融资结构情况表,可以发现浙江直接融资比例严重偏低,融资结构失衡的问题虽有所改善,但一直未能得到有效解决。

表 2　2000—2012 年浙江省历年融资结构占比情况　　　　（单位:%）

年份	贷款	债券(含可转债)	股票
2000	93.2	0.2	6.6
2001	96.5	0	3.5
2002	99.0	0	1.0
2003	98.6	0.3	1.1
2004	97.1	0.6	2.3
2005	96.9	2.9	0.3
2006	95.2	2.3	2.5
2007	86.9	3.9	9.2
2008	90.9	4.4	4.7
2009	92.6	4.6	2.8
2010	87.6	4.3	8.1
2011	83.3	9.5	7.2
2012	79.6	17.4	3.0

注:根据相关材料整理

（三）金融组织体系健全,但结构发展不均衡

浙江已初步形成了银行、证券、保险、期货等多种金融机构并存,全国性和区域性金融机构协调发展的多元化金融组织体系,但是金融机构发展不均衡的现象非常明显。其一,银行业占据主导地位,证券、期货、保险、信托、租赁等行业规模偏小,银行分支机构总数是后者全部加总的 8 倍左右,信贷融资总额更是占到整体的 80% 以上。其二,浙江证券、基金等行业的地方法人机构数量非常少。其三,浙江的中介组织,尤其是具有高服务水平的会计事务所、律师事务所比较缺乏,成为区域金融体系建设的一大障碍。总体上,浙江地方金融的整体实力偏弱,难以满足各类企业转型期间的各种需求。

（四）区域金融发展繁荣，但金融一体化进程缓慢

浙江各地的金融改革、金融发展进程迅速，但金融一体化进程尚显缓慢。在温州金融综合改革、丽水农村金融改革、舟山海洋金融改革、义乌贸易金融改革等多项国家战略指导下，浙江各地方金融发展迅速。但区域金融整体上还有很多不足的地方，具体表现为金融一体化的总体思路尚未建立，各主要城市在内外金融合作中尚未进行合理定位，区域金融改革红利尚未全面向全省范围覆盖。

二、浙江金融业发展与经济转型的矛盾

金融业作为经济转型的一个重要支撑，既要自我优化升级，又要服务于经济主体转型的融资需求，面临着巨大的挑战。近两年，针对各区域特色，浙江启动多项国家金融改革试点项目，民间金融、海洋金融、农村金融、贸易金融与科技金融等均得到前所未有的发展机遇，各区域金融问题得到改善。但总体来看，金融发展对经济转型的促进作用尚待发掘，金融发展与经济转型之间的矛盾依然存在。主要表现在中小企业融资需求、直接金融服务需求、金融自身发展需求三个方面。

（一）中小企业融资高需求与中小金融机构缺乏的矛盾

浙江中小企业税收贡献率达到 60％、产值贡献率超过 80％、就业贡献率接近90％，是浙江经济社会发展的重要支撑，也是经济转型的主体所在，在全面深化改革方面起重要推动作用。但是，现阶段在间接融资市场，主力军是全国性大型银行，其对规模小、收益低、抵押资产不足、融资金额小但较为频繁的中小企业的重视力度相对不足，难以满足其融资需求。据统计，仅 25％左右的中小企业能够获得银行贷款，且其获得的贷款额度占全部贷款余额的比例极低。在直接融资市场，大多数中小企业也远远达不到证券市场的融资门槛，中小企业很难在直接融资市场融资。

由于存在路径依赖，中小企业融资问题的改善依然需要银行信贷，尤其是能够与中小企业实现供需对接的中小金融机构。虽然，近年来在多项金改措施的推动下，浙江已发展一批小贷公司和村镇银行等中小金融机构提供服务，但仍难以满足数量众多的中小企业的融资需求。

（二）直接融资服务高需求与融资结构失衡的矛盾

融资结构失衡的问题主要表现有两点：一是受间接金融特点的影响，在间接融资市场中小企业难以获得足够融资；二是在浙江金融市场上，资金需求与资金供给在渠道上难以有效对接。一方面不少高新技术项目因为缺乏信贷资金支持而失败，另一方

面,因缺乏有效的投资机制引导,市场上又存在着大量的民营资本流离于实体经济之外。

相对于间接融资,直接融资由于更趋于市场化,对解决市场结构性失衡问题更有效,在促进经济发展方面也具有更强的优化配置作用。目前,浙江金融市场上已创新了一系列的企业直接融资工具,但是由于这些工具的发行门槛较高,加之存在市场分割及流动性不足等问题,只有一小部分企业能够进行直接融资,那些规模小、处于转型期的中小企业仍然无法获益于直接融资。目前,大多数企业仍难以享受到直接融资所带来的便利,特别是有助于推动经济转型的高新技术创新型企业,难以得到直接市场的资本支持。

(三)金融业发展与地方金融实力较弱的矛盾

浙江是金融发达省份之一,但浙江地方金融业的发展并不乐观。浙江地方法人金融机构不仅数量少,而且实力相对较弱,已经成为金融业全面发展的瓶颈。从数量上看,与上海、北京、广东等省市相比,浙江在银行、证券、基金等方面的地方法人金融机构数量都很少。浙江仅有宁波银行1家上市的地方法人银行,证券方面只有浙商证券和财通证券两家本土券商,基金公司方面只有浙商基金和财通基金。在影响力方面,省内的地方法人金融机构在全国市场占比有限,影响力薄弱。据统计,2010年末浙江仅有的两家证券公司实现营业收入12.7亿元和14.7亿元,而同期中信证券的收入为190亿元,两家券商的营收总额不及中信证券的15%。浙江本土的证券公司在行业内市场份额很小,实力偏弱,与浙江经济和金融大省的地位极不相称。而浙江地方性银行在金融创新和产品竞争力上与全国性银行相比也存在一定的差距。

表3 2010年营收排名前五券商与浙江本土券商营收情况

证券公司	营业收入(万元)	排 名
中信证券	1908559	1
广发证券	1018783	2
海通证券	791355	3
国信证券	769227	4
银河证券	758926	5
浙商证券	146997	36
财通证券	127149	41

注:根据相关资料整理

(四)企业融资需求的特殊性与银行信贷体系的矛盾

出于流动性和安全性的考量,银行信贷大都以短期信贷为主,而从浙江企业融资需求的状况看,不少企业资金需求呈现长期性的特点,这对于科技型企业和传统型企业转型升级更为突出,然而目前的银行信贷短期化色彩很浓,一年期以下很多,甚至几个月,而且还实行"借新还旧"的做法,这对企业融资、投资构成了很大的挑战和压力。据统计,2011 年浙江信贷市场中,中长期贷款仅占金融机构贷款余额的 37%,同期,北京、上海、江苏和广东分别为 62.7%、67.3%、49.7% 和 69.5%,全国平均为 59.3%,足以证明浙江信贷市场上中长期贷款资金的匮乏与银行信贷体系期限错配问题的严重性。此外,由于目前的银行信贷基本上是依赖于房地产抵押与互保互担体系,导致浙江企业缺乏足够的抵押与担保资产的状况比较普遍。

(五)项目融资需求的大额化与资金聚合机制缺乏的矛盾

随着浙江经济转型升级的需要,除了继续进一步发展中小微企业外,大平台、大项目、大企业建设也越来越提到议事日程上来。同时,向民营资本开放的诸多新领域往往也需要数额较大的资本,2012 年面向民资招商推介的总投资达 11830 亿元的四百多个重大建设项目中,十亿以上的项目占据半壁江山,甚至不乏百亿元、几百亿元的项目,而浙江的民间资本尽管充裕但较分散,由于缺乏形成大资本的聚合机制,最终众多小资本与大项目失之交臂。资金聚合机制的缺乏已经成为阻碍地方资金上马大项目的重要因素。

三、地方金融体制改革和创新思路

金融改革与发展既需要自上而下的顶层设计,也需要自下而上的改革探索,而构建一个"中央+地方"金融体系,既能完善顶层设计,又能激发"鲇鱼效应",符合我国金融业发展的实际需要。应该在保持全国金融主体地位的同时,大力发展地方金融。

(一)地方金融体制改革和创新的基点

1. 地方金融体制改革和创新是探索金融发展新模式

金融体制改革不能简单地理解为增量金融改革,而是金融模式的改革,是探索新的金融发展模式。有效的地方金融改革,不只是金融机构的集聚、金融市场的设立,更需要考虑地方金融体系服务功能的提升和完善。就此角度看,地方金融改革要围绕金融服务实体经济的思想,根据自身特色,发掘优化地方金融服务的主线索。

2. 地方金融体制改革的本质要求是服务于实体经济

地方金融业的改革和创新在符合我国金融法律法规、战略布局和改革方向的前提下进行。地方金融体制改革和创新的本质要求是通过深化金融业的改革创新,建立金融支持中小企业发展的体制机制,从根本上解决"民间资金多,投资难;中小企业多,融资难"困局。浙江金融业的改革和创新,一定要在调整金融制度和结构上下功夫。

(二)浙江地方金融体制改革思路

在当前浙江经济社会发展的现实条件下,地方金融体制改革要在金融资源集聚、产品研发、市场拓展、机构布局等方面积极探索。浙江金融的改革和创新的方向必须始终坚持金融服务实体经济的本质要求,切入点是调整现有的融资结构,落脚点是建立多元化、多层次的金融体系。推进浙江金融综合发展,要在现有改革措施基础上,理清思路,切入重点,有所突破,针对浙江地方金融发展的薄弱环节,加快融资结构多元化步伐,力争早日打通民间小资本与大项目、银行大资本与小企业两个对接通道,拉长地方金融短腿,破解利率市场化难题。同时,为确保地方金融体制改革顺利进行,积极探索搭建综合服务平台、保障机制、监管体系等配套政策,建立完善的上下联动、左右协调的推进机制,形成通力合作格局,增强推进金融工作的时效性和针对性,最终实现经济金融双转型。

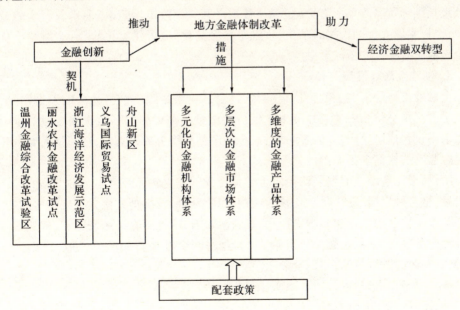

图 1　基于"双转型"的浙江地方金融体制改革

(三)浙江金融业发展目标与路径

1. 浙江金融业发展目标

浙江金融业的发展要通过加快改革,把改革和发展结合起来,把金融改革发展与实施国家战略结合起来,通过进一步改革,全面改善浙江现有的结构性、素质性矛盾,打通民间小资本与大项目,银行大资本与小企业的对接通道。力争在地方金融发展、融资结构、地方金融结构等方面有所突破。具体来讲,通过一段时间的努力,一是金融业增加值占 GDP 和第三产业比重有较大提高,存贷款年均增量和信贷资产质量保持全国领先水平;二是区域金融改革继续推进,全面推广、复制成熟的改革措施,使浙江全面受益于金融改革红利;三是融资结构失衡现状明显改善,直接融资比重有较大提高;四是地方金融机构实力显著增强,多种所有制和多种经营形式、结构合理、功能完善、高效安全的具有浙江特色的地方金融体系形成;五是打造环境优化、监管有效的金融市场。

2. 深化地方金融改革的着力点

为实现金融业发展目标,全面支撑实体经济发展的金融需求,浙江金融业改革应以调整现有的融资结构为切入点,以建立多元化、多层次的金融体系为落脚点,以充分发挥互联网金融等新金融形式的比较优势为新要求,抓住海洋经济发展(海洋港航金融)、义乌国际贸易改革配套金融改革、温州金融综合改革示范区、丽水农村金融改革等契机,探索建立金融机构链条化、金融平台系列化、金融工具多样化、金融生态优化与金融监管有序化的浙江金融。

3. 浙江金融业发展路径

金融业支持经济转型的整体架构,就是金融业紧密跟随经济社会的发展路径,充分满足市场经济体系中各类经济主体经济转型过程中衍生的多层次的金融需求。这种需求不仅包括对金融市场、金融机构、金融产品和服务的硬需求,还包括对金融环境和金融监管的软需求。

所以,浙江金融业的发展路径应主要体现为从建立实体经济与金融发展的互动机制出发,把金融发展一般规律与浙江金融特点相结合,重视地方法人金融机构的功能,发挥国家主体金融机构在其中的作用;创新融资方式,提高直接融资比例,搭建多层次的综合服务平台,优化金融生态环境;发展互联网金融等新的融资渠道,建立分级负责、协同高效的监管机制,防范金融风险。

四、地方金融体制改革和创新举措

(一)建立链条化的金融机构体系

链条化的金融机构体系建设是成立多样化并体系化的金融组织,为实体经济提供金融服务。其特点是在纵向上形成大、中、小金融机构分工并存,横向上形成能够满足企业发展需要的各种金融服务的机构体系。

1. 发展创新型地方金融产业,壮大地方金融板块

对浙江而言,地方金融包括浙商银行、浙江各城市商业银行、农村各金融机构、新型金融组织(公司)以及信泰人寿保险等由浙江地方政府管理的保险公司、信托公司和证券公司。

地方金融对地方经济发展方面有独特的作用。发展地方金融业,一方面要加大扶持力度,实现地方金融业的规模经济,促进已有的城市商业银行、农村金融机构进行增资扩股,扩大资本金,增加服务网点,增强服务能力和抗风险能力。另一方面,要推动创新型地方金融产业发展,形成多层次、多样化金融产品和服务,提高对浙江金融需求的覆盖度。要充分利用多项改革试验区的优势,复制金融改革成果,在适宜地区全面推广。

2. 支持区域金融改革,合理布局和协调区域金融子中心

除温州金融改革综合实验区外,丽水农村金融改革试点,舟山大宗商品交易中心金融创新试点、海洋经济金融创新试点、义乌国际贸易金融创新试点等都启动。各区域板块在功能上各有特色,也取得了一定绩效。如何统筹发展金融业,要从省级层面进行合理的发展布局,形成区域金融子中心。

3. 优化金融业结构,支持经济转型发展

目前,浙江金融业格局仍以银行业为主,保险、证券、信托业发展相对滞后。要做大做强浙商系列总部金融机构,大力发展保险、证券和信托业,多渠道推进企业上市,积极推动各类创投公司的发展,创建一批符合浙江特色的新型金融机构。同时,大力发展中小商业银行,以城市商业银行、农合行、信用社等为基础,发展地方中小金融机构。积极探索民营银行试点,建设与完善互联网金融机构。

(二)建立多元化的金融市场体系

直接融资可以在一定程度上倒逼公司改善治理结构,有利于企业筹集到更多的中长期发展资金,从而可以进行长期项目投资。建立多层次的金融市场,除了在已有的信贷市场与资本市场进一步发挥融资功能外,还需要进一步完善股权投资市场、产权

交易市场,大力发展债券融资。同时,在地方金融控股公司方面有所突破。

1. 将直接融资市场建设作为调整融资结构的主要切入点

加大力度培育地方资本市场,建立多层次地方金融市场,加快现有企业股份制改造步伐,积极与全国性资本市场对接。借新股 IPO 核准制向注册制变革的契机,重点培育一批能直接在主板市场上市的企业,培育一批到中小板创业板上市的企业,扶植一批在股权交易中心交易的企业,扩大"浙江板块"的影响力。探索建立符合实体经济发展需求和企业融资需求的场外交易市场,推动知识产权、专利、技术以及林权、海域使用权等各类资源合理高效地流转。同时,着力发展债券市场,包括市政债和企业债券市场,充分发挥债券融资的优势,提高企业从资本市场直接融资的比重;扩大长期金融债券的发行,解决商业银行附属资本不足的问题;加大企业债券融资工具的宣传推广力度,鼓励符合条件的企业发行短期融资券和中小企业集合债;放宽无担保债券的投资范围,逐步增加保险资金投资无担保企业(公司)类债券的品种。

2. 组建地方金融控股公司,提升地方金融竞争力

加快金融控股集团建设,鼓励和支持有实力的大企业建立大型产业金融集团,充分发挥产业集团资本运作、战略管理等方面的专业优势,同时有效倒逼金融机构改革。由于金融控股公司的法律法规还不健全,可能会面临关联交易风险、财务风险等,因此,在组建金融控股公司的过程中,一定要建立健全内部稽核制度、关联交易制度等,提高内部控制有效性。

3. 加快证券资产化的步伐

鼓励金融机构进行信贷资产、企业资产、项目融资证券化,既活跃金融市场,也能实现长期资金与短期资金、固定资金与流动资金、大额资金与分散资金、借贷资金与投资资金的对接和转换。

(三)建立多维度的金融产品体系

金融产品体现资金需求方在经济转型过程中衍生的各种实际性的需求,金融产品创新可以有效地拓宽企业外部融资渠道。

1. 引导主体金融机构参与地方金融改革,充分发挥其作用

主体金融的改革和创新是金融发展的主导力量。地方金融改革应该充分发挥主体金融机构作用,引导主体金融机构参与地方金融改革,如共建金融组织与金融平台,探索鼓励发展新型金融业务,创新金融产品,吸引主体金融机构相关部门落户等。

2. 建立"实效性"金融产品,服务地方经济社会发展

坚持金融资本与产业资本的结合,加快发展产业金融,加强金融对区域优势支柱产业、战略性新兴产业、科技自主创新以及"三农"、中小微等关键领域和薄弱环节的支持,培育新的增长点。例如:探索金融支持就业、住房保障等方面的着力点,实现有地

方特色的民生金融模式;以党的十八大提出的实现居民收入倍增计划为基础,引导金融机构开展金融创新,发展现代化地方财富管理体系,满足不同层面人群的投资需求,为居民增加财产性收入提供金融支持;借鉴国外经验推动新型消费金融产品和服务创新等。

3. 推动互联网金融,发挥新金融模式比较优势

互联网金融是金融与互联网相结合的新兴领域。互联网金融与传统金融的区别不仅仅在于媒介不同,更重要的在于互联网金融使得传统金融业务具备透明度更强、参与度更高、协作性更好、中间成本更低、操作上更便捷等一系列特征,并且越来越在融通资金、资金供需双方的匹配等方面成为金融服务的有效载体。银行和互联网金融的结合,可以使金融覆盖更多社会的需求。浙江金融业的发展要充分看到互联网金融的比较优势,丰富互联网金融参与主体,积极开展互联网金融业务。

(四)建立多层次综合服务平台

优化金融生态环境,是确保金融业实现自身良性循环和发展的基本保障,必须从改善信用环境、法制环境、政策环境入手,优化浙江金融大环境。

1. 搭建金融信息平台,建立良好的信用环境

搭建省级信用信息平台,加快推进跨部门信息整合,建立涵盖企业有关的工商、税务、环保、海关、法院、公安、电力、水务等信息的信息系统,鼓励和支持地方在省级信用信息平台基础上全面推广应用,着力破解信息不对称难题。探索建立民间信用服务体系,推动政府、人行和民间三大征信体系协调互通,实现银行信息与社会信息有效对接,构建"民间互信、企业诚信、银行守信"的良好社会信用环境。

2. 建立健全有关法律法规,优化法制环境

尽快制定和颁布一系列地方性金融法规及其实施细则,对立法环境尚不成熟、近期不适宜立法的有关行业与业务,研究制定过渡性规定,落实并继续推进民间借贷相关立法,规范市场秩序。同时,对原颁布的有关立法规定、制度进行清理,对不适宜的条款进行废除或修订,确保地方金融改革和创新在法律框架下顺利进行。

(五)建立全方位的保障机制

金融改革与创新需要金融管理体制完善提供保障,金融机构优化需要金融管理体制与之相适应。防范金融改革风险需要事前、事中、事后全方位的保障机制跟进。

1. 事前控制,建立全方位的金融保障机制

事前控制是一种防护性控制,在浙江金融改革和发展进程中,可以通过制定地方金融综合统计制度、企业信息制度、存款保险制度等措施。为更好地监测全社会融资状况,全面及时、掌握金融发展进程,要建立覆盖全面、信息准确的金融信息体系与数

据共享机制,为政府和有关部门提供决策依据。探索建立公开透明的企业信息发布渠道、投资信息渠道,以及与国际接轨的会计审计财务制度,寓监管于服务之中,加强企业资金流动的监测与预警。结合民营银行发展的机遇和制度性障碍,尽快建立存款保险机制。

2. 事中控制,建立多层次的金融监管体系

事中控制以监管为主,建立多层次的金融监管体系尤为必要。一是充分发挥金融机构和行业的自律作用,鼓励和指导不同类型的金融机构建立同业协会,发挥行业协会的职能。二是健全金融机构内部审计部门和稽核部门等内控机制。三是完善地方政府金融管理体制,将地方政府的属地优势与中央驻地方的金融管理部门的专业优势结合起来,进一步加强监管信息沟通和交流,加速提升区域金融管理功能,增强管理合力和协同效应,避免交叉管理和管理真空现象的产生。

3. 事后控制,建立金融预警和危机应急机制

加强监管机构之间的信息交流,构建科学的风险预测指标体系,进行动态监测、科学评价,力争在第一时间对可能发生的金融风险发出预警,使风险损失降到最低。尊重市场规律和金融数据真实性,防止存贷款和其他业务大起大落的现象发生。借鉴国际经验,建立有效的机制,对危机的根源进行防范,在危机出现后采取有效措施,将危机的破坏程度降到最低,并避免危机的重复出现。

参考文献

[1] 张健华,对浙江省区域金融改革的探索和思考,《浙江金融》,2014年第1期。

[2] 何佳,金融改革发展中的套利,《中国金融》,2014年第5期。

[3] 张承惠,金融改革五大难题,《金融世界》,2013年第12期。

[4] 王元龙,十八届三中全会后的中国金融改革,《经济研究参考》,2014年第4期。

[5] 巴曙松,新一轮金融改革的基本框架和主要突破口,《决策与信息》2014年第2期。

(作者简介:作者简介,金雪军,浙江省公共政策研究院执行院长,浙江大学经济学院教授、博导;姜聪聪,浙江省公共政策研究院助理研究员。)

作者
蔡　宁
王节祥

深化浙江国资国企改革的对策研究

内容提要:深化国有企业改革,完善国有资产监管体制机制,是党的十八大提出的重要任务,也是十八届三中全会深化经济体制改革的关键领域。本研究在对浙江国有企业发展现状进行总体评价的基础上,分析了浙江国有企业改革发展中存在的主要问题,阐述了国企改革和区域发展提出的新要求,对浙江省国企改革发展的顶层设计作了重点思考,提出了下一步国企改革发展的举措。
关键词:国企改革;区域发展;顶层设计

一、浙江国有企业发展现状总体评价

浙江国有企业经过几代人的努力,不断发展壮大。特别是 2004 年省国资委成立以来,出资人和监管职责得以明确,浙江国有经济在"十一五"期间迅猛发展,国有企业在区域经济发展的关键领域发挥了重要作用。

(一)国有企业发展整体状况

1. "十一五"国有企业发展成就显著

浙江省是国有企业改革起步较早的省份之一。20 世纪 90 年代,省委、省政府就提出,要跳出就国有企业论国有企业改革和发展的框框,从加快发展多种所有制经济中增强国有经济发展的生机和活力。在省委、省政府的正确领导下,浙江国有企业全面贯彻落实科学发展观,坚持"两个毫不动摇"方针,深入实施"八八战略"和"创业富民、创新强省"总战略,牢牢把握转型升级工作重点,在严峻复杂的国际国内形势下,全省国有企业仍然取得了较好业绩(参见表1、表2、表3)。

表1　浙江省国有企业发展经济指标情况

（金额单位:亿元）

项目 ＼ 年份		"十五"末 2005年	"十一五"末 2010年	"十二五" 2011年	"十二五" 2012年	"十一五"年均增长(%)	"十二五"头两年年均增长(%)
资产总额	企业	8214.2	20397.1	24339.7	29447.0	19.95	20.15
	排位	6	5	5	6	——	——
营业收入	企业	3992.3	7162.2	8662.1	8696.3	12.40	10.19
	排位	6	7	7	9	——	——
利润总额	企业	253.2	452.7	583.5	504.6	12.32	5.58
	排位	2	6	6	6	——	——
净资产收益率(%)	企业	5.0	4.8	5.1	3.5	−0.90	−14.31
	排位	3	24	15	15	——	——
资产负债率(%)	企业	63.3	60.6	58.20	58.73	−0.87	−1.55
	排位	6	3	5	6	——	——

注:"排位"是指浙江省国有企业在全国地方国有企业中的排名情况。

表2　浙江省地市国有企业发展经济指标情况　（金额单位:万元）

项目 ＼ 地区	资产 2005	资产 2010	资产 2012	增长(%)	收入 2005	收入 2010	收入 2012	增长(%)	利润 2005	利润 2010	利润 2012	增长(%)
杭州市	13154350	42892150	63632182	226.1	4059374	9590445	13580256	136.3	224882	991329	1169145	340.8
宁波市	13877130	40100824	60282150	189.0	3066925	4799706	4587096	56.5	295657	549089	779033	85.7
温州市	5051908	9281769	18006193	83.7	1802336	2722983	2564221	51.1	68207	158276	107849	132.1
嘉兴市	6995587	20073660	30971774	186.9	660043	1202306	1842375	82.2	22441	17732	287300	−21.0
湖州市	1329007	4910494	8592037	269.5	165258	212580	251477	28.6	1189	34291	45711	2783.5
绍兴市	4442428	9677679	13818817	117.8	1022974	1644432	1565125	60.8	26731	66202	31058	147.7
金华市	2574087	5430972	9457871	111.0	1134843	2107170	1424867	85.7	51306	235903	199524	359.8
衢州市	274813	498965	1799988	81.6	140558	238043	336559	69.4	2111	2692	39668	27.5
丽水市	919009	3004747	3847701	227.0	245987	551160	365302	124.1	2028	26303	11689	1196.9
台州市	2599634	6271336	8936800	141.2	1433530	2253832	1790613	57.2	65972	127264	89960	92.9
舟山市	1875581	4198167	8815548	123.8	830332	622940	713143	−25.0	30604	59841	70770	95.5
汇总	53093536	146340763	228161060	175.6	14562161	25945598	29021033	78.2	791131	2268921	2831709	186.8

注:"增长"是指2010年相对2005年的增长百分比。

表 3　浙江省属国有企业发展经济指标情况

（金额单位：亿元）

年份\项目		"十五"末 2005 年	"十一五"末 2010 年	"十二五" 2011 年	2012 年	"十一五"年均增长（%）	"十二五"头两年年均增长（%）
资产总额	企业	2413.4	5153.4	5328.1	5769.0	16.38	5.80
	排位	8	13	13	16	——	——
营业收入	企业	1828.6	3938.1	4805.5	5442.7	16.58	17.56
	排位	6	8	8	8	——	——
利润总额	企业	108.1	196.9	206.2	180.7	12.74	−4.20
	排位	4	8	7	11	——	——
净资产收益率（%）	企业	6.60	8.90	8.90	6.94	6.16	−11.70
	排位	5	10	11	5	——	——
资产负债率（%）	企业	61.30	67.40	66.40	66.09	1.92	−0.98
	排位	9	18	13	12	——	——

注："排位"是指浙江省属国有企业在全国地方省属国有企业中的排名情况。

——经营规模和运行效率显著提升，经济贡献进一步显现。一是国有企业资产总额增长较快，突破两万亿大关。2010 年全省国有企业资产总额达到了 20397.1 亿元，"十一五"年均增长率为 20%；2012 年接近三万亿，达 29447 亿元。随着国有企业改革的深入推进，全省各级国资监管机构监管的国有企业（下同）的资产规模进一步扩大，是浙江省经济的一支重要力量。二是营业收入稳步增长。2010 年全省国有企业实现营业收入 7162.2 亿元，"十一五"年均以 12.7% 的增速向上攀升。其主要特征有：省属国有企业创造的营业收入占全省国有企业的 67%，是国有企业中的创收大头，且有扩大的趋势。三是企业效益逐步攀升，利润总额实现新突破。2010 年全省国有企业实现利润总额 452.7 亿元，"十一五"年均以 16.7% 速度增长。其中省属国有企业2010 年的利润总额占全省国有企业的 46%，是全省利润增长的主要推动力。

——科技创新取得重大进展，核心竞争力进一步提升。"十一五"期间浙江国有企业科技经费投入大幅增长。截至 2010 年底，浙江国有大中型工业企业 R&D 经费投入达到 258.6 亿元，从事 R&D 项目人数 12.94 万人，初步建立起科技投入稳步增长的长效机制。通过落实人才强企战略，完善人才考核和激励机制，浙江国有企业培养和凝聚了一支高素质人才队伍。截至 2010 年底，浙江国有企业拥有专业技术人员超过 30 万人，设立了大量省级和国家级企业技术中心、院士工作站、博士后流动站等。通过科技投入和人才工程的实施，浙江国有企业在氟化工、大型空分设备和汽轮机制造等领域实现了大量尖端技术创新，企业核心竞争力得到显著提升，部分国有企业在国内甚至国际上引领相关行业的发展。

——改革不断深化推进,国有资本向关键领域进一步集中。2010 年底浙江省国有企业数为 42028 家,其中很大一部分集中在第二产业,这些企业中又有近 30％的企业集中在关系国计民生和带有自然垄断性的工业基础设施领域,包括烟草、石油、钢铁、电力、自来水等行业。初步建立起以各级国资委为主的国资监管制度,通过发挥国资委监管机制的优越性,积极开展战略重组,推进国企做大做强,浙江国有企业积极建立与市场接轨的经营机制,及时调整经营策略和方向,优化产业结构,国有资本更多地流向关乎国计民生的关键领域和影响经济发展的重大战略性新兴行业。

2."十二五"国有企业发展形势严峻复杂

进入"十二五",浙江国有企业面临更为严峻复杂的发展环境。以省属企业为例,下一轮国有企业改革应该充分关注和重视如下特点:

——资产总额波动大。如图 1 所示,在 2008—2012 年间,浙江省省属国有企业的资产总额呈现波动增长的局面。在 2009 年企业资产总额突破 4000 亿元,2010 年突破 5000 亿元。五年间省属企业资产总额平均增长率达到 10.54％,在 2009 年高达18.8％。2011 年跌至 3.4％。虽然 2012 年省属企业经过调整资产总额增长率回升至7.8％,但资产总额增长放缓的趋势已初现端倪,依靠企业经营带动国企资产的提升显然过于缓慢。类似情况在地市国企中则更为严重,如舟山国企普遍资产规模较小,难以适应舟山大建设和大发展的需要。

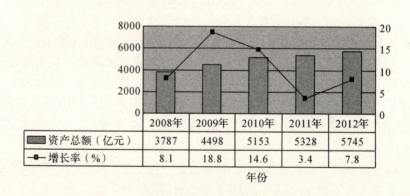

	2008年	2009年	2010年	2011年	2012年
资产总额（亿元）	3787	4498	5153	5328	5745
增长率（%）	8.1	18.8	14.6	3.4	7.8

年份

图 1 省属国有企业资产总额发展趋势图(2008—2012 年)

——利润增速放缓。如图 2 所示,从 2008 年到 2012 年五年间,利润形势一度出现较大幅度波动。受 2008 年金融危机冲击,利润总额一度跌至 71 亿元,当年也呈现了巨大的负增长。2009 年从金融危机的创伤中走出来,当年利润达到了 186 亿元,比2008 年增长 163.1％。但自此以后,省属企业结束了高速增长,后几年的增速均低于

10%,2012年甚至是负增长(-12.7%)。利润增速降低的背后体现出一系列问题,既有宏观体制问题,也有微观机制问题;既有产业结构问题,也有企业经营问题。这迫切需要开展深入细致的分析和制定可行的改革和实施方案。

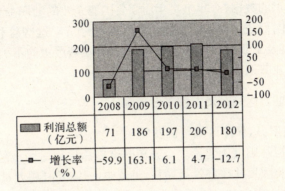

	2008	2009	2010	2011	2012
▨ 利润总额（亿元）	71	186	197	206	180
▣ 增长率（%）	-59.9	163.1	6.1	4.7	-12.7

图 2　省属国有企业利润总额发展趋势图(2008—2012 年)

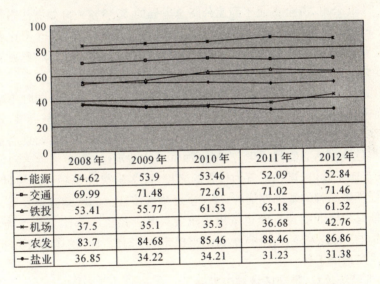

	2008 年	2009 年	2010 年	2011 年	2012 年
◆ 能源	54.62	53.9	53.46	52.09	52.84
■ 交通	69.99	71.48	72.61	71.02	71.46
▲ 铁投	53.41	55.77	61.53	63.18	61.32
✶ 机场	37.5	35.1	35.3	36.68	42.76
✱ 农发	83.7	84.68	85.46	88.46	86.86
● 盐业	36.85	34.22	34.21	31.23	31.38

图 3　省属公益性国有企业负债率发展趋势图(2008—2012 年)

——公益性国企负债率普遍较高。如图 3 所示,2008—2012 五年间,仅机场和盐业集团的资产负债率低于 50%,其余企业的资产负债率都处于较高水平,其中农发集团五年来一直大于 80%,并持续走高;交通集团也在 70% 上下浮动。而在地市公益性国企中,由于承担着大量政府投融资任务,自身资产规模较小,资产负债率过高的情形则更为普遍,像宁波、温州等地交通市政的国有企业资产负债率普遍接近或超过

70%，潜在风险巨大。

——不平衡进一步凸显。最新数据显示，2013 年上半年，省属国企共实现利润 107.9 亿元，其中 53.6 亿元是浙江能源集团一家创造的，几乎占了总利润的一半。据浙江省国资委提供的数据，今年上半年浙江省国有企业的利润主要来自于电力、能源、房地产、资本运作，而较少地来源于制造业等实体经济。这些盈利行业容易受煤炭价格、资本市场波动及宏观政策调控的影响，盈利存在着严重的不确定性，而杭钢、巨化、机电等制造型企业普遍步履艰难，利润稀薄。

（二）国有企业对区域经济发展主要贡献

1. 强调公益服务，保障区域经济发展

——大量承担基础设施建设。交通基础设施的建设对区域经济发展的保障作用不言而喻。但这类项目往往建设周期长，见效缓慢，需要占用大量资源，牵涉到社会的方方面面，私营企业实力和风险承受能力有限，这就需要国家投资的介入，谋求区域经济发展和城市更新。如浙江省交通投资集团，截至 2012 年底，该集团公司已投资建成高速公路 2480 公里，占全省通车高速公路总里程的 68.3%。再如浙江省铁路投资集团，"两线一枢纽"开通以后，全省除丽水、舟山以外的 9 个地市、37 个县区都已通达高铁，铁路营业里程达 2027 公里，比"十五"末增长 67%。在未来三年，继续新建铁路里程约 1100 公里，铁路投资约 1100 亿元。

——积极履行国企社会责任。由于公共物品可以供人享用而同时不减少他人的享用，从而由市场机制调节公共物品的供给是没有效率的。如肉类、蔬菜、电、煤、油等与百姓生活息息相关的企业，承担着百姓生活必需品供应的责任，如果由私营企业或者外企承担这些生活必需品的供应，将增加价格的波动性，损害消费者利益。浙江能源集团，构筑起了以电、煤、油、气为核心的多维度、多层次的基础性能源供应平台，能为浙江省提供多品种的基础性能源，保障浙江省经济社会的持续健康发展。同时能源集团在节能环保降低能耗方面也做出了重要贡献。该集团淘汰落后产能，已有 9 台 135MW 的机组实施关停，占全省统调同类机组的 82%。此外，国企还承担了大量社会就业和民生保障工作。

2. 追求经济效益，带动区域经济发展

——资产保值增值。浙江国有企业发扬浙江企业敢于参与市场竞争的精神，坚持企业经济效益这一导向不放松，实现了经营资产规模、营业收入和利润的大幅增长。这些经营成果通过税收上缴和公益投资被再次注入浙江经济特别是区域经济的发展中去。地市国企为区域经济发展提供必要的资源和资金支撑。竞争行业的国有龙头企业在地方与民营企业、价值链上下游企业形成良性互动、互利共赢的发展模式。如杭州工业投资集团大量企业外迁至安吉，一方面响应了杭州市政府发展文化创意服务

业的号召,另一方面带动了安吉区域经济的发展。而企业自身也有了更大的发展空间,经济效益显著提升。

——落实转型升级。深入贯彻国家产业转型升级的政策导向,利用国有企业资产优势,加大科技创新投入,国企迈向价值链高端。大力发展战略性新兴产业,带动区域经济发展。各地紧紧抓住我省实施"四大国家战略举措"和"四大建设"的重要机遇,加快推进产业转型升级。深化多层次战略合作。各地积极推动出资企业深化与央企、省内外地方政府以及省、市、县三级国资的多方战略合作,积极构筑新的发展平台。拓宽产业发展空间。绍兴市围绕地方经济发展战略和产业发展方向,引导国有资本加快向现代服务、生物医药等产业布局。宁波、舟山等地立足区位优势,鼓励企业大力发展临港先进制造业、海洋新兴产业、现代海洋渔业和海洋服务业,加快构筑现代海洋产业体系;两地还积极推进海洋金融创新,鼓励企业参与设立产业投资基金和融资租赁公司等,更好地服务海洋经济发展。

——参与产业集聚区建设。据统计,2010年以来,省属企业共参与产业集聚区建设项目30余个,拉动投资总量近380亿元。主要在六个方面发挥积极作用:一是投身大交通建设,发挥基础设施领域带头作用。交通集团投资85亿元参与台州湾循环经济产业集聚区开发头门港项目。二是合作发展高端装备制造业,促进工业转型升级。省铁路集团与中国南车合作投资15亿元,在杭州大江东产业集聚区建设浙江南车轨道车辆产业园,共同投资设立浙江南车城市轨道交通车辆公司和杭州南车电气设备公司。三是大力推进商贸物流基础设施建设,凸现生产生活保障功能。省物产集团投资近1亿元,分别在宁波杭州湾产业集聚区、宁波梅山物流产业集聚区、舟山海洋产业集聚区等设立物流公司和大宗商品贸易公司,促进区域大宗商品贸易流通;四是上马高新技术项目,促进区域产业结构调整。巨化集团深耕衢州产业集聚区,启动并实施总投资55亿元的氟材料、石化材料、氯碱材料等重大新材料投资项目。五是扩展涉农领域,引领块状特色经济。农发集团依托绍兴滨海产业集聚区优越的地理条件,发展特色农业,致力于农业综合开发、农产品加工和水产品养殖等业务。六是参与产业集聚区基建,提升区域建筑品质。省建设集团先后在10个产业集聚区承揽施工项目22个,合同总额逾48.15亿元,为产业集聚区搭建了良好平台。

二、浙江国资国企改革和发展存在的主要问题

目前对于国有企业的分类存在诸多争议,争议的关键在于对国企分类对象和分类依据认识不清,分类对象是国企整体还是业务板块,分类依据是业务性质还是业务所处市场结构。本课题为解决这一问题,将国有企业具体业务作为分类对象,将分类依据归结为两个方面:一是按照国有企业经营业务性质和目标的不同,将其划分为公益

性和盈利性两类,公益性国企承担基础保障和战略资源掌控任务,例如油气电力保障业务等;盈利性国企以资产保值增值和追求效益为中心,在此基础上,积极承担社会责任,例如房屋建筑施工业务等。二是按照国有企业经营业务所处市场结构的不同,将其划分为竞争性和垄断性两类。竞争属性强调以市场化手段解决企业运营问题,垄断属性强调以经营监管为主要目标。

表4　国有企业业务分类矩阵

业务性质 ＼ 市场结构	竞　争	垄　断
盈　利	竞争盈利型 钢铁/化工业务等	垄断盈利型 景点旅游业务等
公　益	竞争公益型 农产品供应/市政建设等	垄断公益型 能源/交通业务等

在此分类基础上,对于浙江省国有企业而言,目前国企改革和发展的主要问题集中在公益性业务国企运转困难和盈利性国企体制机制局限等方面,具体表现如下:

(一)公益性国企资产负债率高,资金运转困难

1. 垄断公益型承担任务重,负债率过高

——高负债风险大。浙江垄断公益性国企虽然一定程度上受到行政垄断政策保护,同时也大量承担着带有公益性质的建设项目,这部分项目往往是投入大、收益慢和民营企业不愿意进入的公共品提供市场。例如浙江省交通投资集团新建9条高速线路和新建的舟山跨海大桥均处于亏损状态。这些基础设施无疑为区域经济的发展提供了强大支撑和保障,但政府对高速公路投融资机制未理顺导致项目运营困难。这并非个案,从统计数据可以看出,浙江省大部分地市公益性国企中资产负债率普遍超过了70%警戒线,特别是承担交通设施和城市基础设施建设的国有企业,依靠政府财政补贴在艰难维持。不仅财务风险大,也降低了提供公益性服务的质量和对战略性资源掌控的力度,最终影响区域经济发展。

——再融资困难。缺乏经营性收入是公益性国企承担项目后存在的普遍问题,而经营性收入是融资的重要指标。一方面公益性国企再融资困难,另一方面地方大建设国企融资压力大,导致融资短债常用、财政资本金补贴挂账普遍存在。这一问题背后的本质是国企经营理念陈旧,目前政府对这类国企融资的做法还停留在简单的土地资源质押融资,土地市场疲软加上难以多次质押,导致运营模式难以持续。先进的经营理念是“以盈利性业务补充公益性业务亏损”。如香港地铁的融资模式是以企业经营效益的提升为本质提升融资能力,将盈利性优质资源配置给企业运营,反哺公益性业

务支出,并追求协同效应。

2. 竞争公益型资产布局散,影响力不足

竞争公益性国企业务面临双重压力,一方面其所在领域是关乎国计民生的关键领域,但与此同时高度竞争的市场结构要求省内国企与央企、外企和民企同台竞技,争夺资源。当前浙江竞争公益型国企业务由于经营导向不明确,资产布局过于分散,或地市国企资产规模本身较小等原因,导致对重大战略性资源的掌控力不强。以港口资源为例:浙江未来经济发展的希望是海洋,浙江发展海洋经济最大的资源则是港口。舟山一直是浙江经济发展相对落后地区,出于加快推进舟山海洋经济发展的考虑,舟山港口资源开发采取的是"多主体共同开发"模式,央企、民企等大量进入,在加快建设进度的同时,带来了国企仅占 13% 份额,远低于宁波港的 80%。民企出于利益导向,不会考虑舟山港长远战略和产业选择,国企的缺位使得国家战略实施的宏观调控能力弱。

另一方面,战略资源的利用也存在问题,宁波—舟山港协同效应没有充分发挥。由国企经营的宁波港发展迅速,逐步形成"一体两翼三路"的发展模式,2012 年总吞吐量排世界第 5 位。相对而言舟山港在发展规模和管理模式上都需要向宁波港借鉴和学习,但是目前两者仅仅是名称上的"宁波—舟山港",实质性的协同效应没有发挥,新时期如何将舟山港支撑海洋经济示范区建设的战略与宁波港从"货物运输港"向"贸易物流港"转型的战略结合起来,推进区域集聚和协同发展,建立自由贸易港区,是摆在浙江港口发展面前的迫切问题。类似情况还存在于农产品加工和供应业务。

(二)盈利性国企盈利能力弱,市场化机制尚未建立

1. 垄断盈利型监管力度不够,舆论压力和矛盾突出

目前社会上对于垄断盈利型国企业务诟病很大,原因在于,一方面这部分国企被认为是"残疾儿",离开政策给养,盈利根本无从谈起。另一方面,它们往往又是滋生腐败、薪酬差距过高的"沃土"。实际上,这是由于对垄断盈利型国企业务认识不清导致的。需要深入考虑行政垄断、自然垄断和资源垄断的区别,并且分类推进改革。对于行政垄断盈利型业务,需要严肃考量政府行政垄断的必要性,一般而言在盈利性业务中不应当过多使用行政垄断干扰市场竞争。而对于自然垄断和资源垄断盈利型业务,则要加快现代企业制度的建立,加强行业监管,减弱国企垄断力。

2. 竞争盈利型忽视战略导向,市场化机制不够完善

——忽视战略导向,企业发展过度多元。盈利性国企为了完成资产保值增值目标,利用国有企业在特定行业的政策信息和资金获取优势,短线操作,忽视长远战略考虑。突出表现在省属国有企业在房地产和化工行业的重复布局。省属国企中的过半涉足房地产业务,巨化、长广和铁投在化工产业的布局也有重叠。忽视长远发展导向,导致国有企业间同质化竞争严重,产业层次停留在价值链低端,与民营企业争夺利润,国有资本难以向优势产业、领军企业和主营业务集聚,集团业务间也难以产生协同效应。

——体制机制局限,激励和治理问题突出。浙江省盈利性国企在高端装备制造、化工等行业拥有较强竞争力,但这类国企处于完全竞争的市场结构中,与民营、外资企业同台竞技,体制机制局限,难以发挥持续引领作用,主要表现在统一的体制机制不能满足竞争领域盈利性国企的发展要求,特别是企业治理结构、人才激励问题,在合资国有控股企业矛盾更为突出,包括外部董事和独立董事作用发挥比较有限。此外,人才激励问题也是当前国有企业发展面临的迫切难题。全民所有的性质导致很多现代激励制度难以在国有企业推行,导致竞争性国企在与民企争夺高层次人才过程中处于明显劣势,无疑限制了国有企业的做大做强。

——传统产业面临商业模式创新挑战。浙江国有企业很大一部分处于传统行业,特别是加工制造和国际贸易领域。在信息技术发展推动下,传统行业商业模式创新频繁,有些甚至是"颠覆性创新"。突出表现在:一是电子商务对传统行业极大影响。21世纪以来,电子商务在高新技术产业发展中扮演着重要角色,随着创新扩散的推进,电子商务对传统产业的发展亦产生冲击。一方面,电子商务对诸如杭州大厦和专业批发市场等传统零售和贸易行业产了巨大冲击,实体店面业务增长大大放缓,甚至开始出现负增长。另一方面,电子商务技术对农业等基础性产业影响也在增大。随着冷链物流技术的发展,基于保质保鲜的电子商务模式在农产品行业显现巨大商机,浙江国有企业目前在这一方面的布局还比较弱。新兴业务的兴起也对相关领域国企发展提出新的命题,例如国际网购业务的兴起,这一广阔市场,国有企业如何发挥特有优势与民营企业合作共赢。二是新兴产业发展模式对传统企业经营的挑战。产业发展瞬息万变,新兴的产业形态和发展模式不断涌现,给僵化的国企经营带来巨大挑战。例如传化新建物流基地,实际发展的是生产服务业平台,对平台的掌控意味着话语权和规则制定权,这恰恰是国有企业发挥宏观调控作用需要获取的权利。此外如云计算、移动支付、大数据和生命科学等,这些下一轮世界产业革命酝酿的关键领域,浙江国有企业几乎没有涉足。

(三)国资监管分散效率低,资本运营推进慢

1. 国资分散监管,资源配置效率较低

国有资产名义上是由国资委统一作为出资人,行使监管责任。但实际上国有资产的归口管理和层级关系并不统一。至少存在三类不同的归口管理:一是由各级国资委直接监管的企业,这类国企大概占总量的70%;二是隶属于宣传文化部门和政府主管部门的国企,大多由事业单位转制;三是隶属于金融监管部门的国企。另一方面,在层

级关系上,省、市、县的层级将部分行业的国有资产分割开来,整体上形成"条块分割"特征。在"条块分割"体制下,浙江国资监管职能被分散于不同部门,容易导致部门利益、地区和行业壁垒,无法通过市场机制实现资源优化配置,导致国有企业普遍存在资产流动性差、运营效率低、资源难以向关键领域集中等问题。企业难以"长大"或者"大而不强",直接影响国有企业的控制力和影响力。

2.产权多元化和资产资本化推进较慢

产权多元化是手段,资产资本化是目标。产权多元化是通过引入战略投资者,吸收民资、央资或外资,形成多个主体相互制衡的混合所有制产权结构,逐步建立完善的法人治理机制。但目前浙江国有企业中,国有股一股独大仍普遍存在。从省国资委统计数据中可以看出,目前全省范围国有企业中国有股权比重的比例超过80%,即便是国有控股企业(除国有独资企业),国有股比重仍然很高。产权多元化推进缓慢甚至部分行业的"再国有化"导致国有资产资本化率低,国有资产与国有企业形成"捆绑",国有资产缺乏流动性,"有进有退"的战略布局调整也是空谈。

三、国企改革和区域发展提出的新要求

党的十八大明确提出"完善各类国有资产管理体制"的任务,国务院国资委也已就新一轮国企改革制定《深化国有企业改革指导意见》,浙江下一步深化国有企业改革一方面要深刻把握十八届三中全会后国有企业改革的顶层要求,另一方面要结合浙江"四大建设"、"四大国家战略"和"创新驱动"等区域发展实际,总结凝练改革和发展要求,并将其融入到改革顶层设计中去。

(一)国有企业改革要求

1.十八大总体要求

党的十八大报告中明确指出"经济体制改革的核心问题是处理好政府和市场的关系,必须更加尊重市场规律,更好发挥政府作用"。对照到国有企业发展,则是要通过改革调整,使国有企业成为符合社会主义市场经济体制要求的微观主体。十八大报告还指出要"完善各类国有资产管理体制",这既是对党的十六大以来国资体制改革成效的充分肯定,也是对进一步加强各类国资监管做出的重要部署。应该对现有国有资产进行分类定位,不仅要求对经营性国有资产管理体制进行改革,也要求对行政事业性国有资产、资源性国有资产管理体制进行改革,改革的目标是使得国有资产与市场经济有机结合,促进政府管理职能的转变,产权职能和政权职能合理协调,提高各类国有资产的运行质量和配置效率。

2. "新一轮"国企改革要求

随着国有企业改革和不断发展,十八届三中全会后,国务院国资委等有关部门对国有企业改革的方向逐渐清晰:建立统一的国有资产监管体系,在此体系下开展国有企业市场化改革。重点工作是公有制实现形式的多元化、国有资产资本化,国有企业能够有进有退,分类定位。竞争性国企中经营困难的国资要逐步推出,具有自生能力的要深化改革,实现产权多元化和资产证券化,做强做优建设一流国有企业。公益性则应在强调公益性基础上追求盈利性,成为主要的公共产品生产者和服务提供商,以经营性收入补充公益性投入。对于垄断性国企,在完善法人治理结构基础上,推进上市,同时加大监管力度。

(二)区域经济发展要求

1. "四化建设"要求

浙江经济发展要坚持走新型工业化、信息化、城镇化、农业现代化道路,推动信息化和工业化深度融合、工业化和城镇化良性互动、城镇化和农业现代化相互协调,促进工业化、信息化、城镇化、农业现代化同步发展。浙江国有企业应该抓住"四化建设"机遇,深化体制机制改革,坚持创新驱动发展战略,以工业化为基础,信息化为新型工业化的主要手段,城镇化和农业现代化为突破口,以"转型强体、创新强企"为核心,着力优化产业结构,拓展区域发展空间,提升企业活力、控制力和影响力,为"干好一三五、实现四翻番"起骨干带头作用,引领和支撑区域经济发展。

2. "四大战略"要求

国务院先后批准实施浙江海洋经济发展示范区、义乌市国际贸易综合改革试点、舟山群岛新区、温州金融综合改革试验区,四大国家战略举措与浙江正在推进的"四大建设"(大平台大产业大项目大企业)交相辉映,国有企业理应成为四大战略实施的重要抓手,应该加大海洋战略性新兴产业布局,掌控港口资源。积极参与义乌国际贸易综合改革试点和温州金融改革试验区建设。在提供基础保障的同时进入四大战略的关键领域和环节,发挥国有企业战略调控抓手的重要作用,更好地服务浙江四大战略建设。

3. "创新驱动"要求

结合《国家中长期科学和技术发展规划纲要(2006—2020年)》,中共浙江省十三届三次会议讨论通过了全面实施创新驱动发展战略、加快建设创新型省份的决定。决定指出坚持优化布局结构,着力打造浙江经济"升级版";以企业为主体,推动产学研协同创新;以人才为根本,加强创新团队建设;以创新平台为载体,拓展转型升级和创新发展空间。国有企业应当顺应经济发展方式转变的大方向,通过管理提升和结构调整,加大力度实施创新驱动战略,成为打造浙江经济"升级版"的支柱力量。

四、深化浙江国有企业改革和发展的顶层设计

国有企业的改革不仅取决于企业自身,更在于国有资产监管体制机制的改革。与浙江区域经济发展的特点一样,浙江国企发展的历史表明,我省国有企业持续发展的关键是以发挥企业家才能为目标,在国有企业监管制度与国企运营机制顶层架构上有突破性创新。由此,新一轮浙江国企改革是省委省政府主抓下的"一把手"工程,其核心应当是"以国资改革推进国企改革"。改革的顶层设计包括国有企业改革和发展目标、总体设想和具体思路。

(一)改革和发展目标

1. 总体目标

浙江国有企业通过市场化导向的改革,产权多元化和资产资本化率得到显著提升,建立起"大国资"的统一监管制度,国有企业开始实行分类管理。国有资产经营转向国有资本运营,资本能够有进有退,能够向基础设施、战略性新兴产业等关系我省国计民生的关键领域和重点行业聚集,保障和引领浙江区域经济发展。到2020年,浙江国有企业股份制改造基本完成;混合所有制国企占比达到50%以上;战略定位明确,主营业务收入占比超过70%;国有企业资产总量稳定在国内前5;培育起一批具有国际竞争力的一流企业。

2. 细化目标:"五个引领"

改革是手段,发展是目的。浙江国有企业经过深化改革,实现又好又快发展,实力提升的最终目标是引领浙江区域经济发展。按照国有企业分类发展的大方向,公益性国企应当重点发挥社会责任型引领,盈利性国企则重点发挥经济效益型引领。总体而言,国有企业应当在浙江区域经济发展中发挥"五大"引领作用。即,深化改革的主战场,转型升级的排头兵,投资发展的主力军,创新创业的孵化器,社会责任的先行者。

(二)总体设想:"一个部门、分类管理"

针对目前国资分散监管效率不高的现状,整合是大势所趋。建立"大国资"统一监管制度是新一轮国企改革最重要的顶层设计。顶层设计需要战略性思维,可以概括为"一个部门、分类管理"。"一个部门"是指从省属到地市,由各级国资委对经营性国有资产实施集中统一监管,任何行业分类设立管理部门的做法都不具备理论支撑和长远发展的可行性。"分类管理"是指以国资委为主,会同有关市场监管部门分行业,按照国有企业不同分类,做好监管工作。实现在更大范围内整合国有资产以及更加明确政府与市场的关系。

1. 更大范围的整合国有资产

目前国资监管的基本格局是国资委、金融部门、文化宣传部门和政府主管部门等分门而立，国有企业资产规模和经营效益有巨大提升空间。打破利益格局固然阻力众多，但建立"全覆盖"的大国资监管格局是理论和实践发展的必然趋势。可以探索国资委"出资人"与行业部门"监管人"职能划分的监管新模式，拓宽监管范围，逐步做到全过程、全方位监管，不留死角，不留遗漏，不出现重大失责，最终实现在统一框架内优化国资配置效率，加强监管，做强做大浙江国有企业。

2. 更加明晰政府与市场关系

根据国企改革的新要求，分类改革是共识。分类改革的实质则是明确政府与市场的关系。具体而言，在盈利性领域，政府需要提供公平的市场竞争环境，让国企和非国企同台竞技。在公益性领域，政府一方面需要支持公益性国有企业发展，以便为社会提供公共品服务；另一方面需要加强监管，解决行政垄断带来的诸多弊端。总体而言是防止政府对市场的过多干预和保证必要的宏观调控，通过国有企业市场化来提升其活力、控制力和影响力。

(三)具体思路："三突出"

1. 突出制度建设这个核心，完善国有企业监管机制

浙江国有企业发展和引领作用的发挥，归根结底需要深化改革，需要制度层面的"顶层设计"。完善国有企业监管体制，建立统一的监管制度，是加快国有企业发展方式转变的关键所在。理清不同部门下属国有资产的现状和关系，建立统一的制度框架下可以探索多重模式相结合的具体监管制度。分类指导和推进浙江国有企业的改革和发展，推动盈利性国有企业的股份制改造、主业集聚和整体上市工作，明确公益性国企的发展定位问题，加强对公益性国企，特别垄断经营的公益性国企监管制度建设。总体而言是处理好政府与国企的关系，处理好不同类型国企的关系。

2. 突出转变发展方式这条主线，扎实推进结构调整

浙江国有企业发展产业层次比较低，发展模式比较粗放，转变发展方式是下一步国企发展必然趋势。转变发展方式的主攻方向是结构调整，推进国有资产向关键领域和重点行业的集聚，重点布局基础设施建设和资源掌控，围绕四大国家战略，深入实施新型工业化、信息化、城镇化和农业现代化建设，抓住这一重大战略机遇期，实现浙江国有企业产业发展高端化。以产权制度改革和资产资本化为改革优先举措，提升国有资本活力，夯实国企开展结构布局调整的基础。

3. 突出创新机制这个驱动力，建设创新引领型国企

国有企业只有牢牢抓住创新这个主导力量，才能极大地解放和发展生产力。浙江经济发达的一个重要因素就在于浙江人可贵的创新创业精神，国有企业的发展需要高

度重视创新驱动。改革目前不可持续的投融资机制,完善分类绩效考核机制,营造重视人才的环境和管理体系,加大科技投入和产学研创新体系构建,最终实现投融资机制、绩效考核机制、人事管理机制和科技创新机制的协同创新驱动,实现浙江国有企业的创新引领作用。

五、浙江国有企业改革和发展的举措

在国有企业改革和发展顶层设计的基础上,制定切实可行的改革和发展举措。浙江国有企业改革是要坚持基本经济制度,坚持市场化改革方向,推动国有企业作为独立市场主体更好地与社会主义市场经济相融,更好地为国家和人民服务。改革首先要通过产权制度改革,加快股份制改造,改变“一股独大”局面,推进资产资本化进程,建立起市场化运营机制,使得国有企业能够真正做到有进有退、战略调控。其次,建立“大国资”统一监管制度,开展国有企业改革重组,明确国有企业分类定位和管理差异。此外,着力解决国有企业投融资机制、人才激励机制和绩效考核机制的市场化问题。国有企业发展则应遵照党的“十八大”转变经济发展方式的要求,走“一条主线,三位一体”发展之路。具体如图4所示。

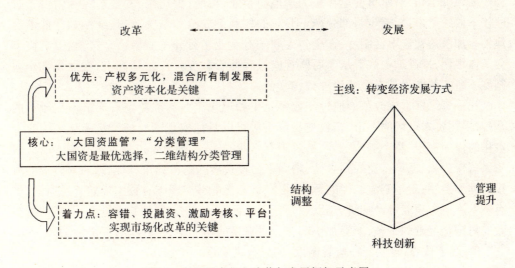

图4 浙江国有企业改革与发展框架示意图

(一)改革举措:"改革是市场化导向"

1. 改革优先:产权多元化,混合所有制发展

近年来,浙江国企产权制度改革工作虽在不断推进,但还需重点强调,这是改革的优先工作,要始终坚持,防止"再国有化"现象出现。产权制度改革是一项重大工程,涵盖产权多元化、现代企业治理架构和资产资本化等多个命题。

——产权多元化改革。产权多元化是产权制度改革的基础,需要逐步实施:首先,在已有基础上,全面推行股份化改造,建立现代股份制企业。只有明确的产权隶属关系,才能为实现产权多元化提供基础;其次,推动省内国有企业与央企、外省国企、外资企业和民营企业合作,促进产权结构优化。考虑到国资总量较大,引入战略投资者较为困难,可以考虑以重大项目为依托,引入战略投资者,成立新产权结构的公司等策略,真正降低国有比例、改变"一股独大"之局面。最后,在此基础上,积极推进国有企业部分或整体上市工作,提高国有企业市场化程度。

——现代企业治理改革。一是规范董事会建设。国资委和国有企业共同探索建立外部董事制度,逐步提高外部董事比例,真正实现决策层和经营层分开;推进董事会规范运作,建立完善规章制度,提高董事会科学决策水平;开展对董事会、董事的年度和任期评价工作,对董事会运作较为规范的企业,按照《公司法》的要求将经营班子管理权下放给董事会,逐步将部分属于股东的权利下放给董事会;二是继续加强监事会建设。加快落实监事会制度,在全省大型国有企业实行外派监事会全覆盖,健全监事会工作规程,推进国资监管从事后监管向过程监管转变。在此基础上,参照现代企业制度不断完善浙江国有企业治理架构。

——资产资本化改革。通过产权多元化和现代企业治理奠定资产资本化改革的基础,采用资本市场的上市、产权交易等手段可以具体实现国有资产资本化。国有资本化的作用在于"两个解放"。一是对国有企业的解放,国有资产资本化有利于所有权与经营权分离、保障企业的独立性、增强来自投资者的财务约束,解除政府对企业的直接管理和控制;二是对流动性的解放,资产资本化能够实现国有资本投向有进有退,国有资本不再与企业资产捆绑、难以调整。总体而言,资产资本化的推进公司,能够减少政府对国企经营的干预,能够加快国资有进有退战略调整,提升国有经济活力。

2. 改革核心:建立统一监管制度,实施分类管理

新一轮国企改革要解决的核心任务是打破"条块分割"的国资监管现状,建立统一监管制度。在此基础上对国有企业开展战略重组和整合,分类定位和差异化管理。其中国资监管模式有三种取向,分别是维持现状、淡马锡模式和大国资模式。鉴于我省国资委已经建立起一套对企业进行治理和监管的模式,而且作为特设机构其内部职能和编制采取参公管理,本身很难成为类似淡马锡公司的国有资本经营公司,课题组认

为我省国资监管应当建立"大国资"统一监管格局。在具体分类管理上应当以业务板块为分类基础,通过企业间的业务重组整合尽可能的形成业务类型单一的国有企业,但不排斥多类型业务板块在一家企业的同时存在。具体做法:

——推进监管改革试点,逐步建立大国资监管格局。目前尚未纳入国资统一监管的企业还有三大类,包括各行政部门下属国企或单位、金融类国企和文化类国企等。建立统一的国资监管体制是必然趋势,但打破已有的利益格局并非一日之功,而"改革试点"是党和政府经过实践检验的有效手段。浙江国有企业改革试点工作可以考虑从两端突破,一端是国有企业发展比较好的地市,如杭州和义乌等,利用较好的制度基础。另一端是国有企业相对薄弱的地市,例如温州和舟山等,特别是温州自2010年以来实施的监管体制改革比较彻底,应该及时总结经验和改革模式。在试点工作的基础上,采取"分阶段"的方式逐步推进各类国企纳入国资委监管体系。

——探索直接监管与委托监管相结合的监管模式。大国资监管体制在整体上是最优的制度安排,但在推进改革的过程中必然带来很多问题。一方面专业部门下属企业进入国资监管体制后,发展上面临很多劣势,例如文化类国企纳入国资监管后,原主管部门在业务指导和相关政策支持上职责缺位,不利于企业更好更快发展。另一方面部分社会事业类国企改制后过快完全纳入国资监管体制,由于历史包袱过重以及经营管理落后,可能成为国资系统整体发展的负担。解决这一问题的办法是,以逐步推进的方式,探索建立"直接监管与委托监管相结合"的监管模式。对于一部分专业国企可以交给相关部门监管,实现"出资人"与"监管人"职责分离;对于改制后基础较差的国企,在纳入大国资监管的进度上可以考虑从产权和业绩考核逐步深入。在此基础上,逐步完善各类监管制度建设,使国资委实现"管人、管事和管资产"的统一。

——行业和企业层面的战略整合和业务重组相结合。秉承"一业为主、适度多元"的思路进行战略重整。浙江国有企业在行业和企业层面广泛存在业务重叠、同质化竞争、协同效应难以发挥等问题。改变这一局面需要行业与企业层面战略整合与业务重组相结合,这也是下一步推行分类管理的基础。具体可以从这些方面着手:第一,在行业层面,要推进国有资产和重要资源的集中配置。例如目前农产品加工行业在浙江属于发展滞后行业,但是国资在这一行业的存量资产并不少,关键在于实现重组,这样国企实力将显著提高,类似情形在机场建设和经营、医药产业均有不同程度体现。第二,开展国企业务重组。对于竞争性领域优势不明显的国企加快推出,如房地产业务。资产向公益性和垄断性国企的关键领域集中,如轨道交通、城际铁路和能源保障等。第三,着力解决兼具竞争性与非竞争性(公益性或垄断性)国企业务不协同的难题。对于这类国企要采取"个案研究"的方式,"逐个击破"式解决企业发展中存在的问题和苦难,明确经营定位。下一步,需要综合上述思路加快形成国企重组顶层设计和具体方案,最终实现浙江所有国企支柱产业不超过五大板块,其中前三大板块营收应占到总营收的 80%。

——明确分类定位,实现政策差异化。国企战略重组是明确分类定位的基础,在业务重组过程中,明确国企不同定位,不同的定位给予国企不同的政策支持和发展导向。对于竞争公益型国企,国资委和企业要共同转变理念,以"社会企业观"指导企业发展,具体而言要将优质资源补充给该类企业,解决其负债比率过高等问题,使企业具备自生能力,能够持续运转。对于垄断公益型国企,要开展个案分析,不仅要使企业在承担公益责任的同时能够正常运转,而且要加强监管,防止过度垄断带来的过高利润等问题。对于竞争盈利型国企,不能简单地一退了之,浙江国有企业中很大一部分还属于这一类型,对于这类国企,一方面要加快国有资本从其中不具备竞争优势的企业中调整退出,向基础设施建设和战略性新兴产业等关系我省国计民生的关键领域集聚;另一方面对于具备自身能力,发展形势较好的国企,政府要在切断政策支持的基础上,建立现代企业制度,引导其做强产业平台,向价值链高端攀升,在市场的大潮中与民企互利共赢。对于垄断盈利型国企,政府要重点考量垄断的类型,特别是行政垄断的必要性,对于不必要的垄断要坚决打破,面向市场。对于资源和自然垄断类型国企则要加强监管。

3. 改革着力点:容错机制、投融资机制、激励考核机制、资产运营平台机制

国有企业改革最终是要在各类企业中建立市场化运营机制,这与所有权形式无关,公有制实现形式也应该多样化。市场化运营机制包括两个方面的问题:一是构建路径,如何实现市场化,本研究提出的路径是以产权制度改革为基础,推进"大国资"监管制度和分类管理,最终实现国有企业和国有资本的双重解放加以实现。另一个问题则是市场化运营机制具体是什么市场化,在那些企业应该重点突破。市场化改革充满不确定性与风险,必须有容忍失败的制度设计以鼓励创新。本研究认为市场化运营机制建设应该包括容错机制、投融资机制、激励考核机制和国资运营平台机制,应该在竞争盈利性国企中优先试点。

——容错机制。改革创新不仅面临各方利益格局调整的阻力,也充满市场的不确定性和风险。浙江需借鉴深圳、上海等地的先进经验,尽早出台关于促进改革创新的相关制度设计。改革是探索过程,宽容失败方能孕育创新。国企绩效考核中,对依照规定程序决策、实施改革创新,而未能实现预期目标,且未牟取私利的组织和个人应当免于行政责任及其他责任,以鼓励创新和改革。

——投融资机制。投融资是国有企业发挥社会保障作用的最主要途径之一,但目前浙江国有企业投融资机制的主要问题在于任务过重,离开财政资本金注入或补贴很难运营。首先,改革投融资机制的关键在于扭转公益型国企定位,以"社会企业"为理念,在公益型国企承担任务的同时,通过各种政策减轻其投融资任务。与此同时,借鉴香港地铁等模式改进公益性国企经营模式,给予其利润创造空间,维持企业独立正常

化运营,以经营性收入反哺公益性投入。需要在政策和经营模式两个方面发力,解决交通、城投等国企融资问题。其次,通过管理提升,推进国有企业上市,拥有上市公司的国有大企业集团,要注意发挥好上市公司融资平台的作用,通过上市公司控制战略资源,通过新项目的上马加快实现国企转型升级;最后,国有企业自身要注重产融结合的商业模式,在控制风险的前提下,参控股金融机构,条件允许可以建立下属财务公司,通过实体产业和金融产业的系统发展有效解决投融资问题。

——激励考核机制。在国企人事体制上,国企采取统一的人事管理体制带来诸多弊端。改革的方向应当是针对不同类型的国企采取不同的人事管理体制。大的方向是国企人事管理应当走向市场化,大量选聘职业经理人进入国企。第二,竞争盈利性国有企业如何留住人才成为企业经营发展的难题。传统依靠工资激励已经不能满足人才特别是高层次科技和管理人才的需求。必须推进中长期激励手段,以激发企业家才能的发挥,解决国有企业在商业模式创新和战略性新兴产业拓展方面的不足。绩效考核是国企发展的指挥棒,单一的考核机制显然不适合国企分类改革和发展的导向。下一步绩效考核机制要结合国企改革的实施完成配套化改革。完善经营业绩考核办法,逐步取消工资总额控制,采取备案制。绩效考核机制创新的具体做法是:一是按照不同类型国企经营导向的不同,分类建立考核的基本框架;二是在考核基本框架下,结合国企转变经济发展方式的主线和结构调整这一主要任务,设置具体指标时重点倾向兼并收购、新兴业务拓展等,将其投资额以一定比例计入企业利润,以鼓励企业追求长期发展。探索建立国有企业考核"一企一考"政策。

——国资运营平台机制。为充分发挥市场配置资源的决定性作用,浙江国资改革要细致研究新加坡淡马锡模式和上海国资资本运营经验,按照"依法规范、公开透明、一次规划、分步实施"原则,将上市和非上市国企中的国有股份注入国资营运平台,平台公司的收益可作为政府在民生、创新和战略性新兴产业的投入来源,以实现国企经营的"开放独立"和国资运营的"有进有退"。需要强调的是,平台建设将触动国资监管体制和机制的重大调整,如监管层级变动、股权划转审批和人员安排等,面临的问题极为复杂,宜采用试点方式逐步展开。

(二)发展举措:"一条主线,三位一体"

1. 转变经济发展方式作为国有企业发展的关键主线

党的十八大报告明确提出"以科学发展为主题,以加快转变经济发展方式为主线,是关系我国发展全局的战略抉择",国有企业深入实施五大战略的第一条就是转型升级,这与转变发展方式的内涵是吻合的。转变经济发展方式具体而言可以从以下三个方面着手。

——国企分类定位基础上,加快结构调整和产业升级。通过建立统一的国企监管体制,发挥出资人的主导作用,按照战略有机协同、资源有效配置的原则,在分类定位的基础上,进一步推动"三个集中"。即推动国有资本向关系国家安全和国民经济命脉的重要行业和关键领域集中;向国有经济具有竞争优势、未来可能形成主导产业的领域集中;向具有较强国际竞争力的大公司大企业集团集中。实现国企发展方式更多依靠现代服务业和战略性新兴产业带动。

——加强管理创新,提高国企经营质量和效益。转变经济发展方式需要通过微观主体——国企自身管理提升落到实处。提高集团管控能力,加强基础管理;提高信息化应用水平,推动管理升级;完善企业法人治理结构和内部组织结构,优化管理流程;加强考核管理,提高经济效应等。通过深入实施各类管理创新举措,实现国企发展方式转向更加依靠管理创新驱动,规范治理机制,实施产权多元化,推进国有企业上市,实现国企经营质量和效益提升。

——以科技和人才为基础,促进企业做强做优。深化国企改革,为企业科技创新注入强劲活力和动力;加大研发投入,以投入占销售收入比重为刚性考核指标;加强与高校和科研院所的协同创新。加强创新型人才培养,大力实施国家和浙江省"千人计划",建立人才创新创业基地和设立人才创新基金,打造高科技企业和知名品牌。实现国企发展方式更加依靠科技进步和劳动者素质提高。

2. 结构调整作为国企转变经济发展方式的主攻方向

新时期浙江国有企业发展面临越来越大的障碍。资源小省、节能减排压力和区域竞争日益激烈等矛盾凸显,国企发展必须转变经济发展方式,转变经济发展方式的当务之急则是进行结构调整。国有企业需要谋求更大发展空间,可以通过两大途径:一是抓住机遇、掌控资源,加大基础支撑性产业投入。抓住浙江"四化"和"四大战略"建设的机遇期,加大国企在城镇化和工业信息化领域的投入,掌握相关行业规范和标准制定的话语权,通过区域空间扩展,布局决定未来发展的能源、港口等重大战略性资源。二是整合已有资源,加大战略性产业布局。通过对已有空间的再整合,深入实施"腾笼换鸟"工程,淘汰落后产能,实现城市有机更新的同时追求经济效益提升。结合已有的传统产业优势选择性加大战略性新兴产业投入,在推进转型升级的过程中实现效益提升。具体工作包括:

——做强实体经济主业,走新型工业化道路。从目前来看,实体经济回归将是大势所趋。发展实体经济是解决当下中国面临就业和民生问题的必然选择,日本"失去的十年"和美国"金融危机"的爆发无不昭示着实体经济与虚拟经济失衡所带来的风险。对浙江国有企业而言,做强实体经济主业就是要突出主业,深入落实"411重大项目建设",促进有效投资,坚守制造业这一实体经济主要阵地。走新型工业化道路具体而言是把握好"两个融合":第一,推动制造业与服务业的融合,从"生产型制造"向"服务型制造"转变。轻纺和加工制造仍然是浙江的支柱产业,新型工业化道路并不是要抛弃这些产业,而是要大力发展生产性服务业平台,浙江国企要利用规模和政策优势,合力发展服务业解决物流成本高和融资困难等关键性问题,服务"浙江制造"向"浙江创造"转型,打破价值链低端锁定格局。第二,推动传统产业与信息技术的融合。要善于应用信息技术特别是互联网技术改造提升传统产业。创新业态和商业模式,培育新兴经济增长点。

——抢占信息化高点,加快战略性产业和现代服务业布局。信息化革命是新一轮国际竞争热点,也是我国超越世界发达国家的重大机遇。国企在结构调整中要发挥资本和制度优势,及其国企间的资产纽带和情感纽带关系,形成合力,在信息化领域的某些关键领域率先取得突破。浙江国有企业在移动支付、公交信息化和智慧农业等领域要充分认识这些应用不仅仅是经济发展的工具和手段,更是代表着一种新型生产力。在抢占信息化高点的同时,推进国企在战略性新兴产业和现代服务业的布局。具体而言,浙江国企应当依托国家四大战略,加大在高端装备制造、生物制药、海洋新兴等战略性新兴产业的布局,积极发展文化创意、金融服务等现代服务业。

——把握城镇化和农业现代化突破口,拓展区域发展空间。城镇化和农业现代化是浙江经济增长潜力最大的领域之一,目前国企在这一领域的布局相对薄弱。寻找结构调整与城镇化和农业现代化之间的结合点,利用国企优势拓展新的发展空间。浙江国企要以项目投资推动城镇化建设,加大省内产业转移力度,大力推进县级工业园区建设。政策层面要给产业和项目的转移和承接解决障碍和创造条件,例如改革项目税收在省与地市的分配机制。公益性国企要加大在保障房和农村基础设施建设方面的投入,探索新型建筑工业化这一战略性新兴领域,在提高城镇化和农业现代化建设速度和质量的同时,优化自身产业布局,降低运营成本。

3. 管理提升作为国企转变经济发展方式的重要抓手

——突出强调战略管控。大型国有企业实行集团化管理,集团管控能力将直接决定集团发展质量和空间。突出强调两点,一是探索"财务管控"与"战略管控"相结合的管控模式,传统集团管控过多依赖于财务监管而忽视财务背后的深层原因,不明晰的战略定位引致国企经营过度多元带来管理失控是近年来集团发展中面临的普遍问题,集团管控需要特别强调战略管控,并与财务管控相结合形成横向集约化、纵向扁平化的管控体系。二是通过法人治理结构完善管控。其一,在健全国企监事会建设的基础上,将监事会作用发挥到实处。其二,注意解决好国企董事会和外派监事会之间的职责划分,特别是在合资型国有企业。其三,加强董事会建设,加大力度探索国企外部董事制度。建立筛选条件,邀请产业精英、知名教授担任外部董事,为国有企业长远发展提供战略性思维。

——有效强化风险管理。风险管理是国有企业发展中需要加以重视的问题,浙江部分行业的国有企业出现"再国有化"的迹象,这显然是违背风险管理原则的做法。首先,国企要坚定实施产权多元化,防止"再国有化"的倒退行为。产权多元化的推进即是国有企业发展实力提升的方式,也是规避国资经营风险的重要手段。部分行业、部分企业不能因为行业形势的好转、追求短期效益的考虑而实行再国有化。其次,应当加大资本引入力度,加快实施产权多元化。目前浙江国有企业产权多元化的实施情况还不容乐观,困难主要体现在两个方面:一是实施产权多元化的动力不足和顾虑过多;二是国有资产总量大,资本引入困难。下一步要通过三种途径推进这一工作:一是加快民营资本和外资引入力度,主动出击,与大型民企、外企或基金管理公司洽谈合作;二是鼓励央企和外省国企进入浙江,开展合作;三是深化省内各级国有企业之间合作的广度和深度。通过产权多元化改革,最终推进国有企业上市。通过产权多元化和现代企业制度等方式是强化风险管理的本质手段。

4. 科技创新作为国企转变经济发展方式的驱动力量

把握科技创新内在规律,加强相关制度设计和安排,突破各种体制机制障碍,激活创新体系中各要素的创新活力。研究建立浙江国有企业科技创新能力评价体系,引导企业不断提升创新能力。一方面,要注重打造高水平企业研发平台,构建开放式技术创新体系。建立高效、协同、开放的技术创新体系对企业技术创新能力的提升至关重要。重视国家级和省级重点实验室建设、建立直接对应新兴产业发展的研发中心和院士工作站等,加强与高等院校、科研院所的合作,积极利用外部资源,加强国际合作,利用开放式创新实现国企在高端产业的突破。另一方面,国有企业要特别重视科技成果的转化应用。传统科技创新特别重视研发前端,对于研发后端的产业化应用重视不够,潜在的风险巨大,国企作为经营实体要将科技成果尽快转化为生产力,着力解决产学研脱节的体制机制性障碍,树立打造品牌意识,推进知识产权保护,重视将企业重大专利成果纳入技术标准的工作。

(作者简介:蔡宁,浙江省公共政策研究院副院长,教授、博导;王节祥,浙江大学管理学院企业管理博士研究生。)

作者
钱雪亚
胡博文
郑双双

潜在工资差异：城镇劳动力
市场城乡一体化观察[①]

内容提要：城镇劳动力市场的城乡一体化，本质上表现为城乡劳动者可比口径的工资报酬水平趋同。本文着眼于城乡劳动者所从事岗位的系统性分布差异，依据补偿性工资差别理论，运用2012年浙江省城镇住户调查、农村住户调查、农民工监测调查形成的微观数据，测算城镇劳动力市场上农民工从事相对更"差"工作岗位的工资补偿情况，并据以在"潜在工资"这一可比口径上观察城镇劳动力市场城乡一体化状态。结果显示：农民工相对集中分布于更"差"的工作岗位，却并没有得到与城镇工同等的工资补偿，"潜在工资"口径上城乡工资比显示的劳动力市场城乡非一体化程度显著更甚于实际工资口径上所观察到的程度。

关键词：劳动力市场；工资补偿；城乡一体化

劳动力市场的一体化是相对于劳动力市场之间的分割和差异而言的，单一工资率是竞争性经济和一体化劳动力市场的重要特征（都阳等，2004）。劳动力市场的城乡一体化，核心就是劳动力市场上城镇劳动者与农村劳动者之间劳动报酬水平趋同。

根据国家统计局发布的农民工监测调查数据，2011年农民工年均工资水平2.46万元，比2009年[②]增长44.60%；根据国家统计局劳动工资调查数据，2011年城镇工年均工资4.25万元，比2009年增长

---

① 本文是国家自科基金"我国劳动力市场城乡一体化水平测量及其进程研究"（编号：71373233）、浙江省统计学术课题"农民工工资水平评估"的阶段成果，也受浙江省统计局浙江大学统计科研基地资助。
② 国家统计局《农民工监测调查》自2009年开始实施。

29.68％。农民工工资水平更为快速的上涨,使城镇劳动力市场的城镇工工资与农民工工资的相对比从 2009 年的 1∶0.52 缩小到 2011 年的 1∶0.58。然而,这是否客观地反映出了城镇劳动力市场上农民工与城镇工之间工资水平的趋同以及趋同的程度?

工资作为劳动力的价格,与一般商品不同,它是一组复杂信息的集合,货币工资仅仅是工资总量中的一部分。鉴于我国劳动力市场上一系列城乡有别的制度安排,转移到城镇劳动力市场的农民工,他们从事着更为艰苦的工作岗位、承担着更高的生活成本、享受更低的社保福利,所有这些恰恰与工资水平密切关联。因此,仅仅观察实际货币工资并不能反映出劳动力市场上两类从业者的工资差异,从而也难以基于实际观察到的货币工资差异反映城乡分割的状态和城乡一体化的变化趋势。本文从"潜在工资"而不只是"实际工资"出发,着眼于农民工与城镇工的岗位分布差异,依据补偿性工资差别理论,估计岗位工作特征补偿条件下,城镇劳动力市场上农民工的工资回报水平、城乡劳动者的工资差异,据以观察劳动力市场城乡一体化状态。全文安排如下:第一部分,回顾补偿性工资差别相关理论以及有关我国劳动力市场城乡分割研究的文献;第二部分,根据数据条件设计补偿性工资差异的估算方法;第三部分,基于浙江省2012 年样本微观数据,观察城镇工的岗位分布和农民工的岗位分布,以及相应的工资差异,就农民工从事更为艰苦的工作岗位应该得到的工资补偿作出实证估算;最后是结论及启示。

1. 理论和文献

补偿性工资差别理论表明,在完全竞争的劳动力市场上,劳动者根据效用最大化来选择不同工作条件的岗位,艰苦岗位可以通过较高工资得以补偿,从而同等个体特征及其他条件下,"差"岗位对应"高"工资,即对于同质的劳动者,雇主对愿意从事较"差"工作特征的个体给予货币性的工资补偿。这一思想最早由亚当·斯密于 1776 年在其《国民财富的性质和原因的研究》一书中提出,他认为职业有愉快与不愉快之分,职业的学习有难易之分、学费有多少之分,职业本身有稳定与不稳定之分,职业所必需担负的责任有轻重之分,职业成功的可能性有大小之分,"一方面要对某些职业的微薄货币报酬给予补偿,另一方面又要对一些职业的优厚报酬加以抵消"。

在完全竞争的劳动力市场上,相对"差"的岗位,雇主通过提供相对"高"的工资获得劳动供给,这一对"差"岗位特征的工资补偿,相比于理论上严密而清晰的解释,"由于这种岗位差别广泛分布于各种工作特征之间,要想判断它们对于理论支持的程度是非常困难的"(伊兰伯格等,2007)。国外有一些经验数据佐证了这一理论。Paula(1992)的研究发现,20 世纪 90 年代初,美国工作条件更为艰苦的铁路养护工的工资是每小时 12～17 美元,大大高于操作工和粗工在当时的全国平均工资水平。Olson(2002)通过将丈夫在工会的地位、丈夫所在公司的规模大小、丈夫是否享有健康保险作为已婚妇女决定是否从事有健康保险的工作的因素,进而计算得出了在其他因素都相同的情况下,从事有健康保险工作的已婚妇女比从事没有健康保险工作的已婚妇女,平均工资低 20% 的结论。其他如 Viscusi(1993)、Peter(1997)、Christophe(1998)、Enrico(2000)等,也均提供了不同类岗位"工资性补偿"的经验证据。

国内这方面的研究则是少之又少,迄今未能检索到有关中国劳动力市场上岗位工资差异补偿的系统的实证研究文献。然而,工作条件"好"、"差"不同的岗位要得到工资性补偿,本身是有前提的,其中劳动者可以自由流动、从而在其能力范围内自主地选择岗位是三大前提之一。纵观我国劳动力市场,长期以来存在着多重分割,包括传统行业与垄断行业的分割、体制内外分割、城乡分割等等。分割的劳动力市场意味着劳动力自由流动的障碍,我们有理由怀疑"差"岗位不能够得到"高"工资补偿。

本文关注城镇劳动力市场上农民工的岗位分布及工资补偿问题。在城镇劳动力市场上,农民工普遍从事着更为艰苦、更为危险、更少保障的"差"岗位,这点几乎不存在异议。而与此同时,大量研究表明我国城镇劳动力市场上显著的城乡分割持续存在(Meng,2001;Fan,2001;王美艳,2005;钱雪亚,2009;田丰,2010;李峻,2011;刘毅,2012),针对农民工择业的各种政策制度限制迫使农民工相对更为集中的分布于"差"岗位。根据补偿性工资差别理论,我们有理由相信这种"限制"形成的农民工对"差"岗位的"选择",难以得到相应的工资补偿。相应地,如果考虑到农民工更为集中地分布于"差"岗位的事实以及其"应得"的工资补偿,则农民工实际得到的货币工资本质上并不完全是其生产率的回报,从而,城镇工与农民工之间的实际工资差异并不能真实地反映出城镇劳动力市场上城乡分割的程度。现有的研究文献尚未全面关注这一岗位差异导致的"潜在工资"差异,而仅仅从实际货币工资观察城乡分割和城乡整合问题。

运用 2012 年浙江省"城镇住户调查"提供的城镇劳动者的就业和回报数据、"农村住户调查"和"农民工监测调查"提供的农村转移到城镇就业劳动力—农民工的就业和回报数据,本文设计了专门的方法,估算更"差"岗位上的"工资补偿"水平,据以对照实际的货币工资,观察"自由流动"条件下的农民工"潜在工资"水平,进而更为客观地反推我国城镇劳动力市场上城乡一体化的状态。

2. 设计与模型

如何估算"工资补偿"水平以从"潜在工资"水平上观察城镇劳动力市场城乡一体化的状态,涉及三个基本技术问题的处理:(1)如何保证在"好""差"不同的岗位间进行选择的劳动者个体能力不变;(2)如何区别岗位的"好"与"差";(3)如何比较农民工相对于城镇工在同类岗位上工资补偿的相对差异。

2.1 个体能力的控制及岗位特征分类

补偿性工资差别是与各种不同岗位的工作特征联系在一起的,较"高"的工资水平与较"差"的工作特征相匹配,但是,这并不简单地表现为在"差"条件下工作的劳动者要比那些在"好"条件下工作的劳动者得到的工资水平更高,前提是劳动者的"个人特征保持不变"。只有在"个人特征保持不变"的前提下,才可能观察与岗位工作条件差异相匹配的工资差异,其中人力资本是这里个体特征的关键。

如何保持个体人力资本水平不变,以客观地观察岗位差异所对应的补偿性工资差异? 本文的设计是:依据职业分类界定个体差异。对于农民工,目前的"农村住户调查"和"农民工监测调查",将农民工职业分为 10 种①,对于城镇工,目前的城镇住户调查将城镇工职业分为 8 种②。在剔除"军人"这一与一般劳动力市场雇佣没有直接关联的群体外,其余类别的职业依据对从业者的人力资本要求大体上可以归为三类:农民工群体对应的企业经营管理人员、城镇工群体对应的国家机关党群组织、企事业单位负责人,以及两者均对应的专业技术人员可以归为高人力资本要求类;农民工和城镇工均对应的办事人员和有关人员可以归为相对较高人力资本要求类;而两个群体分别对应的其他职业,则人力资本要求相对较为一般。分别以职业类Ⅰ、职业类Ⅱ和职业类Ⅲ代表以上三类职业群体,则这三大类职业中,不同类职业之间存在个体人力资本水平的显著差异,从职业类Ⅰ到职业类Ⅲ,由高人力资本要求到低人力资本要求,只存在向下替代的可能性。但在同一类职业内部,基本不存在职业间相互替代的人力资本障碍③。考虑到农民工绝大部分从事职业类Ⅲ,因此,本文将计算样本控制在从事职业类Ⅲ的农民工和城镇工,由此基本控制了个体间的人力资本差异。

如何区分岗位的"好"与"差"? 岗位的"好"与"差"体现于多方面,包括工作的危险性和艰苦性、工作地点和时间特征(是否恶劣的野外环境甚至需要承受污染、是否偏远甚至需要长时间远离家人、是否需要夜班作业等)、工作进度的可控程度、工资的稳定性、相应的福利待遇、基于岗位的社会地位、未来提升的发展前景等等。城乡住户调查和农民工监测调查没有提供岗位特征信息,事实上,现有各类统计均不提供岗位信息,目前与岗位工作条件好差相对最为匹配的信息是行业特征信息。本文的设计是:以2012 年我国国民经济行业分类执行 2002 版分类标准 GB/T 4754-2002 为依据,将全

---

①　10 种农民工职业指:1.私营企业主;2.企业经营管理人员;3.个体经营人员;4.专业技术人员;5.办事人员和有关人员;6.商业人员;7.服务业人员;8.农、林、牧、渔、水利业生产人员;9.生产、运输设备操作人员及有关人员;10.其他从业人员。

②　8 种城镇工职业指:1.国家机关党群组织、企事业单位负责人;2.专业技术人员;3.办事人员和有关人员;4.商业、服务业人员;5.农、林、牧、渔、水利生产人员;6.生产、运输设备操作人员及有关人员;7.军人;8.不便分类的其他从业人员。

③　运用 2012 年城乡住户调查和农民工监测调查数据,人力资本差异显著性检验证明了上述结果。限于篇幅,数据及检验结果略。

部 20 个行业门类①按生产一线岗位的工作条件好差归为三大类:第一类,农林牧渔业、采矿业、建筑业,这一类别包括 16 个行业大类,其中的许多岗位需要野外作业,既艰苦又危险;第二类,制造业、电力燃气及水的生产和供应业、交通运输仓储邮政业、信息传输计算机服务和软件业、批发和零售业、住宿和餐饮业,这一类别包括 49 个行业大类,其中的岗位工作条件会好于第一类,危险性低但一般难以"舒适";第三类,除第一、第二类以外的其余部门,这一类别包括 31 个行业大类,显然,这一类别中的岗位几乎不存在危险性,且环境条件等会显著优于第一、二类。由此,本文将同类职业内的岗位分为"差"、"中"、"好"三类,分别对应上述三大行业类别。

2.2 农民工的"岗位特征—工资补偿"关系观察

2012 年,全省城镇居民家庭人均总收入 3.10 万元,其中 10% 最低收入组的人均总收入 0.90 万元,无疑还会存在一些生活困难家庭。同时,即便对于城镇居民,劳动力市场的体制内外分割、垄断行业的进入壁垒也对他们的择业流动存在影响。可以推测,城镇工从事更"差"的岗位未必能得到充分的工资补偿。

但是,本文的最终目的是观察农民工由于城乡分割的制度而相对集中地分布于更"差"的岗位,这种更"差"岗位是否得到了与城镇工一样的工资补偿,比较的基准是城镇工的劳动力市场环境而不是充分竞争的劳动力市场环境。因此,本文的观察思路和方法是:

(1)城镇工岗位工资补偿模拟

观察城镇工职业类Ⅲ群体在"差"、"中"、"好"三类岗位的分布,分别估计三类岗位的工资方程:第 k 类岗位的工资方程:

$$\widehat{w_{ck}} = X_{ck}\widehat{\beta_{ck}} \quad k=1,2,3 \tag{1}$$

选择"好"岗位定义为 $k=3$,作为比较的基准,计算其余两类在"$k=3$"类回报率下的工资:$\widehat{w_{ck}^3} = X_{ck}\widehat{\beta_{c3}}$,和 $\widehat{w_{ck}^3}$,$k=1,2$。从而 $\Delta_k = \overline{\widehat{w_{ck}}} - \overline{\widehat{w_{ck}^3}}$ 为第 k 类岗位相对于第"3"类岗位,由于其更"坏"的工作条件而给以的、以更高回报 $X_{ck}(\widehat{\beta_{ck}} - \widehat{\beta_{c3}})$ 所体现的工资补偿。

同理,模拟估算农民工的岗位工资补偿 $\Delta_{nk} = \overline{\widehat{w_{nk}}} - \overline{\widehat{w_{nk}^3}}$

(2)农民工由于城乡分割形成的岗位分布变异估计

估算城镇工职业类Ⅲ群体在"差"、"中"、"好"三类岗位的分布方程:

$$P_{ck,i} = \mathrm{prob}(y=k) = \frac{e^{x_{ck,i}\beta_{ck}}}{\sum_{k=1}^{3} e^{x_{ck,i}\beta_{ck}}}, \quad k=1,2,3 \tag{2}$$

---

① 20 个行业门类:1.农、林、牧、渔业;2.采矿业;3.制造业;4.电力、燃气及水的生产和供应业;5.建筑业;6.交通运输、仓储和邮政业;7.信息传输、计算机服务和软件业;8.批发和零售业;9.住宿和餐饮业;10.金融业;11.房地产业;12.租赁和商务服务业;13.科学研究、技术服务和地质勘察业;14.水利、环境和公共设施管理业;15.居民服务和其他服务业;16.教育;17.卫生、社会保障和社会福利业;18.文化、体育和娱乐业;19.公共管理和社会组织;20.国际组织。

模拟农民工如果拥有城镇工一样的流动机会则其在三类岗位间的分布情况：

$$P_{nk,i} = \text{prob}(y = k) = \frac{e^{x_{nk,i}\beta_{ck}}}{\sum_{k=1}^{2} e^{x_{nk,i}\beta_{ck}}}, k = 1,2,3 \qquad (3)$$

比较农民工在三类岗位间的实际分布与模拟分布，以此估计由于城乡分割导致的农民工岗位分布变异；

（3）估计由于城乡分割，农民工损失的对更"差"岗位的工资补偿由两部分组成：

第一部分：如果农民工在更"差"的岗位上得到了与城镇工等额的工资补偿，则农民工实际损失的岗位补偿工资为：

$$\Delta_n^1 = \sum_{k=1}^{2}(\Delta_{ck} - \Delta_{nk})\widehat{P_{nk}} \qquad (4)$$

第二部分：如果农民工拥有与城镇工一样的岗位分布，并且也得到同样程度的工资补偿，则以城镇工的岗位分布推算，与目前农民工实际损失的岗位补偿工资为：

$$\Delta_n^2 = \sum_{k=1}^{2}(\widehat{P_{nk}^c} - \widehat{P_{nk}})\Delta_{ck} \qquad (5)$$

由于城乡分割，农民工损失的工资补偿：

$$\Delta_n = \Delta_n^1 + \Delta_n^2 \qquad (6)$$

相应地，城乡一体化假设下，仅从"差"岗位的工资补偿上考虑，农民工的潜在工资水平应为目前的实际工资与补偿工资之和：$w_n + \Delta_n$。

3. 工资补偿及潜在工资水平的实证估计

运用浙江省城镇住户调查 2012 年微观数据、农民工监测调查 2012 年微观数据并结合当年农村住户调查的微观数据，取年满 16 周岁及以上劳动者，作如下处理：剔除信息记录不全的个体、剔除职业属于职业类Ⅰ和职业类Ⅱ以及"军人"的个体，分别对城镇工与农民工按各自个体工资水平高低排序，剔除工资最高最低各 5% 的观察个体以避免极端变异值影响，最终形成的城镇工样本包含 1511 个观察值，农民工样本包含 545 个观察值。

由于城镇住户调查方案与农村住户调查和农民工监测调查的方案存在一些设计上的差异，而涉及本研究数据的主要是教育程度和工作经验的表达，所以进行相关处理如下：对于教育程度，城镇住户调查从"未上过学"到"研究生及以上"共分为 9 类，农民住户调查和农民工监测调查均从"不识字或很少识字"到"大专及以上"共分为 6 类，本文统一将两类转换成"受教育年数"[1]。对于工作经验，城镇住户调查方案中设计了"开始参加工作年份"一项来获取该信息，由于本文使用的是 2012 年的数据，因此本文

---

[1] 受教育年数：（城镇工）未上过学＝0，扫盲班＝3，小学＝6，初中＝9，高中＝12，中专＝12，大学专科＝15，大学本科＝16，研究生＝19；（农民工）不识字或识字很少＝0，小学＝6，初中＝9，高中＝12，中专＝12，大学专科及以上＝15。

的处理是用"2012—'开始工作年份'"表达城镇工的工作经验;在农村住户和农民工监测调查方案中,没有相应的设计,本文参照学界普遍的做法作如下处理:将调查时农民工的年龄减去其受教育年数再减去8(从8岁开始接受小学教育)。

由此,两类劳动力样本的基本数据如表1。从表中我们可以看到,在平均受教育年数的对比中,城镇工为10.23年,而农民工为10.12年,两者之间并无显著差异。这意味着在我们的实证样本中,城镇工和农民工的人力资本水平大体相近,也即该两类劳动者群体的职业技能基本相近,而这也为我们后续有效回答他们在分布于更"差"的工作岗位时是否得到了更"高"的工资补偿这一问题奠定了良好的基础。而在其他几项个体特征的对比中,我们发现,不论是工作经验、女性所占比重还是年工资水平,两类劳动者群体之间都存在着显著差异,以年工资为例,农民工的均值2.75、最大值5.95以及最小值0.7均明显低于城镇工的相应数据3.13、7.53和1.09,说明在城镇劳动力市场上,即便人力资本水平相近,农民工群体依旧受到了区别对待。

表1 观察样本个体特征基本情况

	城镇工			农民工		
	平均值	最大值	最小值	平均值	最大值	最小值
受教育年数(年)	10.23	16	0	10.12	15	0
工作经验(年)	21.44	54	0	17.28	47	0
女性所占比重(%)		50.89			35.41	
年工资(万元)	3.13	7.53	1.09	2.75	5.95	0.7

3.1 城镇工与农民工的岗位分布及差异

依据对三类岗位的划分,观察样本个体的岗位实际分布如图1、图2所示。

从第一类(差)岗位到第三类(好)岗位,农民工与城镇工的分布存在着显著的差异。首先,来看第一类(差)岗位,农民工16.88%的占比远高于城镇工的4.3%,差值达12.58个百分点;其次,是第二类(中)和第三类(好),我们发现,相比与第一类,农民工群体中处于后两类工作环境相对较好的岗位的比例显著低于城镇工,分别仅为67.34和15.78,而城镇工的相应比例则为74.12和21.58。这样的统计结果反映出,相比城镇工而言,农民工更多地集中在了相对更"差"的岗位上;而城镇工的岗位分布则不仅分散,而且其在相对较"好"的岗位上的比重更高。图1、图2的对比反映了城镇工和农民工在岗位分布上存在结构性的差异,这同样说明两类劳动力在城镇劳动力市场上受到了区别对待。

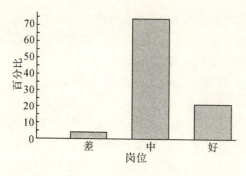

图1 城镇工岗位分布

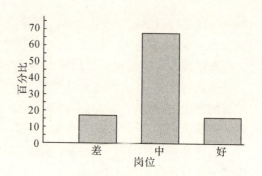

图2 农民工岗位分布

3.2 城镇工与农民工的工资分布及差异

整体上观察城镇工与农民工的工资分布,如图3和图4。

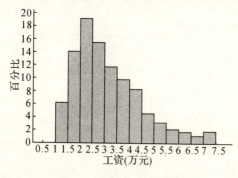

图3 城镇工工资分布

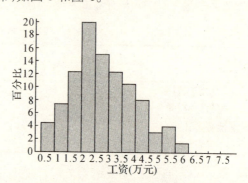

图4 农民工工资分布

图3、图4显示,城镇工的工资分布较农民工更为分散,波动更大;而农民工的工资分布则较为集中。分岗位观察(如表2),我们发现不论是哪一类岗位,城镇工的平均工资水平都要高于农民工。其中相差最大的是第二类(中)岗位,城镇工为3.16万元,而农工仅为2.62万元,差距达0.54万元。其余两类的差距分别为0.13万元(差岗位)和0.2万元(好岗位)。

表2 三类岗位间城镇工与农民工工资差异比较 (单位:万元)

	城镇工			农民工		
	平均值	最大值	最小值	平均值	最大值	最小值
差岗位	2.97	7.19	1.10	2.84	5.24	0.8
中岗位	3.16	7.53	1.09	2.62	5.6	0.7
好岗位	3.41	6.60	1.18	3.21	5.95	0.75

3.3 城镇户籍条件下的农民工岗位分布模拟

引入教育年数、工作经验、性别等主要因素,运用式(2)分别模拟城镇工和农民工的三类岗位分布,结果如表3。

表3 城镇工和农民工的岗位分布:Multinomial Logit 模型估计结果

	城镇工		农民工	
	系数	标准差	系数	标准差
第一类				
性别(女)	−2.423***	0.055	−2.106***	0.459
教育程度	−0.091	0.055	−0.193**	0.083
工作经验	0.028**	0.014	0.032*	0.018
常数项	−0.929	0.763	1.920*	1.125
第二类				
性别(女)	0.382***	0.129	−0.195	0.250
教育程度	0.030	0.024	−0.204***	0.065
工作经验	−0.008	0.006	−0.009	0.015
常数项	0.907***	0.341	3.842***	0.900
观察值	1511		545	

注:(1)参照组为第三类(好)行业

(2)* $p<0.1$;** $p<0.05$;*** $p<0.01$

表3显示,性别对于城镇工和农民工的影响不尽相同:对于城镇工而言,相比于获得第三类(好)岗位,女性更不容易获得第一类(差)岗位,却比较容易获得第二类(中)岗位;而对于农民工群体中的女性,则第一类(差)和第二类(中)岗位都比第三类(好)岗位更难获得。受教育程度的提高使得城镇工获得第一类岗位的概率降低,第二类岗位的概率却增加,而使得农民工获得该两类岗位的概率都降低。最后,工作经验的增加对城镇工和农民工都有着类似的影响,即增加其获得第一类岗位的概率,却降低第二类岗位的获得概率。

进一步通过城镇工的岗位估计获得模型参数来测量如果农民工拥有与城镇工平等的择业机会,则农民工岗位的"潜在分布"以及与实际分布的差异,如表4。

表4 农民工实际与估计的岗位分布

	实际(%)	估计(%)	差异
第一类(差)	16.88	5.22	−11.66
第二类(中)	67.34	72.91	5.57
第三类(好)	15.78	21.87	6.09

表4显示,如果农民工受到与城镇工相同的对待,岗位分布情况将得到明显改善。

首先,农民工获得第一类(差)岗位的比例将从 16.88％下降到 5.22％,降幅达 11.66 个百分点。其次,相比实际比例,农民工获得第二类(中)和第三类(好)岗位的比例显著提高,分别从原来的 67.34％和 15.78％提高到了 72.91％和 21.87％。

农民工岗位分布的模拟结果再一次证明了本文反复强调的一个事实,即农民工受限于流动障碍而被迫集中在了城镇劳动力市场上相对较"差"的岗位上,且得不到工资补偿,而一旦可以获得与城镇工平等的对待,他们的岗位分布情况将得到显著的改善。为了最终能够算得农民工因此而损失的补偿性工资,仅获得农民工实际与估计的岗位分布差异信息是不够的,接下来我们还需要获得关于自由竞争市场上职业间工资差异的信息。

3.4　城镇工与农民工岗位工资补偿模拟

同样引入教育年数、经验和性别变量,运用"好"岗位上的城镇工样本估计其工资方程如表 5。

表 5 反映,对于处于第三类(好)岗位的城镇工而言,教育程度越高,工资性收入也就相应越高;而工作经验和女性的性别则在一定程度上对工资水平起着负面的影响。

依据表 5 进一步测量,目前就业于第一类"差"岗位和第二类"中"岗位上的城镇工,如果进入第三类"好"岗位的工资水平以及与其目前在原岗位上的实际工资差异如表 6。

表 5　第三类岗位工资方程估计

工资	教育程度	工作经验	性别(女)	常数项	拟合度(R^2)
系数	0.157***	−0.008	−0.324**	1.709***	0.16
标准差	[0.023]	[0.006]	[0.142]	[0.324]	

注:* $p<0.1$;** $p<0.05$;*** $p<0.01$

表 6　城镇工实际与估计的平均工资水平　　（单位:万元）

	实际	估计	差异
第一类(差)	3.41	2.93	−0.48
第二类(中)	3.16	3.02	−0.14
第三类(好)	2.97	/	/

表 6 的模拟结果说明,在相对不存在流动障碍的城镇劳动力内部,存在一定的工资补偿机制,于是岗位差异可以得到相应的工资补偿。具体而言,当第一类岗位的城镇劳动力从事第三类岗位时,工资水平从 3.41 万元降到 2.93 万元,下降了 0.48 万元;而当第二类岗位的劳动力从事第三类岗位时,工资水平也从 3.16 万元降到 3.02 万元,下降了 0.14 万元。这说明由于工作环境的改善,同样人力资本的劳动力工资性收入中用以补偿工作环境不佳的部分在减少,而之所以补偿数值存在差异,且对第一

类的补偿高于第二类则正好符合了我们最初对岗位分类的假设,即第一类是工作环境相对最差的,第二类次之,第三类则相对较好。

依据相应的农民工样本,运用城镇工估算同样的方法,估计农民工在"好"岗位上的工资,以及目前在"差"和"中"岗位的农民工如果进入"好"岗位的工资水平,如表7。

表7　农民工实际与估计的平均工资水平　　　　　（单位:万元）

	实际	估计	差异
第一类(差)	3.15	2.80	−0.35
第二类(中)	2.58	2.73	0.15
第三类(好)	2.84	/	/

表7显示,一方面,处于第一类(差)岗位的农民工群体相比于与其进入第三类(好)岗位而言能够获得0.35万元的工资补偿,这一数值较城镇工的补偿水平0.48万元低了0.13万元。另一方面,处于第二类(中)岗位的农民工不但没能获得相应的工资补偿,反而工资水平在其进入第三类(好)岗位时获得了0.15万元的增加。事实上,以上结果恰恰基本符合了我们之前的怀疑,即由于针对农民工择业的多种限制,在同样艰苦和危险岗位从业的农民工所能得到的工资补偿远少于城镇工,甚至很多岗位的农民工根本没能获得相应的工资补偿。

3.5　农民工"潜在工资"水平判断

依据式(4)和表6、表7估算的数据,农民工在更"差"的岗位上如果能够得到与城镇工一样的岗位工资补偿,则相应地农民工目前实际损失的岗位补偿工资为 Δ_n^1;依据式(5)和表4、表6估算数据,农民工在更"差"的岗位上如果能够得到与城镇工一样的岗位工资补偿,则相应地农民工目前实际损失的岗位补偿工资为 Δ_n^2。综合两方面,由于城乡制度分割,农民工相对集中分布于更"差"的岗位,但能得到与城镇工同等补偿的工资损失(如表8)。

表8的信息说明:如果从事更为坚苦和危险岗位的农民工,能够拥有与城镇工一样的工资补偿水平,则农民工的"潜在工资"为2.93万元,将比目前实际工资水平2.75万元平均提高0.18万元,涨幅为6.55%。从另一方面看,如果从事更为坚苦和危险岗位的农民工,能够拥有与城镇工一样的工资补偿水平,则农民工目前的工资中,仅有2.57万元属于与城镇工一样的生产率回报,这意味着,城镇工与农民工的工资比不是实际工资口径上的1:0.88(3.13:2.75),而是"潜在工资"口径上的1:0.82(3.13:2.57)。

表8 农民工实际工资与潜在工资对比 （单位:万元）

	实际工资	Δ^1	Δ^2	Δ	潜在工资
第一类(差)	3.15	0.13	0.05	0.18	3.33
第二类(中)	2.58	0.14	0.01	0.15	2.73
第三类(好)	2.84	/	/	/	/
全部岗位平均	2.75	0.12	0.06	0.18	2.93

4. 结论与启示

本文从补偿性工资差别的相关理论出发,基于2012年浙江省城镇住户调查、农村住户调查和农民工监测调查三大基础数据,以观察到的实际货币工资为基础,估算了职业分布差异在城乡公平竞争条件下的工资补偿水平,对农民工在不存在流动障碍假设下的岗位分布进行了模拟,综合两方面的信息对农民工的工资性收入做出相应调整,并最终以同类职业的城乡工资差异为标准对农民工报酬水平的高低做出了评价,主要结论如下:

(1)如果考虑到更为坚苦和危险的岗位特征因素,且农民工能够拥有与城镇工一样的工资补偿,则农民工的"潜在工资"水平应比目前的实际工资水平高6.55%左右。或者从另一方面看,假设在相对更"差"岗位上的农民工目前的工资中已经包含了与城镇工同等的"补偿",则目前农民工获得的基于生产率回报的无歧视工资水平仅为2.57万元,相当于城镇工工资水平的82%。

(2)相对于城镇工,农民工相对集中分布于更"差"的岗位上,从事着更为艰苦的工作,这一点已得到普遍认可。本文的工作进一步表明,农民工从事更为艰苦的工作并没有得到平等的工资补偿。这意味着基于城乡劳动者间直接的货币工资差异观察劳动力市场的城乡一体化进程,可能是不够客观的。

本文的研究仍存在着一些问题及有待改进之处。首先是使用了"年工资"而不是"小时工资"变量,由于城镇工与农民工实际工作时间的长短差异,使得本文的观察不可避免存在偏误;其次,农民工与城镇工的岗位差异不仅仅体现在工作条件的"好""差"上,还体现在农民工享有更少的公共福利和更低的社会保障、农民工承担着更高的城市生活成本、农民工远离家人承受着更多的心理成本等等,但本文尚未涉及这些内容,有待后续进一步系统的研究。

参考文献

[1] Craig A. Olson. Do Workers Accept Lower Wages in Exchange for Health Benefits? [J]. *Journal of Labor Economics*, 2002(04).

[2] Duncan，Greg，Bertil Holmlund，Was Adam Smith Right after All? Another Test of the Theory of Compensating Wage Differentials[J]. *Journal of Labor Economics* 1，October 1983，366-379.

[3] Enrico Moretti. Do Wages Compensate for Risk of Unemployment? Parametric and Semiparametric Evidence from Seasonal Jobs[J]. *Journal of Risk and Uncertainty* 20，No. 1，January 2000：45-66.

[4] Fan，C. Cindy. Migration and Labor-Market Returns in Urban China：Results from a Recent Survey in Guangzhou. *Environment and Planning*，2001(33)，479-508.

[5] Luis Diaz-Serrano，Joop Hartog，Helena Skyt Nielsen. Compensating Wage Differentials for Schooling Risk in Denmark[J]. *Journal of Economics*，2003(12).

[6] Meng，Xin and Junsen Zhang. The Two-Teir Labor Market in Urban China：Occupation Segregation and Wage Differentials between Urban Residents Rural Migrants in Shanghai，*Journal of Comparative Economics*，2001(29)，485-504.

[7] Paula Monarez. Navajos Keep Rail Lines Safe [J]. *Long Beach Independent Press-Telegram*，May 14，1992，D1.

[8] Perer F. Kostiuk. Compensating Differentials for Shift Work [J]. *Journal of Political Economy* 98，No. 5，Pt. 1，October 1990，1054-1075.

[9] Ronald G. Ehrenberg，Paul L. Schumann. Compensating Wage Differentials for Mandatory Overtime[J]. *Journal of Labor Economics*，1981(11).

[10] Sherwin Rosen. Hedonic Prices and Implicit Markets[J]. *Journal Political Economy* 82，January/February 1974，34-55.

[11] Smith，Robert S. Compensating Wage Differentials and Public Policy：A Review [J]. *Industrial and Labor Relations Review* 32，April 1979，339-352.

[12] Viscusi，W. Kip. The Value of Risks to Life and Health [J]. *Journal of Economic Literature* 31，No. 4，December 1993，1912-1946.

[13] 蔡昉. 农村剩余劳动力流动的制度性障碍分析[J]. 经济学动态，2005(01).

[14] 程名望，史清华. 就业风险、就业环境、就业条件与农村剩余劳动力转移——基于沪鲁晋364份务工样本的实证分析[J]. 管理评论，2010(12).

[15] 邓曲恒. 城镇居民与流动人口的收入差异——基于Oaxaca-Blinder和Quantile方法的分解[J]. 中国社会科学，2007(02).

[16] 都阳,蔡昉.中国制造业工资的地区趋同性与劳动力市场一体化[J].世界经济,2004(08).

[17] 丁守海.农民工工资与农村劳动力转移:一项实证分析[J].中国农村经济,2006(04).

[18] 郭继强.中国农民工城乡双锁定工资决定模型[J].中国农村经济,2007(10).

[19] 简新华,黄锟.中国农民工最新生存状况研究——基于765名农民工调查数据的分析[J].人口研究,2007(06).

[20] 李骏,顾燕峰.中国城市劳动力市场中的户籍分层[J].社会学研究,2011(02).

[21] 李朝杰、金景芝.改善乡镇企业农民工就业环境研究——以无极县为例[J].产业与科技论坛,2013(05).

[22] 刘毅.城镇就业机会:城乡、地域多重户籍属性的分隔[J].学术研究,2012(03).

[23] 卢峰.中国农民工工资走势:1979—2010[J].中国社会科学,2012(07).

[24] 罗纳德·G.伊兰博格.现代劳动经济学:理论与公共政策[M].北京:中国人民大学出版社,2011.

[25] 皮埃尔·卡赫克.劳动经济学[M].上海财经大学出版社,2007.

[26] 钱雪亚,张昭时,姚先国.城镇劳动力市场城乡分割的程度与特征[J].统计研究,2009(9).

[27] 田丰.城市工人与农民工的收入差距研究[J].社会学研究,2010(02).

[28] 余向华,陈雪娟.中国劳动力市场的户籍分割效应及变迁[J].经济研究2012(12).

[29] 王美艳.城市劳动力市场上的就业机会与工资差异——外来劳动力与就业报酬研究[J].中国社会科学,2005(05).

[30] 谢嗣胜,姚先国.农民工工资歧视的计量分析[J].农村经济导刊,2006(08).

[31] 邢春冰.农民工与城镇工的收入差距[J].管理世界,2008(05).

[32] 章元,王昊.城市劳动力市场上的户籍歧视与地域歧视——基于人口普查数据的研究[J].管理世界,2011(07).

(作者简介:钱雪亚,浙江大学公共政策研究院副院长,浙江大学公共管理学院教授、博导;胡博文,浙江大学公共管理学院博士研究生;郑双双,浙江大学公共管理学院硕士研究生。)

作者
杨遴杰

存量建设用地盘活政策的改革研究

内容提要：近年来，我国城镇化快速发展，土地供求矛盾日益突出。尤其是土地财政的深层次影响，我国土地城镇化速度明显高于人口城镇化速度，耕地大量被征收，甚至被违法使用，耕地红线受到冲击。从未来一段时间来看，我国城镇化发展速度和用地需求不会迅速减弱，严格保护耕地的国策与制度安排短期内难见改变，而国土执法监察力度的加强，以及征地补偿标准的持续提高和农民权利保护意识的增强，使得以占用耕地、增量扩张为主的用地模式在未来必须改变。另一方面，由于过去的粗放利用，我国存量建设用地中存在大量闲置和低效利用的部分，从增量扩张转向存量建设用地的盘活成为政策演进的必然选择。本报告中存量建设用地仅指代全部存量建设用地中处于闲置和低效利用状态的那部分土地。

关键词：土地改革；存量用地；城镇化

一、改革背景

（一）用地需求居高不下

近些年来我国工业化和城市快速发展，经济总量规模迅速增加，需要大量的建设用地保障。同时，城市人口人口持续增长和大量人口转移、流动，以及消费结构转型升级，都带动城镇住宅用地和各类公共基础设施用地需求相应增加。这些因素的共同作用，使得城市用地需求持续保持高位。

根据国土资源部的统计数据显示，"十一五"以来，全国每年建设用地需求在 1200 万亩以上，每年土地利用计划下达的新增建设用地指标只有 600 万亩左右，缺口 50% 以上。"十二五"时期，预计全国建设用地需求总量约为 4659 万亩，缺口仍然巨大。

（二）耕地保护形势严峻

巨大的用地需求如果完全压在新增建设用地上，将会与耕地保护产生尖锐冲突。从粮食安全与耕地保护的基本要求出发，我国耕地红线不容突破。虽然有占补平衡制度来补充被占用的耕地，尽可能维持城市扩张冲击下的耕地面积数量，但政策执行十多年后，优质的耕地后备资源日益稀缺，耕地后备资源不足的问题日益突出。全国集中连片、具有一定规模的耕地后备资源现仅有约 8000 万亩，除东北和新疆部分地区外，大多分布在生态脆弱地区，水土光热条件差，补充耕地成本高、难度大。特别是有的省份后备资源接近枯竭，对大规模开发后备土地资源的依赖难以为继。在这样的基础上仍然去大规模占用农地进行城市建设，耕地补充的难度越来越大，质量难以有保证，从而影响到粮食安全大局。

另外，还需要考虑到新增建设用地的成本问题。一方面是由于耕地后备资源质量下降，按补充耕地质量要求严格开展整治工程，必然带来成本的上升；另一方面，国家不断提高被征地农民的补偿标准，强调保护农民的利益，使得征地成本上升较快。这两方面因素都导致新增建设用地的成本日渐增加。加上农民产权意识的增强，征地的难度也加大。可以说，综合以上因素，与之前相比，新增建设用地不再是地方政府最好的选择。

（三）严格土地执法

由于年度计划与地方用地需求之间存在很大的缺口，很多地方政府往往通过违法用地的方式来弥补缺口，地方政府违法占地问题突出，而且凡是性质严重的土地违法行为，几乎都涉及地方政府或相关领导。

国土资源部针为扭转土地违法现象日趋严重的现象出台了系列措施：建立土地督察制度；全面采用卫片执法方式；通过网络、热线电话等广泛收集信息；对违法用地的地方政府采取约谈、问责的方式，直至追究刑事责任。严格的土地执法增加了地方政府官员违法用地的风险与成本，也促使地方政府改变用地思路，考虑存量低效建设用地的再利用问题。

（四）城乡存量建设用地再利用潜力巨大

由于历史原因和前些年快速发展中忽略土地节约集约利用，我国城乡建设用地利用效率不高，存在较高比例的低效建设用地。1996 年到 2008 年，全国城乡建设用地面积(城市、镇、村庄、工矿用地)由 21.45 万平方公里扩大到了 24.76 万平方公里,年均增长 2758 平方公里。

在城镇建设用地不断扩张,农村人口大量向城镇转移的同时,村庄用地规模不减反增。1997—2007 年,农村人口减少了 13%,而村庄用地却增长了约 4%,呈人减地增的逆向发展趋势。全国农村居民点人均占地面积已经高达 248 平方米,远远超过国家规划标准给出的 150 平方米上限。

城市土地利用效果也不让人满意,有专家对我国 37 个特大城市用地情况进行调查分析发现,这些城市容积率仅 0.3 左右,40% 以上的土地属于低效利用,5% 的土地处于闲置状态。全国城市人均建设用地高达 133 平方米,超出国家规定的最高限 13 平方米。

低效建设用地现象普遍存在,超限严重,也为盘活再利用创造了基础条件。

综合来看,经济发展引起的用地需求大,新增用地的成本与难度提高,违法用地风险加大,当曾是外延扩展的成本与难度提高到一定程度,此消彼长,存量建设用地再开发的必要性和可行性都得以提高。我国当前构建的集约节约用地政策体系就是以提高外延用地的效率和盘活存量、促进低效建设用地再开发为两大主要手段。

二、国家政策进展

低效建设用地再开发作为提高土地利用效率,促进土地节约集约的重要手段,在国家层面的制度设计中被逐步重视并完善。

(一)中央重大会议精神

十八届三中全会的《决定》要求:"建立有效调节工业用地和居住用地合理比价机制,提高工业用地价格。"希望通过工业用地价格的提升,减少形成存量低效建设用地的一个重要来源。

2013 年 12 月,中央经济工作会议提出:特大城市要注重调整供地结构,提高住宅用地比例,提高土地容积率。同期举行的中央城镇化工作会议提出:提高城镇建设用地利用效率。要按照严守底线、调整结构、深化改革的思路,严控增量,盘活存量,优化结构,提升效率,切实提高城镇建设用地集约化程度。

由此,中央层面的政策思路非常明显:提高工业用地价格,减少工业用地供应,增加生活用地供应,并且总体上减少增量土地供应,从而推动存量的盘活。

(二)国务院相关政策

2008 年国务院发布《关于促进节约集约用地的通知》明确提出土地节约集约的概

念,在充分利用现有建设用地,大力提高建设用地利用效率中明确要求今后各项建设要优先开发利用空闲、废弃、闲置和低效利用土地,要在第二次土地调查的基础上,认真组织开展建设用地普查评价,对现有的建设用地的开发利用和投入产出情况做出评估,并按照法律法规和政策规定,处理好建设用地土地开发利用中存在的低效、闲置、废弃等问题。

(三)国土资源部近期政策

2012 年国土资源部发布的《关于大力推进节约集约用地制度建设的意见》中再次提到要促进低效用地的在开发,以促进土地利用的节约集约。主要表现在三个方面:(1)在土地资源市场配置中,鼓励集体土地使用权人以土地使用权联营、入股等形式兴办企业,盘活利用低效用地。(2)在节约集约用地鼓励政策制度中,实行城市改造中低效利用土地“二次开发”的鼓励政策,在符合法律和市场配置原则下,制定规划、计划、用地取得、地价等支持政策,鼓励提高存量建设用地利用效率。(3)在土地利用监测管理制度中,实行土地开发利用信息公开,要定期公布低效用地情况,扩大公众参与,发挥社会监督作用。

2013 年 1 月开展的全国国土资源工作会议中将城镇低效用地再开发列入了近五年来国土资源部“创新‘1+8’组合政策”中。所谓的“1+8”组合政策,“1”是“增量计划”,“8”分别是“农村土地整治、增减挂钩试点、低丘缓坡开发、工矿废弃地复垦、城镇低效用地再开发、闲置土地处置、科学围填海造地和未利用地开发”。并指出积极探索城镇建设用地整治新模式,促进城镇低效用地再开发有利于保障合理用地需求,保护耕地红线,促进用地节约集约利用。

2013 年 4 月国土资源部发布的《开展城镇低效用地再开发试点指导意见》明确了低效用地总体要求、基本原则和主要措施,要求开展城镇低效用地再开发试点,提出“要鼓励和引导原国有土地使用权人、农村集体经济组织和市场主体开展城镇低效用地再开发,规范政府储备存量建设用地开发利用”。

可以看出,近两年来低效用地逐渐被政府重视,且低效用地再开发被大力提倡,《开展城镇低效用地再开发试点指导意见》的发布可看作一个分水岭,在此之前,我国对于低效用地的利用政策往往作为促进节约集约政策中的一小部分,并没有特别的强调,而《意见》的发布表明我国将在未来几年内,越来越重视低效用地的再次开发,盘活存量用地,其具体的方法手段也将更加细致,体系将更加完善。

2004 年 1 月,国土资源工作会上要求“东部三大城市群发展要以盘活土地存量为主”,“今后将逐步调减东部地区新增建设用地供应”,“除生活用地外,原则上不再安排人口 500 万以上特大城市新增建设用地。”很明显,减少供地总量,尤其是工业用地的供应,促进存量土地的盘活,成为国土资源部在东部地区供应土地的基本思路。

三、地方实践情况

(一)各地基本情况

低效建设用地按所有权性质分,可以分为城镇低效建设用地和农村集体低效建设用地两个部分。按照空间位置分,则可以分为建成区范围内的低效建设用地与建成区外的低效建设用地。两种分法重叠的部分是城中村低效建设用地的再利用问题。各地开展的低效建设用地盘活基本都是按照城镇、城中村和农村三个类型来开展。

城镇低效建设用地盘活最初以旧城改造为主要形式,近年来工业用地的二次开发成为热点,早期有东莞在闲置低效工业用地盘活中创新的托管方式,东莞的闲置与低效工业用地的处置在一年内累计处置 1238 宗土地,面积达到 4.3 万亩。后期有浙江的"亩产论英雄",以亩均 GDP 产出率、亩均固定资产投入率等作为土地利用目标管理考核指标,建立相应奖惩机制,由此倒逼地方政府提高土地集约利用,尤其是建立起存量土地盘活的新机制。

城中村改造过去往往被地方政府以拔钉子的方式进行,原住民迁走,土地收归国有,转变用地性质,开发商入场建设成为标准操作。直到最近几年以广东"三旧改造"为代表,将城中村改造与旧城镇、旧厂房统一政策,并在政府主导的方式之外新创设土地权属人自行改造的方式。广东的"三旧改造"截至 2011 年 7 月,全省已入库地块65617 宗,面积 373.3 万亩,占全省建设用地面积的 13.46%,其中国有土地占46.88%,集体土地占 53.12%。2008 年至 2013 年 3 月底,全省共投入"三旧"改造资金 4446.4 亿元,完成改造项目 2893 个,完成改造面积 15.1 万亩,节约土地 6.8 万亩,实现节地率 44.8%。一些用地供求矛盾尖锐的地方纷纷以"三旧改造"经验为模板出台本地类似政策并推行。

深圳在自身早期开展的城中村改造经验上,还借鉴我国台湾地区市地重划经验开展"城市更新"工作,也是将城市低效建设用地和城中村同等对待进行盘活再利用。深圳市正在推动实施 25 个城市更新项目,涉及总用地面积达 109.7 万平方米,总建筑面积 397 万平方米,将为社会提供建筑面积 202 万平方米的住宅、21 万平方米的办公用房、48 万平方米的商业用房、21 万平方米的商务公寓以及 90 万平方米的产业用房,并配套一批保障性住房、幼儿园、学校、社区健康中心、文化室、公交首末站等。

农村部分的低效建设用地主要包括大量的闲置宅基地、空心村,还包括部分废弃的砖瓦窑厂、低效的乡镇企业用地等。这一类土地,区位条件优越的,尤其是在近郊区或交通条件好的地区,主要是通过集体建设用地流转来实现。远郊区或交通条件差的集体低效建设用地,直接对土地的实体进行盘活缺乏需求,但是在农转用制度下,这些土地的发展权存在市场价值,在国务院〔2004〕28号文提出的"城镇建设用地增加与农村建设用地减少相挂钩"政策引导下,各地以"增减挂钩"方式开展农村低效建设用地的盘活,实质是发展权的盘活与交易。"增减挂钩"是以政府主导的项目方式进行的发展权转移,重庆的地票交易和成都的指标交易则是在此基础上,以土地权属人自行复垦低效建设用地获得发展权,并进入市场交易获益退出的新方式。

(二)浙江的做法

2008年,浙江省颁发2008—2013为期五年的《"365"节约集约用地实施方案》,该方案从城镇建设("节地型城市发展模式"试点工作、城中村改造)、工业建设(提高工业用地投入产出强度及土地利用强度、116个开发区土地节约集约利用潜力评价)、农村建设(宅基地清理)、基础设施建设(改造工艺落后、占地较大、影响环境的现有基础设施)、住宅建设(综合整治改造旧住宅区)和土地开发整理(治理空置宅基地及空闲土地,复垦废弃工矿用地)六个方面着手,推进节约集约用地工程,力争在今后五年内盘活存量建设用地和转而未供土地50万亩。

2009年,浙江省出台《关于切实做好城乡建设用地增减挂钩工作的通知》,其实施原则为"先复垦,后置换"。

2010年,浙江省《关于深入开展农村土地综合整治工作扎实推进社会主义新农村建设的意见》明确,"进一步优化农村土地资源配置,促进城乡统筹发展",实施复垦与盘活并重,增减挂钩及三集中原则,促进土地集约利用。

2012年,在《浙江省人民政府关于加快"腾笼换鸟"促进经济转型升级的若干意见(试行)》中指出,浙江省将严格按照《土地管理法》、《闲置土地处置办法》等相关规定,全面落实征收土地闲置费、协商或依法收回、实施土地置换等措施,加快淘汰落后产能,鼓励实施低效利用建设用地"二次开发"、搬迁改造、就地转型("退二优二"、"退二进三")、兼并重组等盘活措施。

2013年,浙江省发布2013—2015为期三年的《关于开展"三改一拆"三年行动的通知》,指出在今后三年内,将对城市规划区内旧住宅、旧厂区和城中村进行改造,同时拆除全省范围内违反土地管理和城乡规划等法律法规的违法建筑。在盘活的手段上给出更灵活的政策:鼓励社会各方参与开发利用;原土地使用权人、市场开发主体,可以依据法律法规和有关政策规定,对符合条件的"三改一拆"土地自行开发或收购后集中开发;或由原集体经济组织对集体土地实施自主开发。另外还允许以协议方式办理用地手续,用于商服用地的,还可以分割销售改造后总建筑面积的30%。这些政策都大大调动了原土地使用者的积极性。

近年来,浙江省政府通过协商回收、鼓励流转、协议置换、"退二有三"、"退二优二"、收购储备六项措施,积极开展低效建设用地二次开发,各个市县如宁波、湖州、温州、平湖、瑞安等纷纷出台了切合本市特点的建设用地二次开发实施意见，且都取得了不错的效果。

宁波市从 2010 年至 2012 年，以低效利用土地"二次开发"为突破口，千方百计撬动"存量"，全市共盘活存量建设用地 45726 亩，原厂房扩容增密增加土地 2500 亩，实现"退二进三"(退出工业、发展服务产业)面积 1015 亩。土地产出水平持续提升，全市单位建设用地 GDP 达 3.43 亿元/平方公里。

平湖市把实施"两退两进"(退低进高、退二进三)工作作为破解资源要素制约、助推经济转型升级的重要突破口和切入点，通过依法直接收回、淘汰落后产能、实施"退二进三"、企业兼并重组、企业跨行业转型、企业行业内提升等方式，在推进低效建设用地二次开发工作方面取得明显成效。2012 年，全市共腾退建设用地 45 宗，面积 1161.31 亩，其中直接收回土地 29 宗、面积 675.06 亩。收回后直接用于"退低进高" 16 宗，面积 471.4 亩；用于"退二进三" 13 宗，面积 203.66 亩。

嘉兴推行的"两分两换"，将宅基地与承包地分开，搬迁与土地流转分开，以承包地换股、换租、换保障，推进集约经营，转换生产方式；以宅基地换钱、换房、换地方，推进集中居住，转换生活方式。通过对集中后的宅基地进行统一的复垦，置换指标用于城市发展所需规模，实质上是以福利置换方式推进增减挂钩，盘活农村存量建设用地资源。

2012 年，浙江省通过"腾笼换鸟"、"二次开发"等手段共盘活存量建设用地 6.04 万亩；在 2013 年 1～8 月"三改一拆"期间，浙江省"三改"面积达 7883 万平方米，拆除违法建筑面积 7904 万平方米；共 2109 个自然村和农村居民点通过土地整治归并，有效解决一户多宅、"空心村"问题，减少农村闲置土地，激活集体存量建设用地，同时推进城乡要素平等交换。

四、创新实践的思路分析

单纯从数据上看，我国建设用地总量是可以支撑在不减少耕地的情况下推进城镇化发展的，关键是要同时解决建设用地效率低下以及在城乡之间空间配置调整的问题，也就是要提效率与调结构并举，这就需要创造一种新的制度安排，推动存量建设用地从低效向高效转化，也推动集体建设用地规模的减少来匹配城镇建设用地的增加。前者要解决城市内部闲置和低效存量土地的再开发问题，后者要解决农民进城后所占集体建设用地的退出问题，实现城乡建设用地的统筹配置。

对于第一个问题，当前的政策瓶颈在于很多地方要求存量土地的再利用必须经过政府之手，也就是政府规划的旧城改造、城市更新，都要求原土地使用者在获得政府补偿后将土地使用权让渡给政府，土地的后续开发与出让都由政府进行，收益也与原使用者无关。在这样一种收益分配下,原土地使用者不愿意主动配合和参与城市的改造更新,土地只能保持闲置和低效状态。改进的方法在各地的实践中都有所体现,深圳以原土地使用者为主导的城市更新方式,政府与原土地使用者合理分配更新的利益,从而激励原使用者积极参与;广东的"三旧改造"和浙江的"三改一拆"都鼓励原有土地产权人参与改造,都取得较好效果。归根结底,城市存量低效建设用地的盘活会带来收益,关键是如何合理分配收益,从而带动相关权利人的积极性。

对第二个问题也同样开展着积极的尝试。我国过去这些年一直出现的农村人口减少和集体建设用地增加并存的怪现象,原因在于集体建设用地缺乏退出渠道。近年来出现的从增减挂钩,到重庆的地票交易,再到成都市郫县指路村的"五自"模式,都是在当前农民使用的集体建设用地缺乏退出渠道的情况下采取的变通之道。未来一段时间有必要通过明确产权、建立市场、权利交易、保护耕地的模式,农民进城后可以将其手中的土地权利通过市场变现,即使不进城也可以将多余的权利交易获利,从而使城市发展占用的耕地在其他农村地区通过发展权转移后得到异地的补偿,实现建设用地的空间优化。

五、解决存量建设用地盘活问题

2013年4月,国土资源部印发《开展城镇低效用地再开发试点指导意见》,希望通过对城镇中布局散乱、利用粗放、用途不合理的存量建设用地进行再开发,来优化我国城镇的土地利用结构,促进经济发展方式的转变。

国土资源部2009年和2011年都下发过专门的文件解决批而未用土地问题。此次《意见》主要着眼于工业用地的结构调整,以及布局散乱、设施落后,规划确定改造的城镇、厂矿和城中村等类型。

这些土地之前并没有得到有效盘活,外扩的低成本可以说是原因之一。虽然近年来征地成本急升,但同期城市内部的土地升值速度一点不比前者小。如果还走过去政府强制获得土地、储备后再出让的低成本盘活模式,一定会出现大量的官民冲突,激化社会矛盾,绝非上策。如果考虑时间成本和社会风险,其实一点都不见得是低成本方式。

《意见》的创新价值就在如何分配再利用的收益上。土地从低效状态改变为高效利用,有非常大的收益增值。以往的方式是原土地使用者拿一个固定补偿,市场增值在政府和获得改造后用途的使用者中进行分配。《意见》在基本原则上强调"市场取向、因势利导","利益共享、多方共赢",在具体做法上提出要"要鼓励和引导原国有土地使用权人、农村集体经济组织和市场主体开展城镇低效用地再开发",搭建起新的再利用框架——原土地使用者在改造过程中不是必须与土地分割开,可以自己来开发。

这种做法在广东的"三旧改造"和深圳的"城市更新"中都已经进行过尝试,原土地使用者依据规划补交改造前后两种用途的出让金差价后,富裕的可以自行改造;缺乏资金的,可以用土地入股进行合作开发,也可以协议转让。由此,原土地使用者不仅成为参与增值收益的主体之一,而且凭借实际掌握的土地使用权,成为掌握分配主动权的主体,参与的积极性自然很高。

地方政府由于不需要收回土地,更多精力就只需要放在一个合理的改造规划出台上,这方面我国台湾地区的"市地重划"有足够多的经验可以借鉴,《意见》提出的"政府主导、规划先行","公众参与、平等协商"原则,恰恰是精髓所在。政府不需要前期筹措收回土地的资金,还可以有补缴的土地出让金、相关税费收益等收入,事务和冲突都减少。

六、创新工业用地集约利用机制

各类开发园区是工业用地大户,但用地总体效率并不令人满意。当前,随着一系列节约集约用地管理措施的实施,以及执法督察力度的加大,工业用地利用效率提升越来越成为管理者关心的问题。开发区管理者往往对于招商来的企业质量感到头疼:怎么才能挑选到有社会责任感,又有好的发展前景的企业?

从发问的角度不难看出,开发区管理者把提高工业用地利用效率的期待寄托在用地者身上——社会责任感就是企业不会索要超过自身需要的土地,避免形成囤积和闲置;企业发展前景好,就是希望企业不会出现投产不几年就停产破产、土地空闲,使政府还要考虑其二次利用问题。两者兼具,土地自然实现集约利用。

这样的设想实现难度大。社会责任感如何考评,大概只能靠企业的历史记录。在一些地方政府以地价恶性竞争招商引资的环境里,国内企业大多养成大手大脚、动辄建花园式工厂的习惯。国外历史记录良好的企业,一来数量少,不可能满足我国如此大规模的招商需求;二来南橘北枳,这些企业在国外必须面对业主谈判拿地,到中国来却面对地方政府低价招商的恶性竞争,怕也难以保持操守。至于当前最热门的新兴产业,如新能源新材料之类,基本都是新面孔,无从考察其历史业绩。

至于预测企业发展前景,则更为艰难。就算企业打算踏踏实实搞生产,在技术革新速度非常快的今天,错过一个技术革新的浪潮,或者错误作出一次市场发展趋势估计,往往会导致前几年还如日中天的企业现在却举步维艰。这种例子比比皆是:诺基亚如此,索尼、松下、夏普的集体困境更是一个证明。作为反例,苹果从低谷爬起并再次辉煌也是大家未曾料到的,至于说苹果的未来如何,谁也不敢下定论。

因此,希望一次性简便解决招来好企业、提高土地利用效率问题,恐怕是不可能完成的任务。但从前面的分析,也可以找到一些解决思路。

首先,在土地供应环节,要想企业谨慎拿地,避免主观刻意囤积和闲置,还沿袭当前地方政府招商引资、土地仅仅作为吸引投资的工具的做法,是找不到出路的。很多地方到现在虽然按照工业用地最低价的要求供地,但通过其他方式进行补贴,实质上还是低地价、零地价,这样的地价既体现不了土地的真实价值,也无法形成对投资者的成本约束。

要企业节约集约用地,从社会责任角度考证,靠建立一整套事后监管体系,是治标不治本的办法。根本的办法,还是要恢复土地的市场价值,使土地成本成为企业投资的内在约束,它会自己考虑如何用好地的问题。前者就像拿鞭子督促小孩读书,后者则是让小孩把好奇心与读书联系起来,哪个办法效果好不言自明。而要做到这一点,需要摒弃政府在工业用地的定价与供应上的主导地位,让真正对土地直接出让收益感兴趣,而不是以当前招商引资政绩,以及未来不着边际的 GDP、财政收入和就业数据之类作为出让土地考量的人,成为土地的供应主体。这就需要在土地供应制度上,乃至征地制度上有大的改革措施。

此外,在存量土地利用上,招百年兴旺的老店不可行,必须把思路转变到企业用不好地如何退出上。针对当前退不出的问题,一是可以灵活签订土地出让年期,50 年只是上限,设置短一些的出让期限,既可以减少企业一次性土地投资,又可以通过约定到期后根据企业经营状况续期来解决退出问题;二是可以通过政府鼓励、推动和帮助企业通过二级市场退出,并采取合理分成的方式,保证企业退出土地有一定的收益,提高其积极性。

供地和用地两个部分是紧密联系的,当年的光伏产业,人人都觉得是好的产业方向,很多开发区单独为其设立特色园区,制定包括土地优惠在内的吸引政策。但恰恰是这些政策,既吸引了大量冲优惠而来行占地之实的投机者,也导致门槛过低,产能过剩,整个行业进入寒冬的现状。恢复价格机制,放开盘活方式,应该是未来工业用地利用政策改革的必然方向。

七、创新农村建设用地退出机制

城镇化发展除了要考虑不同级别城市间的均衡外,还需考虑城乡用地的均衡,尤其是城乡建设用地的均衡。由于缺乏行之有效的退出渠道,我国过去的城镇化过程,虽然农村人口向城市转移,但出现的却是城市与农村建设用地一起增长的结果。要大力推动城镇化,就必须解决存量集体建设用地的退出问题。

现行法规对存量集体建设用地尤其是宅基地的退出渠道并没有明确规定,最终形成进城农民两头占地的现实。一方面作为福利无偿退还给集体,农民心有不甘,另一方面相关政策又严禁宅基地向集体之外的需求者出售,进城农民的宅基地要么闲置,要么非法转让。当前唯一的退出方式是以"增减挂钩"项目的方式,通过转移发展权来统筹城乡用地需求,但作为政府主导的土地权益转移,如何保证农民的利益,还需要不断改进与完善。温家宝曾提出:"土地承包经营权、宅基地使用权、集体收益分配权等,是法律赋予农民的合法财产权利……任何人都无权剥夺……也可以按照依法自愿有偿的原则,由他们自主流转或处置这些权利。"如果按照这一方式进行,农民将成为宅基地退出过程的主导者,政府可以将其权利买下,复垦为耕地,也可以由农民复垦后将发展权出让,保证城市建设需要,也保持耕地不减少。而关键在于建立一个可以让农民依法自愿有偿流转土地财产权利的市场,土地管理制度有必要进一步改革。

八、结论

未来存量建设用地盘活将成为地方政府用地的重点方向,大面积的盘活再采取以前的强制低价获取土地将会严重影响社会稳定,更灵活的、原用地者占据更多主动权利的盘活方式将成为未来的发展方向。

对于城市的存量建设用地,可以采取以下三种方式来盘活:一是政府占据主动的收回方式,但是需要大大提高补偿标准,尽可能用谈判方式来确定补偿价格;二是采取按比例分成的方式,对于土地重新出让后的出让金收入,扣除原用地者投入的成本外,政府与其进行事先约定比例的分成,这适合政府缺乏足够资金收回又希望主导盘活过程的情况;三是以原土地使用者主导的盘活方式,政府制定规划,原土地使用者补缴两个用途之间的出让金差额后,可以自行开发或者转让土地权益。

对于农村存量集体建设用地,可以采取以下两种方式盘活:对于近郊区的,农民已经通过城市的溢出效益,在存量建设用地上获得高收益,适合用自行开发模式来盘活,引导其按照城市规划进行建设;对于远郊区的,可以采取比政府主导的增减挂钩更灵活的指标(地票)交易模式,通过建立指标交易市场,来盘活集体建设用地,统筹用于城乡建设。

我国城镇化用地规模的满足不存在问题,因为有大量闲置和低效的城乡存量建设用地可以盘活,关键是通过制度创新,让这些土地流动起来,需要考虑的就是政府土地财政的逐步退出和新土地收益分配机制的形成。有这样的制度来推动,未来长期的城镇化用地规模都不会成为难题。

(作者简介:杨遴杰,浙江大学公共管理学院土地管理系副研究员、人文地理学博士。)

社会政策专论

作者
蓝蔚青
周佳松

中国人口流动及其对区域关系的影响^①

内容提要:中国的人口流动主要是农村人口的流动。世界经济发展表明,任何一个国家的经济起飞必然伴随着农村人口的城市化进程。农民从农业向非农业、从农村向城市的转移是传统农业社会向现代工业社会转变的必经之路,是经济发展和现代化的必然趋势。中国人口流动的方向主要是从中西部向东部、内陆向沿海、农村向城市的迁移。随着改革开放的深入,各区域因大规模原住人口的流动,使迁入地与迁出地的人口规模和结构都相应发生着变化,从而对区域的发展产生影响。

关键词:区域关系;人口流动;中国模式

一、人口流动对区域发展和区域关系的影响

(一)中国人口流动的现状

改革开放以来,随着以市场为导向的经济体制改革不断深化,客观上必然要求劳动力以市场为导向进行合理配置。与此同时,农村人口受经济、社会因素拉力的作用,使得中国流动人口的规模不断扩大。根据 1982 年"三普"调查,中国共有 1 年以上常住流动人口 657 万,

---

① 本文是国家社科基金重大项目《中国模式研究》(09&ZD001)阶段性成果。本文所指的人口流动是本国内地区间人们为了自身的利益,从一个地理单元移向另一个地理单元并长期居住或工作的社会经济现象。而不是指因探亲访友、上学、旅游观光、公务出差和从军等短期离开后又返回原居住地的非经济型流动现象。

1987 年流动人口数量为 1810 万,到 1990 年"四普"时便上升到 2135 万,与"三普"相比增长 2.25 倍,占全国人口的 1.88%。1995 年中国 1% 人口抽样调查,计算出全国流动半年以上的流动人口为 5349.7 万,其中跨县、市流动的有 4228.6 万,跨省流动的有 1780.2 万。2000 年"五普"时,中国流动人口达 10229 万,占全国人口的 9.56%,其中,省内流动的有 7865 万,占 65%,跨省流动 4242 万人,占 35%。2005 年中国 1% 人口抽样调查显示,中国流动人口 14735 万人,超过了全国人口总数的 10%。到 2010 年"六普"时,中国流动人口达 22143 万人,占全国人口总数的 16.5%(见图 1)。①

　　如此大规模的人口流动是影响中国城市化、工业化和现代化的重要因素之一,是区域关系发展不可忽视的一大变量。区域关系实质上是区域间人与人的关系,即各个区域居民的关系。而区域关系的复杂化在很大程度上是因人口大规模流动所带来的经济、社会行为矛盾所引发的。

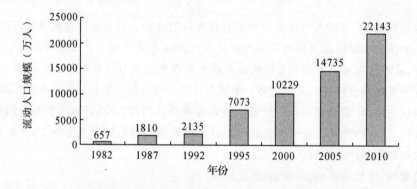

图 1　中国 1982—2010 年流动人口发展趋势

　　从人口流动的时空分布特征看,中国人口流动主要以特大城市和沿海经济发达地区为引力中心而高度集中。广东省集中了全国跨省流动人口的 36.9%,其他吸收跨省流动人口较多的省(区、市)还有浙江(8.1%)、上海(7.5%)、北京(6%)、江苏(5.8%)以及西部的新疆(4.5%)等。而吉林、黑龙江、安徽、江西、湖南、广西、海南、陕西、甘肃、青海、宁夏等省(区、市)吸收跨省流动人口在全国跨省流动人口总量中所占比例均不到 1%。广东、浙江、上海、北京、江苏为人口流入大省(区、市),聚集了跨省流动人口的 64.3%,四川、安徽、湖南、河南、河北为人口流出大省,占跨省流出人口的48%(见图 2)。

---

　　① 资料来源:根据 1982 年第三次全国人口普查、1987 年全国 1% 人口抽样调查、1990 年第四次全国人口普查、1995 年全国 1% 人口抽样调查、2000 年第五次全国人口普查、2005 年全国 1% 人口抽样调查和 2010 年第六次全国人口普查数据计算。本文以下图表,如无特别说明,数据来源同此。

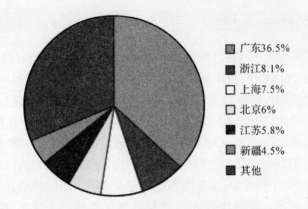

图 2　中国 1982—2010 年流动人口发展趋势

资料来源：国务院第五次人口普查办公室编，世纪之交的中国人口（全国卷）

注：如无特殊说明，本文流动人口数据均来自全国第五次人口普查

　　另外，从中国四大区域人口流向可以看出，东部地区吸引了全国一半以上的流动人口。[①] 中部和西部地区向东部地区的流动人口数量高达数千万人，成为大区间人口流动的主流。

　　从人口流动的城乡分布看，人口流动的城乡趋势更加突出，流动人口主要的流向是从农村向城镇的流动（参见表1）。根据全国第五次人口普查资料 10% 抽样数据分析，1995 年至 2000 年间，中国 1.31 亿流动人口中乡村流出人口为 7701.3 万，占 58.70%，仍占多数。但是从省内和省际流动人口看，两者相差较大。省内流动人口中，流出地为城镇的人口总量为 4648.28 万，所占比重为 48.30%，基本接近农村流出人口总量；而在省际流动中，则以农村人口为主，流出地为乡村的人口规模为 2726.3 万，占全部省际流动人口的比重接近 78%。

表 1　2000 年中国流动人口的流出地分布状况

流出地 流动类型	乡村		城镇	
	总量（万人）	比例（%）	总量（万人）	比例（%）
省内流动	4975.00	51.70	4648.28	48.30
省际流动	2726.3	77.96	770.85	32.04
流动人口总量	7701.3	58.70	5419.13	41.30

资料来源：《第五次全国人口普查资料》，中国统计出版社，2001。

---

　　① 东部地区包括北京、天津、河北、山东、江苏、上海、浙江、福建、广东和海南；中部地区包括山西、安徽、河南、湖北、湖南和江西；西部地区包括内蒙古、广西、陕西、甘肃、宁夏、青海、新疆、四川、重庆、云南、贵州和西藏；东北地区包括辽宁、吉林和黑龙江。

(二)中国人口布局的演进趋势

2010 年中国第六次人口普查数据显示,中国流动人口(人户分离人口①减去市内人户分离人口)为 22143 万,相比第五次普查的 10175 万增加了 11968 万,增长高达 1.17 倍。2010 年流动人口占总人口的比例为 16.53%,2000 年流动人口占总人口的比例为 8.19%,流动人口占总人口的比例上升了 8.34 个百分点。在已公布的省际人口流动方面,广东省是跨省流动人口增长最多的省份,其规模从 2000 年的 2105.41 万增加到 2010 年的 3128.16 万,增加了 1022.75 万;其后跨省流动人口增加规模的排序依次为上海、北京、浙江和天津,这五个省市恰与占全国人口比例增加最快的五个省市相同,并且排序也相同。跨省流动人口增长速度最快的是天津市,跨省流动人口从 2000 年的 87.3 万增加到 2010 年的 299.17 万,十年间跨省流动人口增长 2.43 倍。

流动人口数据表明中国近十年流动人口规模增长迅速,同时流动人口增长最快的地区也是中国经济发展最活跃的地区,并且人口流动已影响到中国人口的分布与人口城镇化发展等方面。

在城乡人口分布方面,"六普"数据显示,中国总人口中居住在城镇的人口为 66557.53 万人,占总人口的比例为 49.68%,城乡人口已经接近相等。与"五普"相比,城镇人口总量增加 20963.53 万,城镇人口比重上升 13.46 个百分点,2001—2010 年间中国城镇化率年平均提高 1.35 个百分点。"五普"与"四普"相比,城镇人口比重则上升了 9.86 个百分点。从这二十年的数据分析来看,未来中国城镇化水平年平均增长 1%左右。②

表2　第六次人口普查已公布的各地区跨省流动人口状况　　　(万人,%)

地区	2010 年外省流动人口	2000 年外省流动人口	外省流动人口增加数	流动人口增长率
广东省	3128.16	2105.41	1022.75	48.58
上海市	897.7	346.49	551.21	159.08
北京市	704.5	256.8	447.7	174.34
浙江省	1182.4	59.87	322.53	37.51
天津市	299.17	87.3	211.87	242.69
福建省	431.36	214.53	216.83	101.07

资料来源:各省(区、市)2010 年第六次人口普查主要数据公报。

---

①　人户分离人口指户口所在地与现住地不在同一乡镇街道、且离开户口所在地已经超过半年的人口。

②　周一星、卫欣:《国家人口发展战略研究报告——中国城镇人口和城镇化水平增长预测研究》,中国人口出版社 2005 年版,第 1697—1799 页。

长三角城市群、珠三角城市群和京津冀城市群,是中国经济最发达和竞争力最强的区域,人口也不断向这些区域聚集。"六普"数据显示,三大城市群占全国总人口的比例继续提高,2010年三大城市群人口占全国总人口的比例为18.11%,相比"五普"提高了2.86%(见表3)。而在"五普"与"四普"两次人口普查期间,三大城市群人口占全国总人口的比例仅上升了0.91%,这表明近十年中国人口有加速向三大城市群转移的趋势。在三个城市群中,珠三角城市群占全国总人口的比例增长幅度最大,十年间提高了1.21个百分点;京津冀城市群增长幅度最小,为0.64%。从三个城市群人口构成看,首位城市占本城市群人口比例最高的是北京市,北京市占京津冀城市群人口比例为23.41%。北京市也是近十年占城市群比例上升最快的首位城市,上升比例为4.32%,而上海和广州的增长幅度分别为2.54%和1.21%,这在一定程度上反映了京津冀城市群人口发展比其他两个城市群更不均衡。未来中国流动人口将继续增加并向城市群集中,如何协调城市群内部各城市的发展,特别是如何减少城市群的首位城市人口发展的压力,更好地辐射其他城市的发展,促进城市群内部人口合理分布,是未来三大城市群发展所需面对的重大问题。

纵观近几十年中国流动人口的增长态势,中国人口流动愈发活跃,已经对中国的人口地区分布和城乡分布产生显著的影响。人口向东部地区、沿海发达省份和三大城市群流动和集中的趋势越发明显;人口流动对城镇人口增长的贡献率进一步提高,是中国快速城镇化最主要的驱动力。

表3 三大城市群人口分布(占全国总人口的比重) (万人,%)

地区	"六普"		"五普"		"四普"	
	人口数	比重	人口数	比重	人口数	比重
全国人口	133972.49		126582.5		113368.25	
长三角城市群:	10272.03	7.67	8422.36	6.65	7354.05	6.49
上海市	2301.91	22.41	1673.77	19.87	1334.19	18.14
江苏八市	4890.98	47.61	4228	50.20	3781	51.41
浙江六市	3079.14	29.98	2520.59	29.93	2238.86	30.44
珠三角城市群:	5611.84	4.19	3768.62	2.98	2559.83	2.26
广州	1270.08	22.63	994.3	26.38	629.99	24.61
深圳	1035.79	18.46	700.84	18.60	166.74	6.51
广东其他七市	3305.97	58.91	2073.48	55.02	1763.1	68.88
京津冀城市群:	8378.48	6.25	7107.30	5.61	6339.12	5.59
北京	1961.2	23.41	1356.9	19.09	1081.94	17.07
天津	1293.82	15.44	1000.91	14.08	878.54	13.86
河北八市	5123.46	61.15	4749.49	66.83	4378.64	69.07
三大城市群合计	24262.35	18.11	19298.28	15.25	16253.00	14.34

资料来源:1990年、2000年和2010年人口普查资料。

(三)人口流动的区域效应及经济社会效应

1. 人口流动的区域效应

人口流动的区域效应指的是人口流动对迁入区域和迁出区域带来的不同影响。人口流动实质上是劳动力的流动,而劳动力流动必将对迁入区域和迁出区域都产生影响。首先,劳动力流动是市场实现资源优化配置的重要基础。受市场调节的影响,迁入区域和迁出区域劳动力的流动,表现为不同区域间劳动力市场上劳动力数量增减、素质升降和劳动力成本升降。其次,人口流动对迁入和迁出区域的经济和文化的发展有着重要影响。人口是财富的创作者,也是公共服务的对象,人口流动无疑会影响区域的财政收支,同时高层次人才的流动会影响区域的创新能力。最后,人口流动对生产要素的构成和产业结构也有着极大的影响。

2. 人口流动的经济效应

首先,从促进区域经济发展的角度看,市场导向的人口流动对于迁入与迁出区域的经济发展都有一定的正面作用。对于迁入地而言,人口流动有助于增加生产和消费人口,提高地区的经济总量,加快区域的工业化和城市化进程;对于迁出地而言,人口的流出可以消化剩余劳动力,提高劳动生产率,并且可以通过劳务输出获得劳务收入,提高劳动者素质,可以在一定程度上缩小区域间的收入差距。通过这种劳动力的转移,既满足了迁入区域劳动力的需求,同时也提高了迁出区域劳动力资源的整体配置效益。人口流动还促进了劳动力由第一产业向第二、第三产业流动,推动产业结构的优化和就业结构的合理化。初级产品生产所占的劳动力比例会下降,工业生产和服务业劳动力所占的比例会逐渐上升。这些都有利于不同区域的共同发展。同时,由于市场经济的"马太效应",完全自发的人口流动会导致地区间发展差距的扩大。

3. 人口流动的社会效应

一方面,人口流动对社会发展有着积极的影响。首先,市场导向的人口流动可以促进各种社会资源的优化配置,特别是人力资源和物质资源相匹配,从而促进社会发展的良性运行。其次,人口流动促进了不同区域间的交往和文明的传播,促进了城乡思想文化的交流、农村观念的变革、知识和技术的进步和区域间文化交互融合。另一方面,人口流动也可能带来一系列社会问题。首先,人口流入速度如果超出了流入地承载能力的提高,就可能加剧城市基础设施和公共服务方面的压力,导致交通、住房拥挤,供水、供电紧张,文教卫生事业服务水平下降等,在流出地也可能造成公共资源的浪费。其次,人口无序流动或超出流入地管理能力,会给迁入地带来了严重的社会治安问题,对社会管理形成了冲击。最后,由于现阶段劳动年龄人口和文化程度较高的人口主要从农村流向城镇,人口流动造成了农村劳动力和人才流失,留下大量留守老人和留守儿童,对农村的生产活动、家庭生活和社会组织结构等产生不利影响。

二、世界大国现代化进程中的人口流动情况

纵观世界历史的发展,我们不难发现,很多国家特别是大国的现代化进程都与人口流动密切相关。当一个国家的经济发展到一定程度,由于受个人利益的驱动或社会资源调整配置的需要,必将带来大规模的人口流动。虽然中国与其他国家在历史背景、政治制度、自然禀赋和经济环境等方面有着众多不同之处,但了解研究他们人口流动对区域关系的影响,对当前中国现代化进程的健康快速发展不无裨益。

(一)美国的西部开发与人口流动

人口流动在美国现代化进程中带来的不仅是人口区域分布的合理化,而且极大地促成了生产者同生产资料的结合与自然、社会、经济资源的开发。美国现代化进程与人口流动的互动关系,促进了美国区域关系的日趋密切,进而从整体上带动了美国社会、经济的快速发展。其中,最具代表性的是美国的"西部开发"。

美国的西部开发,我们所熟知的是始发于 18 世纪末,高潮于 19 世纪中后期的"西进运动"。事实上,美国历史上一共有两次西部①大开发的浪潮。第二次西部开发开始在第二次世界大战结束后不久,在 20 世纪六七十年代达到高潮。第一次西部开发,即历史上所称的"西进运动"。开始于 18 世纪末,到 19 世纪末结束,历时将近一百年。当时的美国西部地区泛指从阿巴拉契亚山脉到太平洋沿岸之间的广阔地区。在西部开发的过程中,美国东部和其他地区的人口大量涌入西部,从事土地开垦、农牧业、矿产开发和交通建设。据统计,1790 年美国城市数只有 24 个,到 1870 年城市数达到663 个。② 1780 年以后 30 年内,美国从东部迁到西部的人口大约 250 万,1820 年至1850 年之间的 30 年,西迁人数为 400 万。1860 年以后,尤其是林肯《宅地法》(Homestead Act)③的推行,极大地刺激了西进的浪潮,并且使得东西部的分界线由原来的阿巴拉契亚山脉,移到了密西西比河。在此之后,密西西比河迎来的东部人口从 1870 年

---

① 美国的西部概念随着历史的发展也在不断变化。殖民地时代和建国初期指阿巴拉契亚山以西的土地,而当代的西部则指东经 102°以西的 11 个州,包括蒙大拿、爱达荷、怀俄明、科罗拉多、犹他、内华达、亚利桑那、新墨西哥、华盛顿、俄勒冈和加利福尼亚。其中不包括美国人口统计局西部地理划分的阿拉斯加和夏威夷。

② U. S. Bureau of the Census, *Historical Statistics of the United State: From Colonial Times to 1970*. Washington D. C. ,1975. pp. 11-12. 城市人口指 2500 人以上的城市。

③ 《宅地法》规定,凡没有参加过反联邦叛乱,年满 21 岁、身为户主的美国公民,或申请入籍而没有持枪参加反抗过合众国的人,缴纳 10 美元的登记费,就可以申请四分之一平方英里尚未分配给私人的公有土地,耕种五年以后这块土地就免费成为其私有财产。《宅地法》为移入的定居者免费提供土地,从而刺激了人们跨越密西西比河向西部去开拓。

的 2298952 人迅速增加到 1890 年的 4078157 人。随着西部人口的不断增加,其在全国人口的比重也相应发生着变化,由 1790 年的 6% 增到 1910 年的 59%。同样,人口的中心也相应发生着改变。根据美国人口调查局《第十三次人口调查》结果显示,1790 年至 1800 年人口中心向南移动 0.5 英里,向西却为 40.6 英里,1800 年至 1830 年人口中心向南移动 21 英里,向西却为 126 英里。随着人口大规模的西迁,东部先进的资本主义生产方式也被带到了西部,使这片荒芜的原始地带进入了生机勃勃的"拓荒时代"。人口流动成为加速美国西部地区工业化和城市化的强大动力。

二战后,受多方面因素的影响,第二次西部大开发全面启动,西部经济迅速崛起。与此同时,随着各领域行业,特别是制造业、服务业、外贸业和高新技术工业等投入的大幅增加,再加上美国联邦政府以及西部各州政府采取各种鼓励和资助人口向西流动的优惠措施,如补贴迁移费用、制定住房建设方案、补贴迁移人员的住房费用、制定人力训练计划、提供有关就业等方面的信息等,使得西部人口增加非常惊人。[1] 1940 年至 2000 年间,西部人口增加了 5398 万人,增幅达到 375.4%,而同期,东北部和中西部人口仅增加 2393 万和 3037 万人,增幅仅 66.5% 和 75.7%,大大低于全美国 133.45% 的平均水平。[2] 由于西部人口的剧增,美国地区人口分布出现了历史性的变化。人口的中心也逐渐由东北向西南转移。1950 年 4 月 1 日美国人口中心在北纬 40°00′12″西经 84°56′51″,而 1990 年时就已经移至北纬 38°57′55″西经 86°31′53″。[3] 大规模流动人口注入西部,极大促进了西部社会、经济的快速发展。值得注意的是,这次人口西移与第一次"西进运动"的人口流动相比具有不同的特点[4]:主力是白人而不是黑人;主要流向西部的城市;文化水平一般都比较高,其中很大一部分是北部培养出来的大学毕业生,另外还有许多受过专门训练的经验丰富的企业家、专家和技术人员,包括高新技术人才;未婚的年轻人最多,他们大多只身一人,无家无业。这批朝气蓬勃、有较高文化水平的移民大军的到来,对西部无疑是一个巨大的智力和劳动力引进。综上所述,可以看出,美国西部的崛起是多种因素合力推动的结果,特别是"人口驱动式增长"的成功经验,值得我们参考借鉴。

---

① 除了经济因素和政府因素外,西部优越的自然环境也是重要的诱因。

② U. S. Bureau of the Census, *Historical Statistics of the United State*: *From Colonial Times to* 1970 (Washington D. C. 1975) 和 *Population Change and Distrbution*: 1990 to 2000"(by Mac Perry & Paul Mackun, issued April 2001,from http: // www. census. gov/)。

③ U. S. Bureau of the Census, *Statistical Abstract of the United State*: 2006, p. 20. from http: // www. census. gov. 南部地区在这 40 年内人口增加也非常迅速,所以人口中心向西南移动。本文重点讨论西部开发,南部的发展暂不探讨。

④ 朱传一主编:《科学技术发展与美国就业问题》,劳动人事出版社 1985 年版,第 88—90 页。

(二)苏联的远东开发与人口流动

苏联的现代化进程有着自己的独特之处。作为世界上第一个社会主义国家,苏联用不到 20 年的时间,从一个落后的农业国一跃成为居世界第二位的工业强国。苏联的现代化史也是一段移民史。整个苏联时期,特别是从第二次世界大战结束后到 20 世纪 80 年代这一阶段,大量的苏联公民响应政府的号召,由俄罗斯的中心地带向远东地区迁移。

按照俄罗斯现今的行政区域划分,远东地区共有 10 个联邦主体,它们是萨哈(雅库特)共和国、滨海边疆区、哈巴罗夫斯克边疆区、阿穆尔州、堪察加州、马加丹州、萨哈林州、犹太自治州、楚克奇自治区和科里亚克自治区。总面积约为 621 万平方公里,约占俄国土面积的 36%。苏维埃政权成立之后,政府为了补充远东地区严重匮乏的劳动力,促进当地社会经济的发展,同时出于国家安全和发展战略考虑,鼓励欧洲地区的居民向这一区域迁移。苏联政府实行了比沙俄政府更为积极的移民政策,不仅大力号召民众自愿向远东地区迁移,在经济上给予移民各种补贴和资助,而且还向远东地区投入大量物力财力,修建基础设施和工业设施,努力为安置移民创造条件。由于人口大规模由西向东迁移,东部地区的人口增长速度远远高于全国平均水平。人口调查资料显示,1939—1959 年苏联全国人口增加了 9.5%,而西伯利亚和远东地区增加了 35.4%。同战前相比,远东居民增加了 65%,其中堪察加州从 1939 年的 10.93 万人增加到 22.08 万人,而萨哈林州人口更是从 10 万猛增到 64.94 万。[①] 这些人口的增加与苏联政府大规模集中开发远东密切相关。大规模的人口迁移极大地加快了远东地区的发展。但苏联政府经常采取强制措施,有组织、成建制甚至民族地整体异地强行迁移,同时也留下了众多社会问题和民族问题,至今仍然影响着后苏联空间的民族关系和社会安定。

(三)巴西的现代化进程与人口流动

相比较而言,巴西可以说是一个先进的发展中国家。以 2010 年数据统计为准,巴西人口为 1.91 亿,居世界第五位;GDP 为 2.09 万亿美元,居世界经济体的第七位。巴西具有历史意义的人口流动可以追溯到 16 世纪初,但其真正的现代化进程始于 1930 年以来工业化的推进。经过几十年的努力,巴西经济取得了巨大成就,并由传统农业国转变为了现代工业化国家,其城市化速度和水平在发展中国家中都具有领先地位。目前巴西的城市化率高达 84.2%,根据巴西国家地理统计局的预测,到 2050 年

---

① 程亦军:《俄罗斯人口安全与社会发展》,经济管理出版社 2007 年版,第 66—67 页。

巴西城市化率将升至 93.6%。

16 世纪至 20 世纪初,巴西人口的区域性流动主要与其自然资源的分布和地理优势位置有关。第二次世界大战后的人口流动,则主要是巴西现代化进程影响的结果。第一,农村人口大规模向城市流动。随着国家工业化在东南部大步推进,圣保罗、里约热内卢等较大的工业化城市所创造的较多工作机会对东北部及其他地区生活条件较差的农民产生了极大吸引力;第二,大量人口向中西部流动。20 世纪 60 年代初,巴西新首都巴西利亚建成后,作为中西部发展的一个"极",强烈吸引着国内移民,并促进了巴西"向西部进军"国家战略的实施;第三,大量农村人口向中西部和北部农村流动。在 70 年代,由于南部地区农业现代化进程的快速推进,致使大量农村剩余劳动力流向中西部和北部农村地区,为巴西的"农业边疆"战略注入了新生活力;第四,流动人口趋向内迁。在 90 年代以后,随着巴西现代化进程的不断深入,其产业布局产生强劲的内地化趋势,国内移民主要不再选择沿海发达地区的大城市作为定居地,而是选择向具有发展活力的内陆迁移,这使历史上形成的巴西人口聚集于沿海地区的局面发生转变。

三、改革开放以来中国的人口大迁徙及其影响

改革开放 30 多年来,随着市场经济的逐步建立,城市建设和现代化工业的快速发展,中国人口流动的速度不断加快,规模不断增大,流向也趋于多元化。中国人口流动的变动是随着流动人口政策的相应变化而产生的。新中国成立以来,中国流动人口政策大体经历了自由为主、计划限制、相对开放、严格管制、规范流动、社会融合六个阶段。

第一阶段,自由为主、计划并存。从新中国成立到"大跃进",由于受政权更替及经济恢复和发展的影响,虽然存在一定的计划性人口迁移,但总的来看以农村人口的自由迁移为主流。在这一阶段,中国主要形成了两方面的人口迁移,一方面是政权更替形成的人口迁移,如部分人口迁往港台,另一方面是经济恢复与发展带来的人口迁移,特别是随着工业化进程,大批青年农民被招工进入城市和工矿区,以"大跃进"期间为甚。与此同时,中央政府出台了《城市户口管理暂行条例》,在建立户籍制度的同时,确定"保障人民之安全及居住、迁徙自由",所以说,当时中国政府采取了自由为主、计划并存的政策。

第二阶段,计划限制为主。这一阶段主要是从"大跃进"结束到"文革"十年动乱时期。从 1960 年起,由于"大跃进"的失误和连续三年的经济困难,大批复员军人和"双

58"人员①返乡务农,人口政策也从"自由迁移"代之以"限制迁移",农村人口流向城市的趋向由此截止。60年代中期开始,由于国际形势趋于紧张,大批与军工生产有关的工厂迁往中西部或在中西部新建,又产生了"支内职工"这个群体。特别是在1966年开始的"文革"动乱中,几千万城镇知识青年陆续上山下乡,数以百万计的国家机关干部被下放到农村劳动,由城市到农村的人口远远超过农村迁入城市的人口,致使城镇人口骤减。直到70年代后期,"文革"结束,多数下放知青和干部才返回城市,城镇人口出现大量补偿性回流现象。这一时期由于国家宏观经济政策的失误及政治上认识的偏差,造成了逆社会化、逆城市化的人口流动。这种人口流动模式,是与当时的经济模式和政治需要紧密联系的,是这一时期中国人口流动的显著特点。

第三阶段,相对开放。自1984年到1989年,中国政府对流动人口采取了较为开放的政策。随着改革开放的深入以及农村经济的改革和商品经济的发展,农村剩余劳动力越来越多地被解放出来,这批剩余劳动力被转移到发展起来的乡镇企业中去。与此同时,为了满足经济发展的需要,缓解各大城市劳动力的短缺问题,政府对流动人口迁移特别是农村剩余劳动力的控制有所缓解,于是越来越多的城郊农民进入城镇务工经商,参与城市建设与服务。1984年10月国务院颁布《关于农民进入集镇落户问题的通知》,大大降低了农民迁移入镇的门槛,这是新中国成立以来首次对户籍制度的重大改革。

第四阶段,严格管制。随着改革开放的不断深入,有力刺激了东部沿海城市的经济高速增长,带来了丰富的劳动就业机会。随着国际形势的缓和,一批军工企业和相关研究机构迁往发展条件相对较好的沿海地区。随着大量劳动人口流入城镇,城市的公共基础设施建设面临巨大压力。1989年3月,国务院正式发出了《关于严格控制民工外出的紧急通知》,要求各地人民政府采取有效措施,严格控制当地民工外出。此后,公安部和民政部联合下发了《关于进一步做好控制民工盲目外流的通知》,各级政府通过行政命令对农村劳动力实行严格管理和有效控制。1990年4月和1991年2月下发的《关于进一步做好劳动就业工作的通知》和《关于劝阻民工盲目去广东的通知》中规定,"对农村外出务工人员要运用法律、行政、经济的手段实行有效控制和严格管理;对现有计划外用工,要按照国家政策做好清退工作,重点清退来自农村的计划外用工;对大量南下的在途民工,要组织力量,切实采取措施,就地进行劝阻"。这与当时的经济短暂下滑和改革出现曲折也有着不容忽视的联系。

第五阶段,规范流动。随着邓小平南方谈话后新一轮改革和大发展带来对劳动力的需求,以及国家推进城镇化的决策,1995年7月厦门会议后,中央政府确定了"因势

---

① 双"58"人员指1958年进城和1958年参加工作的人员。

利导,宏观控制,加强管理,兴利除弊"的人口流动指导思想。同年 9 月又颁布了《关于加强流动人口管理工作的意见》,由此,中国的流动人口管理政策逐步规范,向制度化发展。

第六阶段,社会融合。从 2000 年至今,中国流动人口政策步入融合阶段。2000年 6 月 13 日中共中央、国务院发布《关于促进小城镇健康发展的若干意见》,标志着中国流动人口政策开始进入促进融合阶段。此后国家逐步清理和废除了对流动人口带有歧视性的法规和相应的政策措施,比如废除收容遣送制度,规范外来务工人员行政收费制度,取消农民工子女借读费、赞助费,取消流动人口就业证制度,这一系列措施克服了流动人口融合道路上的障碍。2003 年 9 月召开的中共十六届三中全会提出了"以人为本"的理念,标志着中国流动人口融合政策正式实行。自 2003 年起,中国对流动人口政策进行全面调整,不断完善流动人口就业、医疗、社会保障、子女教育等一些公共服务方面的制度,为逐步实现公平对待流动人口,促进流动人口社会融合奠定了基础。

通过分析历次人口普查和人口抽样调查资料,可以清楚看到中国自改革开放以来的人口迁徙存在着两大显著特点:一是流动人口主要由乡村向城镇流动;二是流动人口主要由中西部欠发达地区向东部沿海地区集中。

表 4 改革开放以来中国农村、城镇迁出人口的演变

期间	农村		城镇		乡村迁往城镇	
	人口 (万人)	占全国流动 人口的百分 比(%)	人口 (万人)	占全国流动 人口的百分 比(%)	人口 (万人)	占全国双向 流动的百分 比(%)
1982～1987	2076.02	67.99	977.24	32.00	1545.19	74.43
1985～1990	2130.11	62.48	1279.00	37.52	1671.82	78.48
1990～1995	1985.55	59.75	1337.43	40.24	1194.71	60.17
1995～2000	7316.24	58.70	5148.17	41.30	5065.50	68.96

资料来源:根据 1987 年、1990 年 1% 人口抽样调查和 1990 年、2000 年人口普查资料计算。

农村—城镇。中国是个发展中国家,农村人口是全国人口的主体,这就决定了中国流动人口一直以农村人口为主体。[①] 从以上流动人口的政策演变可以看出,在改革开放的深入,人口迁移控制政策的放宽,城乡—区域经济发展差异等多种因素的共同作用下,30 多年来中国的流动人口规模迅猛发展。从表 2 可以看出,改革开放以来,来自农村的人口构成了流动人口的主体,每段期间农村的流动人口数都占总流动人口的 60% 左右,而且 60% 以上的人都选择迁往城镇。除 1990—1995 年间以外,其余期

---

① 到 2000 年人口普查时,中国农村人口和农业户籍人口分别占总人口数的 63.08% 和 75.27%。

间农村迁出人口选择迁往城镇的几乎都高达 70％ 以上。与此同时,除了 1990—1995 年间受严格管制流动人口政策出台影响而减少外,其余期间迁移的人口规模日益扩大,到 2000 年猛增到五千多万人。当然,从该表也能看出,农村迁出人口所占比例呈下降趋势。这主要是因为随着农村人口的大量迁出、城市化水平的逐步提高,农村人口的比例趋向下降,作为农村迁出人口的"潜在"资源不断减少。而且随着城市改革开放的深化,城市人口的迁移活动也日渐活跃起来,这也在一定程度上影响了农村迁出人口相对比例的下降。[①]

内地—沿海。从总体区域空间上看,30 多年来,流动人口的迁入地分布也发生了很大变化,流动人口越来越集中地向沿海地区迁移,特别是向长江三角洲和珠江三角洲地区迁移。[②] 如表 5 所示,在流动人口大规模出现早期的 80 年代,传统人口流动频繁的地区,如东北老工业基地、传统人口迁徙活跃区和一些自然资源比较丰富的省份,吸引了相对较多的流动人口。根据当时普查数据显示:黑龙江吸引了全国 8.06％ 的流动人口,是当时吸引流动人口最多的省份;其次是河南的 6.31％,山东的 5.39％,江苏的 5.06％ 和安徽的 4.85％。同期,辽宁、吉林、新疆、内蒙古和山西也吸收了较多的流动人口。此时流入东部沿海地区和中西部地区的流动人口大约各占一半。但到了 90 年代以后,形势发生了明显变化,东北老工业基地、传统人口迁徙活跃区和资源丰富省份对流动人口的吸引力大幅下降,而东部沿海地区对流动人口的吸引呈现出明显的优势。从 1982 年到 2000 年,东北三省的流动人口占全国的比重从 16.8％ 下降到了 7.6％,新疆、内蒙古和山西三省(区)合计的相应比重也从 12.0％ 下降到了 5.03％,而东部沿海地区的比重已超过 70％。由此表明,改革开放以来,中国流动人口在区域空间上表现出显著的"向海性"特征。在沿海地区中,特别是长江三角洲和珠江三角洲,在吸引流动人口方面表现得越来越强势。从 1982 年到 2005 年,长江三角洲地区的上海、江苏、浙江的流动人口比例总和从 11.27％ 上升到了 20.58％,而珠江三角洲地区的广东从流动人口占全国比例的 5.23％,迅猛上升到了 22.37％。

从根本上来说,流动人口流入地分布的这种变动趋势,主要是由经济性利益的驱动主导的。改革开放后市场经济的迅速发展,使人们具有了更多职业自由选择的权利,理性和智慧总是驱使人们选择迁往那些经济增长快、就业机会多、收入水平高、充满发展活力的地区。改革开放以来的人口迁徙与流动,尽管处在改革转轨的过程中,难免会出现大大小小的问题,但 30 多年来的人口大迁徙,整体上对于加快经济发展、推动社会进步、加速现代化进程的作用是巨大的。

[①] 王桂新:"改革开放以来中国人口迁移发展的几个特征",《人口与经济》,2004 年第 4 期。

[②] 这里所指的长江三角洲和珠江三角洲,均为泛三角洲的概念,即长江三角洲包括上海、江苏、浙江三省市,珠江三角洲包括广东省。而且为称谓方便,有时将二者简称为长三角和珠三角。

表5 历年各省(市、区)作为流入地的流动人口占全国流动人口的百分比

(单位：%)

省(市、区)	1982	1987	1990	2000	2005
北京	2.07	5.03	2.28	2.54	3.17
天津	1.62	1.34	3.13	0.74	1.10
河北	4.74	3.65	2.88	3.36	2.89
山西	4.18	6.49	2.67	2.33	1.80
内蒙古	3.79	5.13	3.37	2.80	2.67
辽宁	4.37	4.40	3.76	3.05	3.34
吉林	3.83	3.72	2.21	1.88	1.42
黑龙江	8.60	4.90	5.82	2.62	2.19
上海	3.07	5.11	5.06	4.14	4.45
江苏	5.06	4.71	4.97	6.36	7.60
浙江	3.14	3.16	4.01	6.37	8.53
安徽	4.85	3.45	5.12	2.15	2.55
福建	3.73	2.38	4.79	3.93	5.76
江西	2.51	1.79	2.62	1.99	2.00
山东	5.39	3.02	3.47	4.89	4.81
河南	6.31	1.86	4.16	3.19	2.03
湖北	4.53	3.62	3.89	3.50	2.20
湖南	3.13	2.91	2.51	2.76	2.96
广东	5.23	10.97	13.23	20.87	22.37
广西	2.34	1.81	2.20	2.43	1.89
海南	—	—	1.58	0.70	0.58
重庆	—	—	—	1.47	1.20
四川	3.56	4.66	4.75	4.20	3.91
贵州	1.69	1.96	1.01	1.77	1.55
云南	1.72	2.07	2.47	2.96	2.43
西藏	—	—	0.06	0.20	0.08
陕西	3.15	1.26	2.83	1.78	1.48
甘肃	2.00	1.97	1.44	1.17	0.75
青海	0.92	0.73	0.83	0.41	0.34
宁夏	0.48	1.05	0.10	0.53	0.34
新疆	4.03	6.84	2.76	2.93	1.63
总计	100.00	100.00	100.00	100.00	100.00

四、中国大规模人口流动对区域关系的影响

随着市场经济体制的确立,市场逐渐成为资源配置的基础性手段。城乡之间、东西部之间交通条件和生活条件的差距,导致人口(特别是素质相对较高的人口)、资金和物质资源向城市和东部沿海地区集聚,"一江春水向东流"形成了"马太现象",扩大了城乡之间和东西部之间的差距,强化了区域发展的不平衡。这在提高资源配置效率,加快经济发展的同时,也加深了区域之间的矛盾。由于中国的少数民族主要居住在西部地区,缩小区域发展的差距成为巩固民族团结的必然要求,成为事关国家统一和社会稳定的重大政治问题。同时,国家安全和资源开发也要求加快中西部地区的发展。

因此,从20世纪90年代前期开始,随着邓小平南方谈话以后掀起的第二轮改革开放高潮,中央相继实施了沿边开放、西部大开发、中部崛起等重大战略。按照邓小平提出的"两个大局"的思想,中央财政加大了对中西部地区基础设施建设的投入和地方财政的转移支付,沿海先发地区加强了对中西部地区的支持和援助,形成了对口帮扶的长效机制,并鼓励企业到中西部投资。在"十二五"规划中,又明确提出了促进区域协调发展的重大战略举措:"实施区域发展总体战略和主体功能区战略,构筑区域经济优势互补、主体功能定位清晰、国土空间高效利用、人与自然和谐相处的区域发展格局,逐步实现不同区域基本公共服务均等化。"进入新世纪以来,中西部地区的基础设施建设大大加强,发展速度明显加快,"十一五"期间已经超过了东部沿海地区(见图3、图4)。公共服务水平也在中央财政转移支付的大力支持下有了很大提高。一大批沿海地区的企业到中西部地区投资,突破了土地、劳动力等资源的瓶颈制约,进一步壮大了自己。流动人口也随之出现回流现象,一大批在沿海地区学到技术和管理经验,积累了一定资金的农民工回到家乡或家乡附近的城镇创业就业,缓解了家庭分居和文化差异带来的种种社会问题。这种"劳动力从欠发达地区流向发达地区——提高自身素质积累创业要素——部分回流欠发达地区"的人口流动模式,促进了区域间的经济文化交流,支持了中西部地区加快发展,加强了区域合作和民族团结,实现了互利共赢。

五、大规模人口流动带来的一些问题

大量流动人口进入城镇,不仅直接参与城镇建设、投身产业活动,成为推动城镇经济和社会发展的重要动力,而且也参与了城镇的生活消费,为社会的发展注入了新的生机和活力,他们理应和当地户籍人口一样享受当地政府提供的各种公共服务。政府同样应当关注,并且有责任、有义务去解决流动人口生存与发展过程中所面临的主要

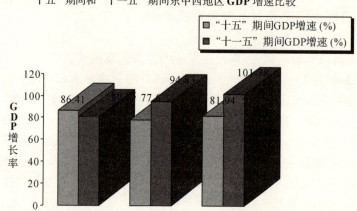

图 3　"十五"期间和"十一五"期间东中西地区 GDP 增速比较

资料来源:根据历年《中国统计年鉴》整理注:图 3 中东部地区包括北京、天津、河北、辽宁、山东、江苏、上海、浙江、福建、东和海南等 11 个省市;中部地区包括山西、安徽、河南、湖北、湖南、江西、吉林和黑龙江等 8 个省份;西部地区包括内蒙古、广西、陕西、甘肃、宁夏、青海、新疆、四川、重庆、云南、贵州和西藏等 12 个省(区、市)。

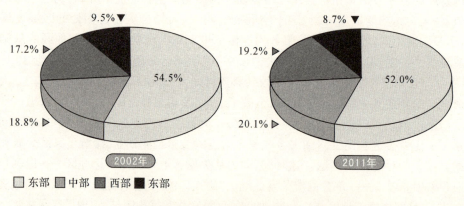

图 4　东中西和东北地区生产总值占全国 GDP 比重变化

资料来源:《中国经济内生动力增强》,人民日报 2012 年 12 月 3 日

社会、政治、经济、文化等问题。尽管近年来各级政府和相关部门出台了众多政策去解决流动人口在工作和生活中所碰到的种种问题,但由于中国特殊的社会经济历史背景所造成的城乡二元结构,已经随着人口的大规模迁徙,演变为更为复杂的"农民—农民工—城市居民"三元结构,使这些问题的解决难以一蹴而就。

(一)政治权利有待进一步落实

政治权利指的是公民参加国家管理和政治活动的权利,其中最重要的就是选举权和被选举权。但受计划经济时期所遗留下来的户籍制度的影响,流动人口长期处于人户分离状态,他们在人大代表选举、基层自治组织选举和其他重要政治选举活动中无法享有和行使选举权,呈现出政治权利"空壳化"现象,在人大和政协中也很少有他们的代表。这都意味着他们无法通过法定途径参政议政,在城市管理和城市发展中缺乏参与权和话语权,游离于政治体制之外,其合理的政治诉求难以得到表达。如果这一群体长期处于他们所在生活城市主流社会的边缘,对于和谐社会的构建是极为不利的。

如今,越来越多的流动人口在关注他们的经济利益和社会权益的同时,也更加重视政治权利的行使,这一趋势随着城市化进程的发展必将成为一个全国性的政治问题。各级人大开始实行城乡按相同比例选举代表后,这一问题更显突出,因为人口流出地的代表名额增加了,但参选的选民却因流动人口难以赶回原籍投票而减少了,而流入地城市的代表名额减少了,但人口却大大增加了,在那里生活并且与当地的经济社会发展有着切身利益关系的大量流动人口不能行使选举权和被选举权。实行流动人口在工作地点参选已成为一个亟待解决的问题。这就要求在分配人大代表名额时,选民人数按常住人口计算。同时也要考虑到流动人口在流出地也有利益关系和利益诉求,如承包地和宅基地的权益,留守儿童的权益维护,留守老人的社会服务等等。特别是很大一部分第一代农民工把家乡作为自己年老后的归宿,不打算在工作地定居,因此在坚持每个选民同时只能在一地拥有选举权的前提下,需要给这一部分流动人口在流入地和流出地都提供有效的表达诉求、维护权益的渠道,尤其要避免两头落空。

在不少工业化和城镇化推进较快的地区,流动人口已经超过户籍人口,在某些镇、街道和村,甚至已经数倍于户籍人口。双方在经济地位、利益诉求和生活方式、文化传统等方面存在的某些差异,会引发各种社会矛盾,有些还可能涉及民族关系和宗教信仰问题。尊重流动人口的公民基本权利,逐步建立流动人口参与民主选举、民主管理和基层自治的体制机制,是解决这些矛盾的治本之策。如何使原住居民接受这样的权力分享,如何在这个过程中促进新老居民的相互包容和融合和谐,防止零星的矛盾演变成有组织的冲突,是建设社会主义和谐社会的重要课题。一些新居民来源比较集中的地方,通过流入地和流出地党政机关的沟通协作,聘请一批流出地的管理人员和流动人口中的共产党员参与流入地的流动人口管理和服务(如浙江省诸暨市店口镇的"店口模式"),在基层人大代表选举中安排一定数量的候选人名额给外地户口的农民工(如浙江省义乌市已多年实施),吸收流动人口参与基层社会自治(如浙江省慈溪市的"和谐促进会"),都是颇有成效的过渡性措施。而从长远来看,还是要在实行基层自治组织与农村集体经济组织完全剥离的前提下,把参与基层自治的权利扩大到全体常住人口。

(二)收入分配差距大

收入的显著提高是绝大部分流动人口选择迁往发达地区、迁往城镇的主要原因。但就目前情况看,大多数来自农村的流动人口只能从事技术要求低、劳动强度大、保障程度低的建筑业、低端制造业和低端服务业。他们工资水平普遍较低,劳动时间普遍偏长,有些甚至远远超过法定工作时间,往往与当地户籍的城镇居民以及本村农民同工不同酬,至于城镇居民和农村集体经济组织成员所享受的福利更是与流动人口无缘。这种劳动力市场分化导致的工资和福利差异,使流动人口和城市户籍居民的收入存在着明显差距。一项在北京、长春、南京、天津、武汉和西安六个城市进行的调查表明,来自农村的劳动力的小时工资率为 2.79 元,明显低于城市本地劳动力的 3.37 元。[1] 有研究指出,在两者的工资差异中,只有 24% 是由个体人力资本差异造成的,76% 是由于对农村劳动力的歧视形成的。[2] 收入差距使大多数来自农村的流动人口生活在城市社会的最底层,许多家庭处于贫困的边缘。一项在北京、无锡和珠海三市进行的调查表明,北京来自农村的流动人口中,25% 的家庭处于贫困状态,他们中贫困人口的收入大约要比贫困线低 30%;无锡来自农村的流动人口中,13% 的家庭处于贫困状态;珠海来自农村的流动人口中,15% 的家庭处于贫困状态。[3] 因此,坚持同工同酬是当前贯彻按劳分配原则需要着力解决的一个大问题。

财产性收入是造成收入差距扩大的另一个重要原因。城镇户籍居民中不少人购买了福利性的房改房,还有不少人在城市改造和扩大的过程中获得了拆迁补偿房,许多地方对购买商品房有户籍限制,近年来更趋严格。而流动人口由于工资偏低,在农村的住宅又难以变现,因此很少在城市拥有自有住房。随着近十多年来房价的飙升,城市户籍居民的房产迅速增值,按揭买房还能获得低息贷款,从而大大加快不动产的积累,而流动人口则没有按揭资格。有多套住房的城镇居民和当地农民还能出租住房取得租金收入,而流动人口却要面临房租持续上涨以及租约不稳定的困境。经过多年积累,这些收入差距已经转化为巨大的财产差距,成为地区间收入差距扩大的重要的、持久性的原因,产生明显的"马太效应",成为引发社会不满情绪的重要因素,也是深化住房制度改革必须解决的一个重大难题。

---

① 冯虹:"人口流动与迁移对城市收入分配的影响",《北京交通大学学报》(社会科学版),2005 年第 1 期。

② 王美艳:"转轨时期的工资差异:计量经济分析",《计量经济技术经济研究》,2003 年第 5 期。

③ 王奋宇、李路路:《中国城市劳动力流动》,北京出版社 2001 年版。

(三)社会保障问题

流动人口曾长期被排斥在政府构建的城镇社会保障体系之外。尽管近年来国家在社会保障制度上有所改革,政策上也已经将农民工纳入了工伤保险、医疗保险、失业保险、养老保险等制度之中,各地政府原则上都要求城镇各类企业中的职工都必须参加医疗、失业和养老保险。但是,由于社会保障制度对流动人口的制度性缺陷,[1]特别是社会保障基金跨地区转移的难题和各级政府公共财政的保障范围限于户籍人口的制度设置,以及流动人口本身工资大多较低,再加上地方政府因经济利益的驱使对企业逃避行为的纵容,流动人口参加城镇社会保险的比例依旧比较低,从制度全覆盖到人员全覆盖还有一个相当长的过程,为此还需要对各级政府的事权财权和公共财政的收支范围作出重大调整。此外,流动人口还基本上被排除在最低生活保障制度之外。[2] 更不要说像有些城镇居民那样享受经济适用房或政府购房补贴等其他优越的社会福利。

(四)子女受教育问题

随着流动人口规模的不断扩大,中国流动人口家庭化的现象日益明显,子女随父母进入城市的数量也在成倍增加。由于流动人口子女同他们父母一样没有迁入地户口,他们在迁入地的受教育问题也变得日益严峻。尽管各级政府为了解决流动人口子女的受教育问题已经做了许多工作,但仍主要存在以下三方面尚未完全解决的问题:第一,流动人口子女入学难问题。中国的义务教育实行"地方负责、分级管理"的体制,适龄儿童的义务教育主要由其户籍所在地政府负责,教育经费则按照户籍学生数下拨。由于教育部门下拨给学校的教育经费不能满足学校接纳流动人口子女的需要,因此流动人口子女在就学时往往受到众多限制和约束,如要想在迁入地与当地人获得同样的教育机会,必须每年缴纳高额的借读费和赞助费。如果完全去掉"门槛",拥有较多优质教育资源的地区则会引来大量的教育移民,使流入地的政府和社会不堪重负。第二,辍学与失学时有发生。许多流动人口子女因家庭经济困难负担不起学费而失学,有些流动儿童因家庭居住地点不稳定,缺少与城市孩子的沟通交流,以致产生厌学情绪,成绩下降,形成恶性循环,最后选择主动辍学。第三,异地高考难问题。恢复高考制度以来,考生只能在户籍所在地参加高考,各大学根据分配给各省区市的名额录取学生。随迁子女因户籍问题,在高考问题上不能与城里孩子享受同等待遇。虽然在

---

[1] 张朝鹏:"城市化进程中两栖流动人口的生活保障问题",《经济论坛》,2006 年第 3 期。

[2] 目前,城市最低生活保障制度的对象还仅仅局限于有城市户口的贫困群体,即使是那些在城市有固定职业、固定居所、稳定收入,但无城镇户口的进城务工、经商人员还没有被纳入进去。

2012 年底全国已有半数以上的省份出台或明确表示年底前将公布异地高考方案,但部分当地户籍人口却因担心流动人口子女挤占了他们的子女上大学的机会而采取激烈反对的态度。要消除历史形成的不同地区教育水平和上大学机会的巨大差异,不仅要触动一个很大的社会群体的既得利益,并涉及中央和地方财政分头投资高等教育带来的复杂的权利义务关系,而且还会由异地高考而引发大规模的教育移民,给高校集中的大城市带来更大的人口膨胀压力。因此,在经济发达、教育发达、重点高校比较集中的中心城市推行异地高考仍然还是一个难题。而上述种种障碍又造成大量的"留守儿童",使他们缺乏父母的关爱和教育,给他们的健康成长乃至安全带来一系列问题。

（五）文化碰撞与融合

中国地域辽阔,不同区域之间、城乡之间在生产方式、生活方式、风俗习惯、道德信仰、人际交往规则等方面有着很大的差异,千百年来形成了富有鲜明特色的各种区域文化。由于不同区域之间、城乡之间具有不同的文化背景,流动人口与迁入地居民对同一问题可能有完全不同的认识和价值判断,差异很大的处事方式,容易导致沟通障碍和误解,产生文化碰撞。加上投亲靠友是中国人口流动的主要途径之一,导致很大一部分流动人口同乡聚居,形成区域亚文化,使他们难以融入当地社会。大量人口的长距离跨区域流动,加上经济活动和生活服务的社会化,使日常生活中这种区域文化的碰撞频频发生,往往导致人际冲突,日积月累容易发展成区域文化之间的偏见,成为族群之间冲突的重要原因。如果其中还有不同民族和宗教信仰的因素,还会成为敏感的政治问题,其影响甚至会溢出国界,使流入地党委政府深感头痛。在这样的文化背景下,同一来源地流动人口集中的乡镇和县市有可能出现带有帮会色彩的群体乃至非正式的地域帮会组织,甚至被黑社会组织渗入。在维权意识增强而合法维权渠道不畅的情况下,地域帮会意识、地域帮会群体和地域帮会组织容易滋生。这是这类地区社会管理必须高度重视的问题。

六、引导人口区域间合理流动的对策

从以上趋势可看出,区域间流动人口如果不加以引导调控,目前那些人口密度大的区域在社会资源、公共设施、公共服务等方面将面临更大的压力,超出它们的资源承载能力和管理服务能力。中国作为一个正在转向市场经济体制的十三亿人口的大国,区域间人口流动的规模超过绝大多数国家国际移民的规模。但国内移民又不可能采取颁发签证的管理方式。这是中国特有的难题,需要创造一种特有的模式来解决。为了更好地发挥流动人口的积极作用,抑制其带来的消极影响,更好地促进经济发展、社会进步,必须通过引导和调控,使人口分布与资源分布特别是不可移动的土地资源和需要量巨大而又难以重新配置的淡水资源分布相适应,与优化国土空间开发格局的战略相适应,并且有利于资源的集约利用。为此建议采取以下对策措施:

(一)大胆探索,加快推进户籍制度改革

中国流动人口问题的根源主要是计划经济时期城乡分割的二元体制。尽管改革开放以来农村人口进入城市的障碍逐步减少,但由于户籍制度改革的不彻底,凭证落户制度、准迁证制度依旧发挥着作用,大量在城市工作生活的迁移人口仍无法在迁入地落户。户籍改革的最终目标,应是给公民以迁徙和选择居住地的充分自由。长期以来,影响户籍改革进程的主要因素,是担心在城乡之间、区域之间巨大差距的拉动下,大量农村剩余劳动力流入城市,大量西部人口涌入东部,会造成东部某些资源的严重匮乏,引起严重的"大城市病",激化社会矛盾,给东部城镇和全国的大城市的管理构成极大压力。但事实上,小城镇户籍改革并没有引起人口规模的大幅度增加,而县级市的市区和县城所在地的建制镇的户籍迁移限制逐步放开后,也并非所有的城镇都出现人口迅速增加的情况。那些经济比较落后的地区,即使人口进入城镇的门槛已经降得很低,但城镇人口增长仍比较缓慢。在一些发达地区农村,还出现了为享受集体经济高额分配和宅基地而要求"非转农"的现象。人口流动本身是由不同区域的就业条件和迁徙者的价值取向决定的。经过 30 多年的快速发展,不少小城镇和中西部城市已经具有较强的吸引力,而中心城市生活成本高已被许多流动人口所体验。加上价值取向的多样化,经济收入以不再是选择居留地的唯一标准。因此,人口集中涌向中心城市的可能性明显减小。加快户籍制度改革的时机已经成熟。

改革户籍制度是实现人口合理有序流动的重要手段。改革户籍制度实际包括两个方面。一是人口管理方面,目前应该并有条件把户籍人口管理扩大为实住人口管理,即将所有连续居住若干时间(如一周或半个月)以上的人口都纳入登记管理范围,实现人口管理的全覆盖。二是与户籍相联系的公共服务和社会福利。它们的扩大受制于城市(镇)可支配的公共资源数量和财政收入。而且由于利益刚性,一般都是不可逆的。因此,只能是一个渐进的过程。在相当长时间内,还只能按暂住人口、常住人口和户籍人口区别对待,随着经济的发展逐步缩小差距。总体而言,要实现两个区别:一是区别人口流入压力不大和很大的地区,前者可以较快缩小乃至取消三类人口公共服务和社会福利的差别,后者还将在一定时间甚至较长时间内保留一定的差别;二是区别公共服务和社会福利,前者要尽快实现均等化,后者只能视公共财政的负担能力逐步缩小差距。建议对绝大多数小城镇实现按常住地落户的户籍政策。而对大中城市,可参照广东省、浙江温州等一些地区的经验,建立流动人口落户城市的积分制,对落户条件进行指标量化,并对每项指标赋予一定分值,当指标累计积分达到规定分值时,流动人口即可申请落户。指标体系按城市发展的需要确定,从而使城市在资源聚集方面获得主动权和选择权,有利于大中城市成为产业高地,在区域发展中更好地发挥辐射和带动作用。

(二)加快小城镇软硬件建设和乡镇企业的发展

中国的城市化实际水平还比较低,目前刚刚进入快速发展阶段。而中国巨大的人口数量,决定了中国的城市化决不能是大城市化,否则会在城市中造成灾难性的社会问题。必须坚持大中小城市和小城镇协调发展,走中国特色的城镇化道路。城镇化就是中国特色的城市化。即使在一定时间、一定地区为了强调要加快大中城市发展而突出"城市化"概念,也毫不意味着忽视小城镇的发展。小城镇(包括建制镇和集镇)是连接城市和农村、沟通其社会经济交流的纽带。中国现有小城镇六万多个,如果每个城镇能吸纳 3000 人,那就吸纳近两亿的农村富余劳动力。我国城镇化的以往经验证明,乡镇企业的发展和集聚是小城镇发展的产业基础,必须把乡镇企业的发展和小城镇建设有机结合起来。要积极运用各种经济手段,实现乡镇企业向建制镇集中,并促使集聚条件较好的建制镇发展为小城市,以提供更多的就业岗位[1],并提高土地这一稀缺资源的利用率,提高污染治理和环境保护的效益,提高公共设施和公共服务的质量和水平。与此同时,小城市的建设要与此区域的大中城市协调配套,合理分工,形成以中心城市为依托,以中小城市为骨架,小城镇星罗棋布的城市体系,产生规模集聚效应,吸引农民进城定居。在加强小城镇软硬件建设的同时,可考虑实施对小城镇居民的优惠政策。如在小城镇从事经济活动的居民,根据不同行业、区别不同情况,可以享受资金扶持、税收减免、土地使用等优惠;在小城镇生活的居民,可以给予水、电、气、暖等生活必需条件方面的优惠。城市化是缩小城乡收入差距和转移农村剩余劳动力的有效途径,中国可以借鉴其他国家城市化的经验教训,完善区域性中心城市功能,发挥大城市的辐射带动作用,引导城镇密集区有序发展,以此加快自身的城市化进程。

(三)建立健全公平、开放的劳动力市场,以市场之手来引导流动人口

劳动力市场是帮助农村劳动力转移的中介组织。人口流动具有趋利性,但广大农民因本身的乡土特征,对外地经济发展和就业信息不了解,加上自身的组织程度不高,活动能力不强,社会联系欠缺,以及某些客观因素导致信息流动不畅,极易产生人口流动的盲目性。盲目的流动不但浪费个人的精力和财力,同时也使公共事业的发展难以适应。再者,长期以来,由于受户籍制度、就业制度等二元社会体制的影响,城乡劳动力市场被分隔,除少数人才以外,绝大多数外来劳动力只能通过城市低层次劳动力市

---

[1]　据有关部门测算,乡镇企业适当集中比分散布局可扩张就业能力 50% 以上。

场就业。劳动力市场的分隔,不仅制约了外来人口的迁徙,而且也影响外来人口的公平就业,不利于流入地城市的可持续发展。因此,从整体和长远来看,要想更好地发挥流动人口对中国整体经济社会发展的积极作用,必须加大户籍制度和就业制度的改革力度,打破劳动力市场分隔,除某些特殊行业外取消就业的户籍条件,完善劳动者权益保障机制,使之真正覆盖全体劳动者,将同工同酬的要求法制化,尽快建立健全公平、开放的劳动力市场,同时完善就业信息发布机制,通过市场机制引导人口的合理、有序流动,从而实现对劳动力资源的优化配置和公平分配。

(四)通过区域产业结构升级引导调控人口流动

如果外来劳动力向人口数量基数庞大的发达地区(大城市)大规模流动,必将与流入地有限的环境容量、社会资源等形成更加尖锐的矛盾。解决以上矛盾的重要战略之一,就是通过产业政策,调控那些发达地区的投资结构和规模,促进产业技术升级,提高企业的知识、技术密集程度,从而提高对劳动力的质量需求,降低对劳动力的数量需求。在欠发达地区,升级具有本地特色的优势产业,带动区域经济增长,实现全国劳动要素的合理布局。因此,流动人口引导调控应该是以发展需要为依据,通过产业发展政策来实施。政府调控产业结构,产业结构决定就业结构,就业结构选择劳动者,最终由劳动者决定去留。因此,中国走新型工业化道路,实现工业化和城市化良性互动,使各地区协调发展,同时提高流动人口的整体素质,就必须以科技创新带动产业升级,降低就业需求弹性,谋求产业升级与人口质量、规模控制三重功效。具体可采取以下三条对策:

1. 遵循市场规律,通过市场"倒逼机制"来推进产业升级

一方面,一个区域的产业升级是有其一定的内在规律性的;另一方面,随着经济一体化、市场全球化的不断演进,一个区域的产业升级又会有身不由己之感。2008年以来的全球金融危机,正活生生地说明了市场在"倒逼"产业升级。中国各地区要立足从当地实际条件出发,找准各自优势,通过市场"倒逼机制"来推进产业转型升级,建立现代产业体系。要准备承受"转型阵痛",不能为了一时的就业问题特别是外来低素质劳动人口的就业问题,而放慢转型升级的步伐,甚至开倒车。要未雨绸缪,赶在"人口机会视窗"关闭之前,尽早完成产业升级。同时,通过区域间的政府合作,引导低端产业向劳动力集中输出地区转移,在促进欠发达地区工业化的同时,减轻乃至克服劳动力长距离流动带来的家庭离散、文化冲突等问题。

2. 发挥社会作用,通过提升劳动力素质来推进产业升级

流动人口大部分都是文化程度较低、技能不突出人员,缺少进行创新的知识、技术、技能、经验等方面的积累。他们进入企业后,大部分只能从事简单的体力劳动,对企业产品、技术、工艺、管理等方面的创新活动难以提供有效的智力支持,降低了企业

平均创新能力;另一方面,他们对创新成果的理解、掌握、应用比较困难,企业实施创新成果需要的时间和成本更多,降低了企业创新成果的利用效率,制约了企业创新水平的提高,抑制了产业结构的优化和升级。因此,企业要加强对流动人口的职业技能培训,提高他们的从业技能;要充分发挥各类教育培训机构和工青妇组织的作用,多渠道、多层次、多形式开展流动人口职业培训;要运用政策杠杆鼓励流动人口参加各类成人教育,提高他们的文化和职业技能素质;通过提高劳动用工素质技能门槛,最终实现劳动力整体素质的提升,为推进产业升级提供智力支持和源源不断的动力。

3. 通过立法途径提高企业劳动用工成本,促进产业升级

流动人口的大量涌入,其直接结果就是导致流入地劳动力市场供给的迅速增长,必然导致劳动力价格或工资水平的下降。工资水平的大幅下降或保持在一个较低水平又将诱使企业雇佣更多低廉劳动力来替代对设备、技术等生产要素的投入,从而降低了资本有机构成。虽然短期内企业会因此而获得超额利润,但从长期来看,过低的资本有机构成会制约企业劳动生产率的提高,特别是会削弱企业开发产品、改善工艺、引进技术、更新设备、增强管理等创新动力,使企业发展失去后劲,增加用高新技术改造传统产业的难度,增加发展高新技术产业的难度,从而抑制了产业结构的优化和升级。因此,不能因为低附加值行业经营困难就听任其压低工资,也不能仅仅停留在规定最低工资线。应立足于劳动者权益保护,依据本地实际生活成本,通过地方立法从多方面对企业劳动用工成本作出规定,加强对使用廉价劳动力的限制,促使低层次产业的迁出。

(五)通过科学规划促使公共设施配置和城市功能布局合理化,引导人口合理分布

提高城市规划的权威性,并且把城市规划拓展到城市群和都市圈,合理配置教育、医疗卫生、文化体育、道路交通等公共设施,形成分层次、系统化的公共服务网络,使居住在小城镇和卫星城的居民都能全面享受便捷的公共服务。高层次的教育医疗机构和大型文体场所要在所服务的大区域内合理布局,并通过行业内部的业务指导、集团化经营(如教育集团、医院集团、文化集团、总分院制等等)等方式,对辐射范围内的全体居民提供分层次、高质量的服务。在方便城乡居民,实现公共资源充分、高效利用和公平享用的基础上,引导人口科学、均衡分布,避免过分集中在大城市、主城区、中心区。通过城市功能区的合理布局,使就业人口集中的工商业聚集区与住宅区特别是中低收入群体集中的住宅区统一规划,就近配套,兼顾降低居住成本和缩短上班出行距离,减轻城市的交通拥堵。

(六)积极稳妥地推进公共服务和社会保障体系建设

消除三元机构、实现农民工市民化的关键,是向定居城市的新居民提供与老居民

同样的公共服务和社会保障。要以社会公平为目标,从基本公共服务均等化以及社会保障的人群全覆盖和区域间转移起步,逐步缩小区域之间在公共服务与社会保障方面的差距,主要是提高低端,但不合理的过高保障也应该适当下降,没有制度规定的"潜规则"应该取消。这需要强有力并且可持续的财力保障。为此,各级政府都要加快向服务型政府转型,各级财政都要加快向公共财政转型,把发展产业包括文化产业的任务交还给企业,同时大幅度压缩行政性开支,这样才有可能大幅度增加各级财政用于教育、医疗、社保的支出。为了重点引导区域间流动人口向小城镇和大城市的卫星城集聚,当前应通过财政转移支付和优惠政策,着重提高这两类区域的公共服务和社会保障水平。可以率先提高这两类地区在医疗、养老、工伤等方面基本社会保障的覆盖面和保障程度。例如,降低在社区医疗中心看病的药费自负比例的政策,有效地引导居民把日常的医疗服务转向社区医疗中心。类似的政策肯定能对流动人口定居发挥引导作用。有产业基础的小城镇和卫星城也应成为保障性住房建设的重点。

当然,要满足区域间流动人口的购房需求,还需要增强他们的购房能力,他们在农村的原有住房的流通变现是一个绕不过去的问题。而且这也有利于减少农村住宅空置造成的巨大浪费。由于传统观念的影响,相当一部分农民工的全部积蓄用于在家乡建房。但其中一部分长年空关。如果不能流通变现,他们的主要财产不但不能升值,而且可能严重缩水,从而进一步扩大城乡居民的财产差距。允许流通变现不仅有利于农村建设用地的优化配置,缓解建设用地严重不足的困境,也可以由农村集体经济组织统一收购改造并改善周边环境后,出售或出租给城镇居民特别是向往田园生活的老年人,实现城乡人口的合理相向流动,使作为我国国民财富重要组成部分的新建农村住宅得到充分利用。

(七)建立健全统一的流动人口信息登记制度,为引导调控提供决策依据

由于在全国范围内尚未建立起完善的流动人口管理和服务机制,加上区域间人口流动的不确定性因素较多,因此当前流动人口统计的误差较大,不能准确地反映外来人口的流入、流出、驻留等情况。同时,由于流动人口登记的内容有限,难以反映流动人口的就业、受教育程度、技能等的变动情况,甚至连政治面貌都没有反映,以致不少不愿意转接组织关系的共产党员在流入地成为"地下党员",脱离党组织,不能发挥应有作用,有些流动党员还因为失去组织监督而发挥负面作用。建议由公安部、国家卫生计生委、人保部、民政部和中央组织部等部门牵头,在所属系统之间建立长效协作机制,搭建信息共享交换平台,将外来人口的暂住证居住证登记、计划生育信息登记、租房买房、劳动就业、婚姻登记、健康体检、办理各项社会保障以及共产党员组织关系等信息输入统一的数据库,实现基础信息的一次性采集、多次使用和专业信息的一方采集、多方使用,为加强服务和管理提供依据。

参考文献

[1] 田雪原等:《21世纪中国人口发展战略研究》,社会科学文献出版社2007年版。

[2] 余宪忠等:《流动性发展》,山东人民出版社2006年版。

[3] 国务院第五次全国人口普查办公室编:《世纪之交的中国人口》,中国统计出版社2006年版。

[4] 熊义杰:《区域经济学》,对外经济贸易大学出版社2011年版。

[5] 安虎森等:《新区域经济学》,东北财经大学出版社2008年版。

[6] 张建平、李红梅、田东霞等:《区域经济理论与实践》,中央民族大学出版社2007年版。

[7] 张肖敏主编:《和谐社会视野下的中国人口与发展》,南京大学出版社2008年版。

[8] 左学金、朱宇、桂新主编:《国人口城市化和城乡统筹发展》,学林出版社2007年版。

[9] 张维庆主编:《改革开放与中国人口发展》,社会科学文献出版社2009年版。

[10] 李玲、沈静、袁媛编著:《人口发展与区域规划》,科学出版社2008年版。

[11] 蔡昉:《中国流动人口问题》,社会科学文献出版社2007年版。

[12] 王国强:《中国区域人口与发展研究》,长春出版社2009年版。

[13] 曹荣庆:《流动与和谐:流动人口管理的战略转型》,上海交通大学出版社2008年版。

[14] 熊光清:《中国流动人口中的政治排斥问题研究》,中国人民大学出版社2009年版。

[15] 程亦军:《俄罗斯人口安全与社会发展》,经济管理出版社2007年版。

[16] 陈奕平:《人口变迁与当代美国社会》,世界知识出版社2006年版。

[17] 张宝宇:《巴西现代化研究》,世界知识出版社2002年版。

[18] 高洪:《当代中国人口流动问题研究》,上海人民出版社2008年版。

(作者简介:蓝蔚青,浙江省公共政策研究院副院长、研究员;周佳松,浙江省公共政策研究院助理研究员。)

作者

徐　林
曹红华

城市品质:新型城镇化背景下
对城市病的一种匡正

——基于浙江 11 个城市的数据

内容提要: 中国的城市化率目前已经超过 50%,而在近期,城镇化更上升为一种国家战略。然而城镇化不仅可以孕育经济转型、增长的新动力,而且城市还是一种现代且文明、幸福的生活方式。中国方兴未艾的城镇化进程除与既有公共服务体制产生明显紧张关系外,城市病大量出现也直接预示着城市化根本目标和城市文明理念被颠覆的危险。有鉴于此,我们必须对城市发展过程中的品质要求进行重新梳理,并将城市品质概念进行可操作化界定。在此基础上,以浙江 11 个城市为样本,应用实证数据进行城市品质评价,不仅可以揭示中国城镇化进程的某些普遍不足,更能发现特定城市的优势及弱点。评价体系的主要价值不在于进行城镇化的测评和排位,而在于澄清新型城镇化概念,发现城镇化各维度之间的关系,并实现概念的可操作化。这样,我们可将以人为核心、诸要素协同的城镇化理念建诸于可靠的基础之上,并明确城镇化过程中的多层面政策导向。

关键词: 新型城镇化;城市品质;测度指标

2011 年末我国城镇人口占总人口比重首次超过 50%,城市化进程进入一个加速发展时期;而党的十八大之后,城镇化[①]更上升为我国的国家战略。过去 20 年中,全国城市建成面积扩大了 1 倍以上;然而,城

[①]　观察发达国家城市化的演进过程,可以看到,发达国家从工业革命开始,到 20 世纪 50 年代前后,表现为工业和人口的持续的、大规模的集中,城市数目不断增加,规模不断扩大,大城市不断增多,由此带来了许多弊端。本文认为,城市化与城镇化本质上是相通的,但是城镇化的提法包含着对既有城市化道路弊端的防范。

市化不仅带来了人口布局的巨大变化,导致了经济增长和产业转型的新机遇、新动力,也带来了空气污染、水资源缺乏与污染、交通拥堵、垃圾处理困境等诸多城市病症状;在很多大城市,城市病已经到了非常严重的程度。调查显示目前我国城市居民幸福指数普遍偏低[①]。如果说城镇化被确认为一个必然的历史进程,我们就更加需要认真思考,我们需要什么样的城市? 于是,城市品质的概念也就呼之欲出。什么是城市品质? 如何来评价一个城市的品质? 我国的城市到底处于什么样的品质? 思考和解决这些问题已迫在眉睫。

本文针对我国城镇化与城市扩张过程中的城市病现象,重新梳理了城市品质概念,并试图将概念可操作化。在形成城市品质可操作的评价体系的基础上,文章对浙江省 11 个地级市进行具体的城市品质诊断,以期发现其中的个别特点和共同问题。最终,文章还将对我国未来城市化模式改进和品质提升做出尝试性探讨。

一、城市品质内涵及城市评价的研究回顾

1. 城市品质的内涵

2000 多年前,古人就开始了对城市发展的哲学思考,来源于《周易》与《道德经》中的"天人合一"思想体现了人与自然和谐共生的思想原则,柏拉图(Plato)在《理想国》构建了理想的城市发展境界,它包括:幸福的市民生活需要、能够抵御入侵的营地、冬暖夏凉的住处和接受正确的教育等。

19 世纪末到 20 世纪中期,产业的发展导致了城市的急剧扩张,不仅如此,城市化也导致了人类生活方式与社会心理的变化。工业化与城市化及其带来的人口空间布局变化,不仅造成了城市人口数量的剧增,还大大提高了城市人口密度,城市社会的异质性及多元化趋势日趋增强,而随着大量农村人口与移民进入城市,流动性成为城市社会的显著特征,人们原有的从属关系发生断裂,消费方式、价值观、态度、居住空间与行为方式以及传统社会道德等都将发生重新调整[1]。可见,城市化意味着一种全新的文明生活方式。但城市并不能天然地满足人类对新生活方式的需求,相反,随着西方工业化的发展,城市人口与产业的集中引起环境的恶化,城市逐渐暴露出一系列矛盾与问题,促使人们去思考城市如何规划和发展,"田园城市"是这一时期具有历史代表性的思想,城市生态理念逐步走入人们的视野。

20 世纪后期,西方发达国家迎来了城市研究的高潮,关注的焦点也逐步转向了城市中生活的人,认为城市发展应遵循可持续发展的理念,保持弹性的适应力,应具有健

---

① 根据《中国 20 城市居民幸福感暨寿险需求调研》结果,从整体幸福感来看,只有近 4 成受访者拥有较高的幸福感受。

康、便捷、安全、绿色的特征,政府建设宜居城市的过程一定要和经济的发展相协调[2]-[3]。进入 21 世纪,随着我国城市化的加速推进,我国学者开始关注城市品质的研究[4]-[5],阐释了人居环境建设的原则、内涵,并从理论上探讨了评价方法。

现今对城市品质的研究已不仅仅停留在理念和纯粹理论层面上,而是理论与实践并行,研究者的视野已拓展到适宜人类居住的便捷健康视角和绿色可持续发展,认为城市的品质不仅侧重城市文化,还包括深厚的经济、社会基础以及完善的城市基础设施,是城市品位和城市质量的统一[6]-[8],并构建了城市宜居性的多角度模型[9]-[10]。近年来,国内外发展规划都在不同程度上体现了对城市生活质量的重视,体现了"建设经济发达、社会和谐、资源节约、环境友好、文化繁荣、生态宜居城市"的目标,如 2001 年的《巴黎城市化的地方规划》、《北京城市总体规划(2004—2020)》以及《深圳总体规划(2010-2020)》等,均体现了以上内容。

尽管城市品质的研究视野得到不断拓展,然而目前专门针对城市品质具体测度方式的探讨仍存在严重不足,换言之,城市品质概念还未完成可操作化。

2. 城市评价体系

城市品质概念在理念上已经被较广泛接受,而它在实践中的应用前提则是概念的可操作化。如前所述,虽然专门的城市品质评价体系仍有待开发,但大量的城市评价指标体系已经能为我们带来有益的借鉴。

发达国家和国际组织的研究机构开发了众多的城市指标体系,如"联合国人居署人居议程指标",从安居、社会发展和消除贫困、环境管理、经济发展、治理五大方面着手,设定了 20 项关键指标(Key Indicator)、9 项选项列表指标(Check-list)和 13 项扩展指标(Extensive Indicator);"全球城市指数"从城市服务、生活质量两大方面展开,涉及教育、能源、金融、消防和突发事件响应、管理、健康、休闲、安全、社会服务、固体废弃物、交通、城市规划、污水、水、公众参与、文化、经济、环境、住房、社会公平、主观幸福感和技术创新等各个方面;世界卫生组织的"健康城市"涉及健康、健康服务、环境、社会经济等 4 个方面 32 个指标;OECD 的生活指数则涵盖了住房、收入、工作、社区、教育、环境、管理、健康、生命安全、安全、工作生活平衡性等 11 个方面。

近年来国内关于城市评价体系的研究风生水起,大致分为三大类。第一类是各部委为城市评选工作而设立的应用型指标体系,如为了"全国文明城市评选"、"中国休闲城市评选"、"中国国家卫生城市评选"、"国家园林城市评选"、"全国十佳宜居城市评选"以及国家卫生城市标准、国家园林城市标准、国家宜居城市标准等为了评选而设置了一些指标和标准,这些指标大都偏向于实际操作,而且往往局限于某项工作。第二类是科研机构设计的指标,如中国科学院可持续发展战略研究组设计的可持续发展指标体系包含 48 个指数、共 208 项要素;中国社会科学院 2011 年公布的低碳城市指标体系包括低碳生产力、低碳消费、低碳资源和低碳政策四大类共 12 个相对指标;2012

年度中国中小城市科学发展评价指标体系研究报告涵盖了科学发展指数、节约型城市指数、投资潜力指数和区域带动力指数等 4 个指数 14 个方面的指标。第三类是学者们基于各自研究的问题选用的指标,这些指标不仅涵盖了城市生活的很多方面,如度量居民免受意外灾害保障水平的人均固定避难场所面积[11]、城市固定资产投资占GDP 比重[12]、城市社会劳动生产率[13]、城市的科研和教育水平[14]、省级以上非物质文化遗产和城市公园[15]、平均通勤时间[16]等,甚至还涉及模糊性指标,如城市自由精神、城市社会公正等[17]-[18]。

　　总体来看,国内外关于城市的评价体系非常繁多,但也存在着很多不足,一是大多数指标只是针对城市或文化、或人居、或低碳等某一方面的评价,缺乏基于社会人文品质与自然物质品质兼顾的城市品质评价指标体系;二是相关评价指标重系统构建、轻评价分析,很多评价指标停留在理论研究,缺乏对现实城市数据的深入分析;三是尚未形成完整的、具有本土特征的分析框架来解读城市品质评价结果。基于以上局限,本文试图结合城市品质内涵框架,构造城市品质的专门测度体系,应用概念可操作化基础之上形成的综合评价模型,对浙江省 11 座城市的品质现状作一个整体性评价,并对未来城市品质提升做出尝试性探讨。

二、城市品质概念的可操作化及综合评价模型

1. 基于城市品质内涵的测度指标体系构建

　　如前文所论,城市品质是自然物质环境品质与社会人文环境品质协调发展的一种复合人居系统状态,是生态文明、服务设施、经济发展、城市文化、城市生活和城市管理的有机结合。城市品质的提升依赖于硬环境和软环境的相辅相成、相互促进与完美结合,是一个动态完善的过程,需要政府、社会和公民的共同建构与维护。其中,自然物质环境品质包括城市生态文明建设、城市服务设施完善和城市经济持续发展等;社会人文环境属于城市品质的软环境,包括城市文化繁荣进步、城市生活品质化和城市管理科学化,如图 1 所示,具有诸多维度,且相互紧密连接,共同促进城市品质的提高。

　　基于对城市品质的内涵维度的勾勒,本文设计了包括 2 个一级指标,6 个二级指标和 70 个三级指标的城市品质评价体系,如表 1 所示。

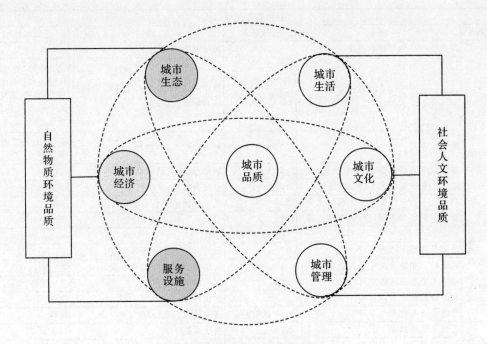

图 1　城市品质的系统框架

表 1　城市品质评价指标体系

			自然物质环境品质	
维度	指标	分级标准	指标	分级标准
城市生态文明建设	建成区绿化覆盖率	≥35%	城市空气质量优良率	≥85%
	城市生活污水集中处理率	≥80%	城区环境噪声平均值	≤60dB(A)
	城市工业用水重复率	≥90%	城区交通干线噪声平均值	≤70dB(A)
	城市水环境功能区水质达标率	≥100%	城市退化土地修复治理率	≥90%
	集中式饮用水水源地水质达标率	≥100%	城市清洁能源使用率	≥50%
	城市生活垃圾无害化处理率	≥85%	环境保护投资指数	≥1.7%
	城市工业固体废物处置利用率	≥90%	公众对城市环境保护的满意率	≥80%
	城市危险废物处置率	≥100%	中小学环境教育普及率	≥85%
城市服务设施完善	城市燃气管道覆盖率	100%	城市人均住房使用面积	≥20m²/人
	有线电视网覆盖率	100%	城市住房保障率	≥90%
	互联网光缆到户率	100%	人均固定避难场所面积	≥3m²/人
	自来水普及率	100%	千人拥有执业医师数量	≥2.8名/千人
	城市人均道路面积	≥13 m²/人	每千名老年人拥有养老床位数	≥30张/千人
	公共交通分担率	≥40%	城市公共服务设施投资占 GDP 比重	≥30%
	城市全民健身设施覆盖率	≥80%		

续表

自然物质环境品质				
维度	指标	分级标准	指标	分级标准
城市经济持续发展	城市生产总值年增长速度	≥5.0%	城市社会劳动生产率	≥5 万元/人
	城市居民年人均可支配收入	≥1.8 万元/人	城市单位 GDP 主要工业污染物排放强度	化学需氧量(COD)<1.0 千克/万元;二氧化硫(SO₂)<1.2 千克/万元
	恩格尔系数	≤30 %	城市单位 GDP 能耗	≤1.4 吨(标煤)/万元
	城市固定资产投资占 GDP 比重	≥30%	城市单位 GDP 水耗降低率	≥5%
	第三产业增加值占 GDP 的比重	≥55%	总债务占 GDP 的比重	≤35%
	高新技术产业占工业总产值的比重	35%	城市居民消费信心指数	≥80
	非公有制经济占国民经济中的比重	70%		
社会人文环境品质				
城市文化繁荣进步	教育科技投入指数	≥7 %	每万人拥有文化场馆数量	≥0.3 个
	省级以上非物质文化遗产数量	≥19	人均拥有公共图书藏书量	≥2 册
	每万人拥有公园数量	≥0.6 个	百人报刊订阅率	≥9.9 份
	旅游业总收入占本市 GDP 比例	≥15%	城市自由精神	定性
	旅游业外汇收入	≥10 亿美元	城市社会公正	定性
城市生活品质化	人口自然增长率	≥5‰	基尼系数	≤0.3
	每万人刑事案件立案数	≤65 件/万人	社会保障覆盖率	≥95%
	每十万人安全事故死亡率	≤2.5 %	城镇登记失业率	≤3.5%
	食品监测合格率	≥95%	平均通勤时间	≤30min
	新增劳动人口平均受教育年限	≥10 年		
城市管理科学化	行政人员本科以上学历者所占比例	≥80%	电子病历普及率	≥30%
	行政人员系统培训天数	≥7 日/年	智慧产业固定资产投资额	≥1625 亿元
	行政管理经费占财政支出比重	≤10%	社区事务公开透明	定性
	行政审批事项网上办理比例	≥90%	社区服务设施综合覆盖率	100%
	政府非涉密公文网上流转率	100%		

注:建成区绿化覆盖率是指城区内一切用于绿化的乔、灌木和多年生草本植物的垂直投影面积与建成区总面积的百分比;城市空气质量优良率指城区空气主要污染物(PM10、PM2.5、总悬浮颗粒物、二氧化硫、二氧化氮等)日平均浓度值达到国家二级标准的天数占全年总天数的比例;环境保护投资指数是城市环境保护投资占城市国内生产总值的百分比。教育科技投入指数是当年城市科研教育投入经费占 GDP 的百分比;城市自由精神是市民的需求与愿望能够自由表达的程度;城市社会公正是城市居民对城市资源分配公平公正情况的主观感受。

2. 城市品质测度指标的筛选与检验

本研究采用专家权重判断表来确定城市品质评价指标体系的各级权重分配,对 60 名专家进行了访谈和问卷调查。在实证调研中,以 70 项城市品质评价指标为依据,采用 10 点量表形式,以重要性(1→10 重要程度递增)计分,形成《城市品质评估指标体系问卷调查表》,主要调研对象是具备专业知识和实践经验的城市管理职能部门的专家。本次调研共发放问卷 60 份,回收率高达 100%,有效问卷 55 份。

(1)信度分析

为了检验问卷设计的合理性、问卷结果的可靠性,本研究采用克朗巴哈 α 系数,应用 SPSS 20.0 软件进行问卷的内在信度分析,从下表可以看出,对于 70 个可测变量,克朗巴哈 α 系数为 0.973,超过了 0.7(一般认为 α 大于 0.7 时问卷的信度较高),说明该测评通过内部信度检验。

表 2　克朗巴哈 α 信度分析结果

克朗巴哈 α 信度系数	度量项目数目
0.973	70

(2)城市品质评价指标体系的实证筛选

城市品质评价指标体系的 70 项初始指标主要基于文献梳理,具有较强的主观色彩,需要进行筛选以增强指标体系的科学性和合理性。假设对第 i 个项目的第 j 个专家评判出的重要程度分值为 M_j,将样本数设为 n,原始指标个数为 p,则该指标的实际重要程度 R_i 的计算公式如下:

$$R_i = \sum_{j=1}^{n} M_j / pq$$
$$(i=1,2,\cdots,n;j=1,2,\cdots,p;q=10)$$

通过对 55 份有效专家问卷调查表的统计分析,分别得出了 70 项条目的实际重要程度,剔除了程度低于 0.5 的 15 项条目(见表 3)。

表 3　初始指标体系中被剔除的实际重要程度低于 0.5 的 15 项条目

指标项目	R_i	指标项目	R_i	指标项目	R_i
省级以上非物质文化遗产数量	0.44	行政管理经费占财政支出比重	0.47	行政人员本科以上学历者所占比例	0.49
城市自由精神	0.45	行政人员系统培训天数	0.47	人口自然增长率	0.49
城市社会公正	0.45	城市生产总值年增长速度	0.47	城市退化土地修复治理率	0.49
城市固定资产投资占 GDP 比重	0.46	非公有制经济占国民经济中的比重	0.48	总债务占 GDP 的比重	0.49
百人报刊订阅率	0.46	社区事务公开透明	0.48	城市人均道路面积	0.49

经过实证筛选后的指标体系共包括 55 项指标,涵盖面广,综合性强,数量繁简适中,主客观指标结合,具有较强的可操作性。

3. 城市品质综合评价模型的构建

(1)确定指标权重

针对评价指标体系确定权重的方法有多种,如德尔菲法、层次分析法、主成分分析法等,为了全面地反映出指标信息的效用价值,并结合样本数据,去除指标个数对指标分权的影响,本文采用德尔菲法,利用专家问卷调查所得的数据,计算得出各个维度和指标的权重分配结果。

表 4 实证筛选后的城市品质评价指标体系

维度	指标	代码	维度	指标	代码
城市生态文明建设（A）	建成区绿化覆盖率	A1	城市经济持续发展（C）	城市居民年人均可支配收入	C1
	城市生活污水集中处理率	A2		恩格尔系数	C2
	城市工业用水重复率	A3		第三产业增加值占 GDP 的比重	C3
	城市水环境功能区水质达标率	A4		高新技术产业占工业总产值的比重	C4
	集中式饮用水水源地水质达标率	A5		城市社会劳动生产率	C5
	城市生活垃圾无害化处理率	A6		城市单位 GDP 主要工业污染物排放强度	C6
	城市工业固体废物处置利用率	A7		城市单位 GDP 能耗	C7
	城市危险废物处置率	A8		城市单位 GDP 水耗降低率	C8
	城区空气主要污染物日平均浓度值达到国家二级标准的天数占全年总天数的比例	A9		城市居民消费信心指数	C9
	城区环境噪声平均值	A10	城市文化繁荣进步（D）	教育科技投入指数	D1
	城区交通干线噪声平均值	A11		每万人拥有文化场馆数量	D2
	城市清洁能源使用率	A12		每万人拥有公园数量	D3
	环境保护投资指数	A13		旅游业外汇收入	D4
	公众对城市环境保护的满意率	A14		旅游业总收入占本市 GDP 比例	D5
	中小学环境教育普及率	A15		人均拥有公共图书藏书量	D6
城市服务设施完善（B）	城市燃气管道覆盖率	B1	城市生活品质化（E）	每万人刑事案件立案数	E1
	有线电视网覆盖率	B2		每十万人安全事故死亡率	E2
	互联网光缆到户率	B3		食品监测合格率	E3
	自来水普及率	B4		新增劳动人口平均受教育年限	E4
	公共交通分担率	B5		基尼系数	E5
	城市全民健身设施覆盖率	B6		社会保障覆盖率	E6
	城市人均住房使用面积	B7		城镇登记失业率	E7
	城市住房保障率	B8		平均通勤时间	E8
	人均固定避难场所面积	B9	城市管理科学化（F）	行政审批事项网上办理比例	F1
	千人拥有执业医师数量	B10		政府非涉密公文网上流转率	F2
	每千名老年人拥有养老床位数	B11		电子病历普及率	F3
	城市公共服务设施投资占 GDP 比重	B12		智慧产业固定资产投资额	F4
				社区服务设施综合覆盖率	F5

表5　一级指标的权重分配结果

指标代码	A	B	C	D	E	F
权重(%)	17.90	14.18	17.09	19.10	19.79	11.94

计算得出各个一级指标的权重分配结果如表5所示,二级指标在一级指标内分得的权值结果如表6所示。

表6　二级指标在一级指标内分得的权值结果

指标代码	A1	A2	A3	A4	A5	A6	A7	A8
权重(%)	6.61	7.08	6.01	7.13	7.54	7.00	6.58	7.13
指标代码	A9	A10	A11	A12	A13	A14	A15	B1
权重(%)	7.20	6.20	5.88	6.00	6.11	6.63	6.91	8.01
指标代码	B2	B3	B4	B5	B6	B7	B8	B9
权重(%)	8.04	8.64	9.84	8.62	8.12	7.89	8.01	8.08
指标代码	B10	B11	B12	C1	C2	C3	C4	C5

续表

指标代码	A1	A2	A3	A4	A5	A6	A7	A8
权重(%)	8.37	8.26	8.12	11.32	11.29	10.78	10.99	11.09
指标代码	C6	C7	C8	C9	D1	D2	D3	D4
权重(%)	11.62	11.06	11.09	10.76	17.48	15.55	15.97	16.12
指标代码	D5	D6	E1	E2	E3	E4	E5	E6
权重(%)	19.00	15.89	11.80	12.13	14.11	12.24	12.18	14.13
指标代码	E7	E8	F1	F2	F3	F4	F5	
权重(%)	11.72	11.69	19.15	19.43	18.74	21.20	21.47	

(2)构建综合评价模型

反映城市品质全貌需要进行综合评价,在对指标值进行无量纲化和适当加权处理的基础上,利用各项指标的现实值与目标值的"现实期望比"进行加权平均来反映城市品质的建设程度,将不同性质、不同量纲的指标换算为可以进行同度量的指标。这与"指数增量法"的思路相类似,即用指数值来表征在某一时期内各项指标的绩效"增量值"[19]。设 X_i^0 为第 i 项指标的现实测量值,X_i^1 为第 i 项指标的目标期望值,则城市品质在第 i 项指标的现实期望比 I_i 为:

$$I_i = \frac{X_i^0}{X_i^1} \times 100(当 \ X_i \ 为效益型指标或正向指标时)$$

$$I_i = \frac{X_i^1}{X_i^0} \times 100(当 \ X_i \ 为成本型指标或逆向指标时)$$

设 W_{ij} 为第 j 领域层第 i 项指标的权重值,I_{ij} 为第 j 领域层第 i 项指标的现实期望

比,W_j 为第 j 领域层的权重值,则城市品质综合评价得分 F 为:

$$F = \sum_{j=1}^{6} W_j \sum_j \sum_i W_{ij} I_{ij}$$

综合评价结果 F 值的大小用于参评城市的排序和比较,综合评价分值 F 越大,表明城市品质发展水平越好,反之则越差。

三、城市品质评价模型的应用

由于本文的研究主要目的在于对城市扩张过程中的城市病现象进行诊断和匡正,而该现象显然更多地存在于规模较大和发展较快的城市,因此本文兼顾了城市特征及数据的可获得性,选定浙江省 11 个地级市,作为城市品质评价的对象。根据城市品质指标体系及综合评价模型,依据 2009 年至 2011 年各城市国民经济和社会发展统计公报、各城市 2010 年至 2012 年统计年鉴以及统计局、环保局网站等相关数据和资料整理并计算,从而获得 11 个重要城市的品质评估的数据。为了避免一年内发生的特殊情况对城市的指标表现可能带来的剧烈影响,本文使用三年的指标数据均值作为分析的样本矩阵。

1. 样本城市的综合得分描述

从 11 个城市的城市品质评估综合得分情况来看,杭州以 97.82 分位居各市之首,名列前四位的城市除杭州还有舟山、宁波和嘉兴,排名靠后的城市包括台州、金华、温州、丽水和衢州,具体综合得分见表7。排名第一和第三的杭州和宁波为副省级城市。虽然现实生活中,中小城市的生活压力较小,但国内大城市在各项指标上能够提供较高的服务设施和经济环境,拉动城市品质的得分。在国际视野中,宜居城市一般不是国际知名的大城市,而是环境优美的小城市[20]。国内媒体报道中的网民票选出的宜居城市也多为中小城市,经济发达的大城市排名往往并不靠前,这与城市品质评估结果相悖,这种差异缘于评价标准的选取,尽管大城市的人口基数较大,但是由于经济发达,各项人均指标得分仍然高于中小城市,使得城市品质评估结果靠前。舟山得益于生态、旅游发展良好,且人口数量少,多数指标人均值较高,使其综合排名靠前。从相邻排名的城市得分比较来看,除了杭州的综合得分遥遥领先,其他城市的得分差距并不大。

从城市的地区分布来看,位居前五的杭州、舟山、宁波、嘉兴和湖州等城市为沿海城市,且分布于浙江省北部,与国际都市上海相近,位居后位的温州和丽水位于浙江南部,而台州、金华和衢州位于浙江中部,存在明显的空间分异,即浙北地区发展优于浙南和浙中地区,如图 2 所示,综合得分高于 90 的杭州城市品质较高;浙北地区的宁波、舟山、湖州、嘉兴和绍兴的综合得分高于 80,城市品质属于中等水平;浙南地区的金华、衢州、台州、丽水和温州城市品质相对滞后。

表7 城市品质评价综合得分及排序

排名	城市	综合得分	排名	城市	综合得分	排名	城市	综合得分
1	杭州	97.82	5	湖州	81.63	9	温州	78.43
2	舟山	88.37	6	绍兴	80.33	10	金华	77.74
3	宁波	86.64	7	丽水	79.92	11	台州	77.39
4	嘉兴	85.04	8	衢州	79.50			

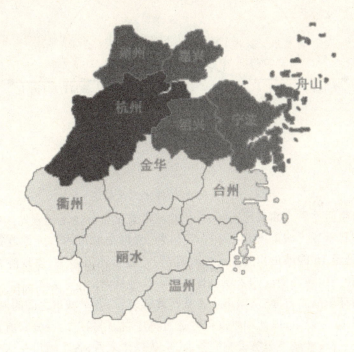

图2 2011年浙江省城市品质评价综合得分空间差异

事实上,城市品质评价的意义绝不仅在于排位——位次只在变量可控条件下具有比较意义;本文的研究重点在于针对各维度评价结果的描述,对城市品质进行更深层次的分析,从而了解我国城市品质的特点,如此,有针对性的对策研究方成为可能。

2. 基于各维度的评价结果描述

基于各维度将在所有城市进行排序,选出六个维度中得分高于15且位于前三的城市,列为在该项目中表现良好,如图3所示,台州、杭州、温州等城市在城市经济持续发展方面得分较高;舟山、嘉兴和杭州在城市生态文明建设方面得分较高,杭州、衢州

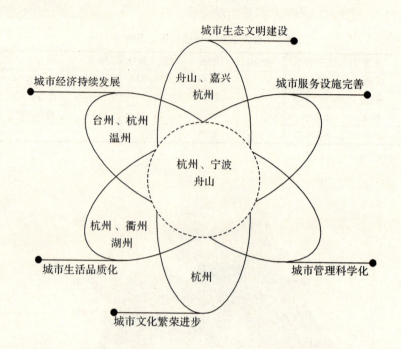

图3　基于各项维度的评价结果描述

和湖州在城市生活品质方面表现较好,杭州的城市文化得分也遥遥领先。城市服务设施和城市管理科学暂无城市得分高于15。另外,将每个城市的六大维度得分计算方差,并将发差低于15的城市视为发展相对均衡,并置于图形中央,发现综合排名靠前的杭州、宁波和舟山在均衡度的表现上也要优于其他城市。

自然物质环境品质方面,从城市生态文明建设来看,各个城市之间的差异不大,多数城市得分在18分以上,以此项维度得分进行排序,杭州和舟山得分靠前,衢州、台州和温州位于末三位;就城市服务设施完善而言,从总体来看,各个城市在这类指标上得分都偏低,仅杭州得分在13分以上,台州和温州的基础设施完善程度相对落后;在城市经济持续发展方面,位于沿海的台州、温州、杭州和宁波排名靠前,非沿海城市包括衢州、丽水等地在经济指标上得分偏低。此外,将单个城市的各维度得分两两比较发现,大多数城市在城市生态文明建设和城市经济发展方面得分偏高,这很大程度上与我国政府倡导生态建设和经济建设密切相关。

社会人文环境品质方面,从城市文化繁荣进步来看,排名第一的城市杭州(16.83)得分最高,与排名第二的舟山(12.70)和得分最低的温州(7.64)分别相差4.13和9.19分,这是六类维度中各城市的得分方差最大的城市品质模块,排名靠前的杭州、舟山、嘉兴均得益于旅游业相关指标上得分偏高；从城市生活品质化来看，各市的平均得分为 16.62，杭州(18.69)、衢州(18.02)、湖州(18.01)排名前三位，排名靠前的城市在城市安全和市民就业方面表现良好，金华、台州城市生活品质较为滞后。无论是城市居民的生活水平，还是城市居民的生活幸福感、满意度，都属于难以快速提升的指标。11 个城市在城市管理科学化水平方面得分在 6～11 分之间，各城市的各项指标得分都偏低，尤其是电子病历普及率和智慧产业固定资产投资指标。科学城市管理水平依赖长久的历史积淀、智慧化的基础设施发以及强大的民主意识等，科学城市管理需要逐步推进。

3. 基于城市品质大类的评价结果描述

将各城市的社会人文环境品质和自然物质环境品质进行得分汇总，在坐标系中以自然物质环境品质得分作为横轴、社会人文环境品质得分作为纵轴，各城市的得分分布如图 4 所示。

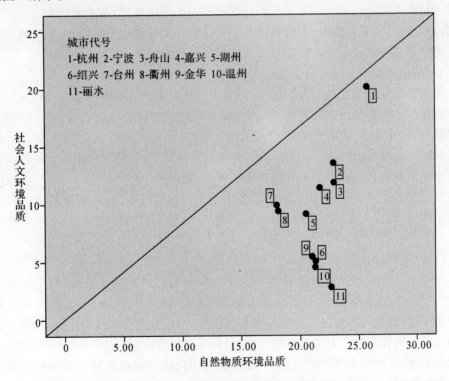

图 4　基于城市品质大类的评价结果描述

图中的内插直线表示社会人文环境品质与自然物质环境品质得分相等，从总体来看，所有城市分布于内插直线的右下方，说明无一城市的社会人文环境品质高于自然物质环境品质。与内插直线的距离表示城市的社会人文环境品质与自然物质环境品质的均衡程度,与内插直线偏离程度越高,则越不均衡。与内插直线最为接近的是杭州,表明杭州在两大类城市品质上得分都遥遥领先,且大类均衡度较好,密集于图形右下方的大多数城市两大类城市品质发展状况位于中等偏下水平。其中,金华、绍兴的大类不均衡比较明显,温州和丽水的两大类城市品质的不均衡程度表现尤甚。

通过大类描述,我们发现浙江省重点城市较普遍地存在着以下几个突出问题。

(1)社会人文环境品质普遍偏低

对于城市发展来说,自然物质环境固然重要,但单纯地追求经济发展会带来诸多社会问题,城市的健康环境依赖于市民在自足的物质基础上精神有所归依,只有两者协调发展才能保证城市品质的整体提升,避免城市发展的异化。城市在某一个时间点上,是一种空间结构,从长期发展来看,是一种时间的艺术,"这种结构与艺术是可读的"、"也是可意象的"[21],由此形成了城市社会人文环境。在上文的描述中,浙江 11 个城市社会人文环境品质得分要低于自然物质环境品质得分,这源于社会人文环境品质提高难度较大、见效较慢,但随着城市之间自然物质环境品质的趋同,未来城市竞争力的比拼将越来越倚重与独特的社会人文环境品质的提升。

(2)城市品质子系统发展不均衡

城市品质是一个复杂的有机系统,需要子系统内多样化的组成要素的相互协调和相互促进。多样性是城市的天性[22],城市发展不能仅强调经济增长和物质性扩张,更应强调经济、社会、环境的整合和有质量的发展[23]。一般说来,生态环境和经济效益较好,城市生活质量也会相应得到提高,排名靠前的杭州、宁波和舟山的子系统发展均衡度也相对靠前,因此,子系统发展均衡是城市发展的重要方向之一。从对 11 座城市的维度得分方差分析来看,每个城市的各个子系统方差都较高,均衡度的依然有很大提升空间,比较突出的是台州和温州城市经济发展与城市管理科学化的得分落差较大。

(3)过度强调城市经济发展

11 座城市城市经济持续发展的平均得分高达 17.33,尤其是台州和杭州,该指标得分分别高达 19.73 和 19.51。从表面上看,包括杭州、宁波、温州、台州在内的城市拥有雄厚的经济实力,自身的经济发展资质较高;另一方面也可以窥见,在我国多数城市仍然以发展城市经济为首要目标,仍然是经济主导型城市管理取向,然而,在城市化的驱动下,经济增长为城市成长提供正向激励之时,城市也面临着一系列亟待解决的问题和挑战[24],因此,未来城市发展趋势应向品质主导转型。

(4)城市管理与服务设施水平亟待提升

通过对各项子系统的相互比较,本文发现城市管理科学化得分均值最低,排名靠前的杭州、宁波得分也仅在 10 分左右,这也是制约城市品质未来发展的主要因素。从

11 个城市的整体情况来看,电子病历普及率、智慧产业固定资产投资额和社区服务设施综合覆盖率这三项指标都较低,从评价排序情况看,大城市的城市管理科学化水平高于中小城市。为了发挥城市的功能,城市管理水平亟须提升,这首先依赖于城市智慧产业等科技的支持,因为"使用数字化的手段来处理、分析和管理整个城市的生产生活,能够促进城市的人流、物流、资金流、信息流、交通流的通畅、协调"[25],其次还依赖于新型的城市管理方式,"一种更有力的社区领导方式和更有效的市民参与途径"[26]。数据表明,大城市在城市服务设施这项维度的排名中相对靠前,这与马歇尔在论述城市空间的集聚意义时所提出的"大城市比小城市有更多更广泛的公共设施和舒适的城市生活"这一观点相符[27]。

四、城市发展方向的良性引导:从理念到实践

传统城镇化强调工业化、人口分布变化,容易引发种种失衡等问题。新型城镇化模式是以人为核心,更注重城市各全面协调可持续发展。也就是说,新型城镇化,强调从传统的"外延式"、"速度型"向未来的"内涵式"、"质量型"转变[28],换而言之,新型城镇化应该是有品质的城市化。本文设计的评价体系既可对城市发展理念产生方向性的引导作用,同时,也可能更直接地指引城市发展政策。换言之,评价体系的引领功能覆盖了理念与政策两方面。

(一)城市发展方向的理念引导

从理念来看,评价指标体系"规定"了城市的发展取向:未来的城市应体现安全、健康、协调和舒适的城市理念。首先,"人的安全"最早通过联合国开发计划署于 1993 年提出,在 1994 年发布的《人类发展报告》中作了界定和阐发①,新型城市保障人的安全,致力于维护人类生存、就业、自我实现等多方面的安全环境。其次,健康理念表现在两个方面:优美宜人的生态环境和自由发展的健康状态。20 世纪 70 年代,联合国世界卫生组织(WHO)在世界保健大宪章中对保健作了如下定义:"健康不仅是身体没有病,还要有完整的生理、心理状态和社会的适应能力"。2013 年 6 月,北京召开的第五届世界环保大会指出,绿色环保与可持续发展是引领经济繁荣的未来动因,更是居民身心健康发展的基础,而自由发展的人文氛围是提高城市居民精神舒适度的重要因素,城市发展必须契合人类对健康发展的需求。第三,人与自然协调的缺失就会引发污染问题、生态破坏、资源趋紧等一系列城市问题,破坏了人与人的协调则会产生群

---

① 该报告将安全的概念与对普通民众的关切结合起来,倡导从外在维度上维护人的生存安全、免于匮乏,从内在维度上保障人的人格安全从而免于恐惧。

体性事件、社会责任感缺失等。因此,新型城镇化背景下的城市同样致力于促进入与自然、人与人的协调关系,这是对和谐社会的要求,也是新型城镇化的重大表现。此外,城市还致力于提高城市居住、工作、学习、旅游的舒适度,多个城市近几年追求"宜居、宜业、宜学、宜游"的城市发展目标,在提升城市品位的同时,增强城市居民的舒适感,吸引外来人才,给城市发展注入新的内涵和活力。

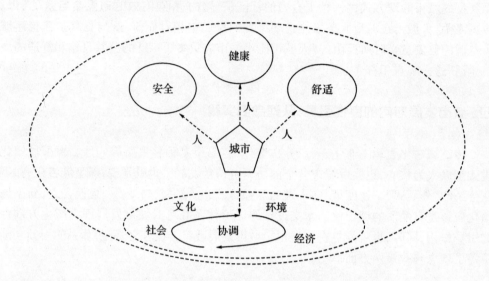

图 5　新型城镇化评价体系对城市发展理念的良性引导

美国著名的城市发展专家刘易斯·芒福德曾指出:"城市应当是一个爱的器官,城市最好的经济模式应是关怀人和陶冶人。"[29]正如图 5 所示,安全、健康和舒适的理念都是基于人的角度出发,构建市民安全的出行与居住环境、健康的生活理念与方式以及舒适的就业与旅游等的氛围,并致力于城市社会、文化、经济与环境的协调,促使城市价值在出发于人的同时,还能够服务于人。

(二)城市发展方向的政策引导

城市品质的实现依赖必要的手段推行与合理的政策督导,评价结果为城市管理者提供现实的决策依据。

首先,从宏观层面来看,规划和布局实质上是在新的阶段选择何种发展道路和发展模式、如何发展得更好的问题。在对城镇作长远规划和空间布局时,以发展的角度来设计和实施城市生态、城市服务设施、城市经济、城市文化、城市生活和城市管理相关的政策,避免城镇化过程中可能会出现的城市发展不规整、城市要素不协调等问题,关注城市的可持续与全面发展,合理布局区域城镇发展战略。

其次,从中观层面来看,尽管在目前的政策实施过程中,新型城镇化的实现依赖政府主导力量,但是,伴随着多种治理失效而引发的认识升级,城市治理方式也从政府的单极管理走向多元社会主体的联合治理[60]。城市品质的测评结果是为了实现市民满意,以满足市民需求为目的的新型城市越来越要求多元主体间的协作与互动,包括政府、企业、社区、市民、草根组织等加入到新型城镇化的进程中去,通过整合行政的、市场的以及民间社会的资源再造一种跨部门的治理结构,并形成多元社会主体共同负责的、以协作为核心的主体互动方式。

第三,从微观层面来看,城市用水、城市交通、城市安全等测评指标均与市民的切身利益息息相关,越趋近于评价指标体系中的每一项指标目标值,就意味着市民更多的享受到越完善的城市服务供给,公共服务均等化的实现程度也愈高。在我国,失衡是当前经济社会运行中的突出问题,公共服务领域的供需矛盾问题、供给非均等现象是近年来体制改革的遗留问题和累积结果,是一个在特定经济转轨背景下出现的特有问题[30]。问题的解决不仅仅依靠大力提高公共服务提供能力,也体现在有效实现公共服务在公民间提供的均等和平衡。

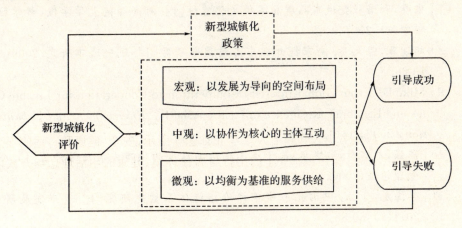

图 6   城市品质的评价体系对城市发展政策的良性引导

如图 6 中所示,城市品质的评价将城镇化的相关政策引向空间布局的发展观、多元主体的协作观和服务供给的均衡观,引导成功则能够创建现代化的新型城镇,反之,则需要进行新一轮的评价,重新引导城市建设政策的制定和执行,甚至针对评价指标体系本身进行修正。

参考文献

[1] Hauser P, M, Schnore L. *The Study of Urbanization* [M]. New York: John Wiley and Sons, 1965: 20-21

[2] Timothy, D. *Reshaping Gotham: The City Livable Movement and the Redevelopment of New York City*, 1961-1998[D]. Purdue University Graduate School, 1999: 1-54

[3] Zurlini G, Zaccaralli N, Petrosillo I. Indicating Retrospective Resilience of Multi-scale Patterns of Real Habitats in a Landscape[J]. *Ecological Indicators*, 2006, (6):184-204

[4] 吴良镛.人居环境科学导论[M].北京:中国建筑工业出版社,2001: 39

[5] 宁越敏、项鼎、魏兰.小城镇人居环境的研究[J],城市规划,2002(10):29-34

[6] Gramlich EM. Infrastructure Investment: A Review Essay[J]. *Journal of Economic Literature*, 1994, 32(3): 1176-1196

[7] 宋晔.和谐社会城市品质和道德文化建设[J].河南师范大学学报(哲学社会科学版),2007(9):8-11

[8] 胡迎春,曹大贵.南京提升城市品质战略研究[J].现代城市研究,2009(6): 63-68

[9] Mike D. From Global Intercity Competition to Cooperation for Livable Cities and Economic Resilience in Pacific Asia[J]. *Environment and Urbanization*, 2002, 14(1):53-68

[10] 陈强,尤建新,鲍悦华.基于市民生活满意度的城市发展质量评价[J].公共管理学报,2006,(3):49-52

[11] 李海龙,于立.中国生态城市评价指标体系构建研究[J].城市发展研究, 2011(7):80-85

[12] 欧育辉,刘轶芳,尤佳.基于面板数据模型的能耗与固定资产投资关系的实证研究[J].管理学报,2009(1):51-56

[13] 范剑勇,产业集聚与地区间劳动生产率差异[J].经济研究,2006(11):72-81

[14] 张钢,徐贤春,刘蕾.长江三角洲16个城市政府能力的比较研究[J].管理世界,2004(8):18-27

[15] 马素伟,范洪."城市文化资本"指标体系构建及其测度研究——以江苏省为例[J].江西农业大学学报(社会科学版),2012(1):106-112

[16] 郑思齐,曹洋.居住与就业空间关系的决定机理和影响因素——对北京市通

勤时间和通勤流量的实证研究[J].城市发展研究,2009(6):29-35

[17] 杨晓俊,潘秋玲.大城市社会空间演变态势剖析与治理反思——基于上海的调查与思考[J].公共管理学报,2010(1):35-46

[18] 杨晓俊,潘秋玲.基于模糊理论的城市文化评价指标体系[J].统计与决策,2012(10):41-44

[19] 范柏乃,朱华.我国地方政府绩效评价体系的构建和实际测度[J].政治学研究,2005(1):86-97

[20] 王世营,诸大建,臧漫丹.走出宜居城市研究的悖论:概念模型与路径选择[J].城市规划学刊,2010(1):42-48

[21] 凯文·林奇著,方益萍、何晓军译.城市意象[M].北京:华夏出版社,2001:9

[22] 简·雅各布斯著,金衡山译.美国大城市的死与生[M].南京:译林出版社,2005:173

[23] 诸大建.建设现代化国际大都市的战略思考[A].上海市社会科学界联合会等,东方大讲坛[C],上海:文汇出版社,2004:235

[24] 中国经济增长前沿课题组,张平,刘霞辉.城市化、财政扩张与经济增长[J].经济研究,2011(11):4-20

[25] 王要武,郭红领,杨洪涛等.我国数字城市建设的现状及发展对策[J].公共管理学报,2004(2):58-64

[26] 张庆才.西方新城市管理:理论轮廓与反思[J].公共管理学报,2005(3):70-76

[27] 马歇尔著,朱志泰译.经济学原理[M].北京:商务印书馆,1997:281-286

[28] 李程骅.新型城镇化战略下的城市转型路径探讨[J].南京社会科学,2013(02):7-13

[29] [美]刘易斯·芒福德,宋俊岭、倪文艳译.城市发展史:起源、演变与前景[M].北京:中国建筑工业出版社,2005:586

[30] 吕炜,王伟同.发展失衡、公共服务与政府责任——基于政府偏好和政府效率视角的分析[J].中国社会科学,2008(04):52-64

（作者简介：徐林,浙江大学公共政策研究院成都分院院长,浙江大学 MPA 教育中心主任;曹红华,浙江大学公共管理学院硕士研究生。）

作者

浙江省公共政策
研究院课题组

在城市化快速推进过程中建设"平安杭州"

内容提要：城市化是指随着城市经济和社会的发展，城市规模不断扩大，质量不断提升，从而能够容纳更多社会生产力和城市居民，进而带动整个社会经济发展并使更多人口能够享受城市建设和城市文明的过程。20 世纪 90 年代以来，城市化加速已成为世界经济发展的重要特征，并比以往任何时期都迅速地改变着人类社会的面貌。我国改革开放以来的城市化进程，是继农村家庭联产承包责任制和市场经济体制的建立而发生的第三个社会大变革，是涵盖土地制度、户籍制度、住房制度和城乡公共服务均等化等一系列制度改革和制度创新的更为广泛的社会变革。这样的大变革带来了利益关系和管理格局的巨大调整，对平安建设提出了严峻的挑战。近十多年来，杭州市在快速推进城市化的过程中，转变理念，拓展思路，积极探索，打造"平安杭州"取得了显著成效，积累了一些重要的经验。

关键词：城市化；平安建设；社会管理

一、城市化快速推进对平安建设带来的新情况新 问题新要求

杭州作为浙江省省会城市，是浙江省政治、经济、文化中心。改革开放以来，杭州经济、社会全面发展，城市化水平稳步提高。自 1998 年底浙江省第十次党代会作出城市化战略决策，及 2002 年杭州市第九次党代会和 2003 年 6 月杭州市委九届五次会议强调要加速杭州城市化发展之后，杭州城市化水平上了一个大台阶。

在杭州城市化进程中,杭州中心城市及其周边临近地区的行政区划进行过重大调整,2001年2月经国务院批准,浙江省人民政府将萧山市、余杭市划入杭州中心城市行政区范围。杭州市辖区由原来的6个增加到8个。针对城镇分散的情况,杭州市对部分小城镇进行了撤并,建制镇数量减少。市区面积从683平方公里,扩大到3068平方公里,在全国副省级城市中,由原来的倒数第一上升到第五位。人口由179万增加到373万,其中非农业人口由144万增加到185万,在全国副省级城市中,人口排名由第13位上升到第6位。2002年2月,时任杭州市委书记王国平在市第九次党代会上作了题为《构筑大都市,建设新天堂》的报告,对杭州的大都市发展战略作出了规划。提出实施"城市东扩、旅游西进,沿江开发、跨江发展"的城市空间发展战略,形成"一主三副、双轴六组团、六条生态带"的开放式空间结构:以一个主城,江南城、临平城、下沙城三个副城作为中心城区;东西向以钱塘江为轴线(城市生态轴)、南北向以主城—江南城为轴线(城市发展轴);以临浦、瓜沥、义蓬、塘栖、余杭、良渚为六大外围组团;并规划在中心城区、外围组团之间设置六条生态隔离带,保持组团之间的相对独立性。推动杭州从以西湖为中心的"西湖时代"迈入以钱塘江为轴线的"钱塘江时代"。目前,杭州城乡面貌发生巨大变化,"一主三副六组团"的城市格局基本形成,城市化率从2000年的36.52%上升到73.9%;全市实现地区生产总值7803.98亿元,按常住人口计算的人均GDP达到88985元;三次产业结构调整为2012年的3.3∶46.5∶50.2,三产占比首次超过50%。杭州经济总量、土地面积、人口规模全面超过南京,成为长三角洲地区仅次于上海的第二大城市。

美国城市地理学家诺瑟姆的研究成果表明,一个国家、一个地区,城市化水平超过30%即进入城市化加速推进的中期阶段,超过70%则进入城市化水平增长趋缓甚至停滞的后期阶段。据相关数据显示,2012年杭州城市化水平已达73.9%,已处在城市化从量的扩张转向主要提升质量的后期阶段。城市化的十年快速推进,既给杭州城市发展带了机遇,也给杭州平安建设带来了诸多新问题和新挑战。

(一)城区扩张带来许多新矛盾

城区扩张是城市化的物质载体和直观形态上的最主要表现。千百年来,杭州城区始终定位于江湖之间,东、南受制于钱塘江,西面受制于西湖群山和西溪湿地,形成了"三面云山一面城"的城市空间形态。这种背山、临湖、倚江的空间格局,使杭州城市建设只能"螺蛳壳里做道场"。随着工业化、市场化、城市化加速推进,特别是外来人口大量涌入,这种城市空间形态的弊端日益显现,发展空间不足、环境质量下降、道路交通拥堵等现代"城市病"日益加剧。为此,杭州市按照建设大都市圈的思路,科学规划和推进城区扩张。尽管杭州市决策层的战略远见和创建土地储备制度,使杭州在地价飙升前就为城市建设储备了大量土地资源,打了一个漂亮的"时间差",大大降低了城区扩张的成本,减小了征地拆迁引发的社会矛盾,但征地拆迁仍是绕不开的大问题,必须要安置好拆迁单位和拆迁居民,为失土农民提供就业岗位、再就业培训和社会保障。而且我国现行的土地制度和拆迁方式导致土地的市场价格和征地费之间存在着巨大的落差,随着农民的利益意识和权利意识迅速增强,他们已难以接受这样的落差。因此,征地拆迁已成为城市化推进中一块难啃的"硬骨头",成为引发上访和群体性事件的一大源头。

与此同时,随着城市化的快速推进,大批原先的农民转眼间变成了城市居民,农村社区转变为城市社区,人民群众的生活方式和谋生方式也随之改变,但由于某些相关政策调整的滞后,一些"城中村"居民没有全部"农转非","农转非"居民没有完全享受"同城待遇",导致城市管理难度不断加大。如何更新城市管理理念、创新管理手段,以城市管理的现代化实现城市建设效益的最大化,减少城区扩张造成的社会矛盾,是城市化进程中平安建设面临的首要考验。

同时,城区的大幅度扩张和组团式发展,形成了城市多中心的格局,要求实现公共服务和城市管理的分层化,对合理划分和配置层级之间、条块之间的服务职责和管理权限提出了更高的要求。建立适应城市新格局的城市管理体制需要有一个积累经验、逐步磨合的过程,而且还受到现行行政体制和利益关系的制约,容易造成职责不清、职权交叉、越位缺位并存、相互推诿扯皮等现象,成为平安建设的障碍。

(二)城市人口膨胀造成新困惑

杭州城市化快速推进,城市人口迅速增加,到 2012 年末,全市常住人口已达 880 万人,特别是流动人口增长迅猛,需要管理力量随之增强。城市人口的迅速增加和人口素质的参差不齐,加之历史上计划经济体制对人口流动的刚性控制造成的城乡二元结构演变为城市内部二元结构,积累了大量社会矛盾,如待遇不公、管理不统一等存在于社会生活的方方面面,与市民日益增长的公平正义诉求和维权意识形成巨大反差,增加了城市管理的工作量和难度。

随着城市经济转型升级的需要和国家一系列区域发展战略的实施,导致近年来包括杭州内在的沿海一、二线城市部分流动人口出现回流,决定了目前的流动人口存在"留"和"走"两种趋势,无论是政策调整还是基础设施的建设和公共服务的改善,都需要准确把握这两种趋势,对不同群体区别对待。这都增加了新居民融入城市问题的复杂性。

从文化角度看,我国是一个多民族的单一制国家,也是多种区域文化共存的超大型社会共同体。市场化和城市化大大加快了人口迁徙和各个族群的混居。仅就少数民族而言,浙江省改革开放前只有人口不多的畲族聚居,目前已有 53 个少数民族。由于几千年形成的乡土文化、熟人文化的传统,很大一部分新居民是通过投亲靠友进入城市的,定居后也往往把亲友同乡作为主要的人际交往对象。因此在大城市中形成了许多以区域文化为纽带的移民群体。由于在异地他乡谋生需要相互扶持帮衬的利益和情感需求,群体内产生很强的内聚力,而不同群体之间由于生活方式、交往方式和人际交往潜规则的差异,容易产生误会、摩擦乃至群体间冲突。

因此,如何克服社会建设滞后于城市人口膨胀造成的公共资源不足,如何为包括"新杭州人"在内的全体市民公平地提供优质的公共服务,都是建设"平安杭州"面临的新挑战。

(三)城市集聚发展和生活方式变迁增加了管理难度

城市化的快速推进,既推动了城市繁荣与发展,增强了城市的要素集聚能力和辐射带动周边地区的能力,也使城市生态环境付出了巨大代价,垃圾处理量剧增,大气污染、水污染加剧,光污染、噪声污染也日趋严重。人口密集对消防安全和食品安全也带来严峻考验。特别是随着城市扩张带来的人口剧增、日常出行距离拉大和轿车进家庭,城市交通面临空前的挑战。从1999年底至2012年底,杭州市机动车保有量从33.8万辆增加到200多万辆,其中老城区机动车保有量从8.2万辆增加到96万辆。"行路停车难"已成为人民群众反映最强烈同时也是最难根治的一大"顽症"。同时,因车辆急剧增加造成的交通安全、交通纠纷、停车纠纷、尾气污染等社会问题也日益增多。另一方面,随着城市集聚发展,不可避免地带来旧房拆迁和中心区域房价急剧上涨的问题。近年来,拆迁成本快速上升,拆迁引发的矛盾包括家庭内部因利益分配引发的矛盾日趋突出。同时,"高房价"也导致无房的中低收入群体特别是其中的新居民购房难,使他们陷入焦虑之中,产生强烈的不满情绪。

二、建设"平安杭州"的基本理念和主要经验

建设"平安杭州"的经验不仅产生于城市化快速推进时期社会矛盾集中爆发的环境中,而且在科学发展观和建设和谐社会的重要战略思想的指导下,跳出治安抓平安,突破了一味"管、卡、压、打"的老思路,走出了一条民生为本、服务为基、和谐为贵、化解为上、依靠群众、整合资源、精细管理、重视科技的新路子,形成了一系列新理念。

(一)丰富内涵拓展外延,以战略眼光建设"大平安"

2002年12月,杭州市委九届四次全会根据党的十六大精神和"三个代表"重要思想的要求,提出了创建"平安杭州"的工作目标,围绕"稳定的社会政治环境、首善的社会治安环境、良好的民主法治环境、稳健的经济运行环境、有序的生产生活环境"的目标定位,全面推进平安建设。2004年5月,又根据浙江省委提出的建设"平安浙江"的

要求,作出了深化创建"平安杭州"工作的决定。杭州市始终不局限于治安好、犯罪少的"小平安",而是把建设"平安杭州"作为推进城市化的基本要求和城市发展战略的有机组成部分,贯穿于经济、政治、文化、社会、生态建设等各个方面,切实解决发展中不平衡、不协调、不可持续的问题,使各项建设都有助于社会和谐。

杭州市和各区(县、市)党委政府坚持抓好重大政策制定、重大项目审批、重大工程立项、重大举措出台前的社会稳定风险评估。对大多数群众不理解、不支持的事项缓出台或不出台。2010年以来,已对1084件重大决策、重点工程开展了稳定风险评估,暂缓实施或调整了38件,停止实施9件,较好地从源头上防范了重大不稳定问题的发生。

针对城市化快速推进过程中大量外来人口涌入城市这个平安建设面临的最突出问题,杭州市从城市规划布局入手,在新世纪初就提出了按照"一个主城、三个副城、六个组团"的格局建设网络化大都市的目标,形成梯次衔接、功能配套、以大带小的网络化、组团式空间结构体系,坚持按科学的区域梯度分工发展经济,引导产业和人口合理布局,避免人口过于向中心城区集中,从源头上减少各种"大城市病"引发的社会矛盾。同时抓好中心镇和小城市培育试点的户籍制度改革,放宽小城镇落户条件,逐步建立以合法稳定住所和合法稳定职业为基本条件、城乡统一、按经常居住地登记户口为基本形式的新型户籍管理制度,促进人口有序集聚和管理全覆盖,以科学发展保障和谐发展。

城市化进程中的许多社会矛盾是由于牺牲农民利益、扩大城乡差距引起的。为了治本,杭州市委在2010年作出了以新型城市化为主导,进一步加强城乡区域统筹发展的战略决策,着力提升五县(市)经济社会发展水平、农村文明程度和农民富裕程度,努力使杭州成为城乡区域一体化发展先行区。按照产业带动性和地域关联性,各城区分别建立联络小组派驻对口县市,乡镇(除中心镇、强乡镇外)结对率达到100%,着力将市区产业、资金、市场、科技、人才、信息等方面的优势辐射到县(市)。建立统筹城乡区域发展专项资金、支农资金、"联乡结村"帮扶资金、区县(市)协作资金、"三江两岸"保护与建设专项资金、农村公益金六位一体的资金支持体系。[①] 开展"双百工程",促进城区与县(市)人才双向交流。[②] 抓好区县(市)协作产业集聚平台建设,以产业政策引导项目向县(市)转移。实行集体资产股份制,在土地征购中保留一定比例的集体留用

---

① 2010年以来,杭州市财政每年新增10亿元统筹专项资金用于支持五县(市)发展,同时拿出3亿元支持中心镇基础设施建设、产业升级、社会民生事业和公益事业发展,安排4亿元用于中心村建设,安排3亿元用于美丽乡村精品村建设,城区每年安排不少于2.5亿元区县协作资金,用于支持协作县(市)项目建设,参与结对乡镇(街道)每年安排不少于50万元资金用于所结对乡镇项目建设。

② 杭州市每年组织100名专业技术干部到五县(市)挂职,组织五县(市)100名干部到市区挂职。

地用于发展二、三产业,增加农民的财产性收入,农民人均纯收入增幅已连续 4 年超过城镇居民收入增幅。推进社会保障与公共服务城乡一体化建设。2010 年以来,杭州市在基本养老、医疗服务、文化教育、劳动就业、法律援助等公共服务方面,先后制定了相关政策规定,有效推动了城乡社会保障和公共服务均衡发展。目前,城乡养老保障已实现参保人群全覆盖,农民工"双低"养老保险与职工基本养老保险实现了并轨,全市城镇居民医疗保险与新型农村合作医疗保险整合为城乡居民养老保险,实现城乡医保"一卡通"。以协调发展保障和谐发展,为"平安杭州"奠定了扎实的基础。

杭州市还以战略远见抓住机遇,在城市化快速推进的起始阶段,就按照城市建设规划提前做好土地战略储备,大大减少了征地拆迁的矛盾,降低了成本,利用时间差为破解城市化进程中的难题积累了大量资金,把土地升值带来的巨额收益用于改善民生,为全面提高全市人民的生活品质和化解社会矛盾提供了有力的财力支撑。

(二)着力建设幸福生活,从根本上化解社会矛盾

建设"平安杭州"的根本目的是为了全市人民能过上幸福生活,而广大市民包括新居民的幸福感又是建设"平安杭州"的根本保证。建设"平安杭州"不是追求表面上的"不出事",而是从人们日常的、又是根本的需求角度来思考和推进平安建设,使平安建设紧贴市民日常生活,充分体现了以人为本、以民为先的执政理念。杭州市相继提出的建设"生活品质之城"和"东方品质之城"的战略目标,都是着眼于建设全市人民共同的美好家园,既造福于城市居民,又造福于农村居民;既造福于本地居民,又造福于外来创业务工人员;既致力于全体居民生活品质的整体提高,更关注困难群众、弱势群体、低收入阶层生活品质的显著改善。进入新世纪以来,杭州市从广大市民的切身利益和强烈需求出发,着力破"七难"①,解决好教育、就业、医疗、养老、住房等基本民生问题,努力把杭州打造成学有优教、劳有多得、病有良医、老有善养、住有宜居的"安居乐业示范区"。近年来,杭州先后获得国际花园城市、联合国人居奖、中国城市总体投资环境最佳城市、全国治安最好城市等十多项荣誉,去年第 9 次荣登"中国最具幸福感城市"榜首,并获 2012"中国最美幸福城市最高荣誉大奖"。通过一以贯之、持之以恒地地改善民生,切实化解了城市化进程中凸显的大量社会矛盾,创造了平等发展、安居乐业、和谐稳定的社会环境,使人民群众共享城市化成果,明显提高了广大市民对生活环境的满意度,增强了人民群众对党和政府的信任和对城市管理的支持,为建设"平安杭州"提供了根本保证。

外来流动人口不能享受市民待遇,是城市化进程中许多社会矛盾的根源。杭州市

---

① 指破解困难群众生活就业难、看病难、上学难、住房难、行路停车难、办事难、清洁卫生难。

把外来流动人口称为"新杭州人",不仅是称谓的改变,而且用实实在在的措施实现社会公平。杭州市确立了流动人口"八个有"①的工作目标,推行"人性化服务、亲情式维权、源头上管理"的外来人口"三位一体"工作机制,为他们提供各种政策优惠和亲情服务,通过推行"出租房屋等级管理星级评定"和流动人口公寓式管理,改善他们的居住环境。逐步推行"市民待遇",帮助他们融入城市,吸收他们特别是其中的共产党员、积极分子参与社会管理,在综合考评中把外来务工人员纳入市民代表。不断增强他们对城市的归属感,使他们成为平安建设的重要依靠力量。

(三)发挥市民主体作用,共建共享"平安杭州"

杭州市充分发挥广大人民群众的主体作用,使广大人民群众既成为社会和谐稳定的受益者,又成为"平安杭州"的创建者。平安建设是政治建设与社会建设的有机结合。杭州市确立以民主促民生的战略思想和工作机制,坚持问情于民、问需于民、问计于民、问绩于民,积极探索各个层面的民主参与,搭建富有成效的参与平台。无论是民生重大事项的确定、改善民生的政策抉择、还是执行过程的监督和民生改善状况的评估,都建立了民主机制,"干不干"让百姓定,"干什么"让百姓选,"怎么干"让百姓提,"干得好与坏"让百姓评,切实落实人民群众的知情权、参与权、选择权、监督权。如建立了城市重大工程建设民主参与机制;市政府常务会议实行开放式决策;通过"12345"市长热线、入户调查、"杭网议事厅"、"我们圆桌会"、"市民之家"市民代表工作机制等多种方式,让市民直接参与有关民生问题的讨论和监督;在杭州市对市直部门和区县的年度综合考评中,1万名市民代表的社会评价分值权重一直占20%~25%,是9个投票层面中分量最重的一个,加上企业和社会组织代表权重达到35%~45%,而且考评结果、整改方案和整改结果都向社会公开接受监督。广大市民不仅仅是被管理者,而且也是城市管理的参与者,形成干群之间的良性互动。

构建以"和事佬调和"、"律师进社区"为特色的矛盾纠纷大调解体系,着重引导民间组织、民间力量参与矛盾纠纷的化解调处工作,"身边人掺和身边事,草根力量化解民间纠纷"。已建立各类调解委员会5472个,其中村(社区)调委会2989给,乡镇(街道)调委会193个,企事业单位调委会2044个,区域性调委会241个,共有人民调解员21116人,形成了"六和"工作模式②。同时建立市和区(县、市)、街道(乡镇)社区(村、

---

① "八个有"即有收入、有房住、有书读、有医疗、有社保、有组织、有安全、有救助。
② "六和"即事佬劝和、人民调解组织调和、专业调解组织协和、基层社会服务管理中心维和、司法机关促和、党政领导包案终和。

单位)四级群防群治管理网络,形成以"六张网"①为架构,"六项机制"②为支撑的全市社会治安防控体系。在居民小区开展"我为大家值一天,大家为我守一年"活动,组织志愿者巡逻,全市建立平安巡防支队 15 个,平安巡防大队 222 个,共有平安巡防队员10 万多人。

大力发展基层社会组织,更好地发挥它们的自我服务、自我教育、自我管理、自我监督、自我发展和表达诉求、维护权益、有序参与、社会协商、化解矛盾等作用。对在街道(乡镇)、社区内设立且不具备法人登记条件的社会团体和民办非企业单位,采用"备案"方式加以鼓励民间公益社会组织的培育和发展。至 2012 年 6 月,全市实行备案管理的基层社会组织已达 8963 家,占社会组织总数的 67.6%,其中社区社会组织 8756家(含"和事佬"协会 2924 家),成为杭州城乡基层社会管理服务的一支重要力量。推进全市社区志愿服务站"八个有"建设,志愿者工作委员会和志愿者工作指导中心实现乡镇(街道)全覆盖,截止 2011 年底,全市共有注册志愿者 70 万余名,各类志愿者服务队伍 2000 余支。

杭州市还创立了党政界、知识界、行业界、媒体界协力共建的社会复合主体,以目标为纽带整合相关社会力量,以服务为宗旨奠定自身发展的基础,以灵活的架构实现多样化成分的参与和合作,以互动的机制焕发创造活力,以民主协商促进社会和谐。通过社会不同群体、不同层次的共同参与来兼顾各方关系,平衡各方利益,形成各方沟通协调的新管道;通过信息、情感的交流,削减社会隔阂,达成社会共识,形成了各方理解与配合的新平台;尽可能地减少不和谐因素,增加和谐因素。通过参与社会复合主体,党组织得以密切联系群众,深入了解民情民意,统筹兼顾,协调各方,更好地发挥政治导向作用;政府得以及时了解社会对管理的需求并及时作出回应,提供必要的支持,进行疏导和规范,提高管理的绩效;社会协同和公众参与获得了开放、公开、便捷、可持续的平台,能够更好地表达诉求和愿望,贡献智慧和力量。这些都有利于实现平安建设的目标。

杭州还通过全市范围的"'我们的价值观'"大讨论,增强市民的文化认同,为平安建设营造良好的文化氛围。杭州在全国率先组织各行各业提炼和实践"我们的价值观",深化拓展主题实践活动,形成各种价值实践载体和表现形式,在社会生活的各个方面推进价值观评价,开展十大平民英雄(道德模范)等十个"十佳"的评选表彰学习宣传活动,促进社会主义价值理念的具体化大众化生活化,在全社会形成积极向上的精

---

① "六张网"包括街面巡逻防控网、城乡社区村庄防控网、单位内部防范网、实有人口管控网、重点人员管控网和虚拟社会管控网。

② "六项机制"包括长效常态排查机制、矛盾纠纷联调化解机制、社会治安防控等级响应机制、应急联动处置机制、打击整治长效机和社会面宣传教育机制。

神追求。更为深刻的是,这一讨论突出在全社会树立"我们"这一既深刻又通俗的价值理念,引导每一个社会成员正确认识和对待自我与他人、个体与群体,个人与社会的关系,引导每个社会群体理解和善待其他社会群体,并且使这样的价值理念渗透到日常生活的方方面面,做到"我为人人,人人为我"。"我们",增强广大市民的认同感、主体意识和共同体意识,对建设"平安杭州"夯实思想基础。

(四)协调各方整合力量,不断提高平安创建成效

"平安杭州"建设之所以能协调各方整合力量,首先靠的是各级主要领导亲自抓。市委书记和市长分任市委平安创建工作领导小组正副组长,基层综治委全由党政一把手兼任主任。市委常委会每年专题研究平安建设 5 次以上。政府的责任意识、角色意识强,把平安作为政府必须提供的公共产品,把平安建设作为党委政府的基本责任,既不推诿,又不大包大揽,也不消极等待上级的部署。同时把创建"平安杭州"的成效作为检验各级党政领导班子和领导干部执政能力和执政水平的重要标志,作为衡量政绩的重要指标,列入任期目标和年度述职报告的重要内容,完善平安创建的考核体系,并把考核结果作为干部政绩评定、晋职晋级和奖励惩处的重要依据。严格实行奖励和责任追究制度,严肃查处瞒报漏报现象。

杭州市还着力解决条块分割、信息不通等问题,有效地整合了矛盾调处力量。积极推进区县(市)矛盾纠纷调处工作平台,以及医患、事故、物业、消费、劳动、网络等专业调处委员会建设,大力加强人民法院、人民检察院、司法行政机关、政府法制机构、信访部门、行政机关之间的工作对接,形成了合力。着力推动公安"110"向政府"110"转型,市、区(县、市)都依托公安"110"指挥中心,整合应急办、环境、社保、水利、交通、城管、卫生等应急救助资源,建立"110"社会应急联动指挥体系,使之成为集合应急、服务、管理一体化的为民服务平台,统一受理群众报警求助、社会服务等应急事项,并设立乡镇应急联动工作站、行政村应急联动联络站,接受指挥中心指派,第一时间赶赴现场解决问题,大大提高了应急处置的效率。整合综治办、公安派出所、司法所、信访、计生、劳保等基层管理服务力量,形成"五联"①工作机制,按照"应进尽进、资源整合、方便群众"的原则,整合乡镇(街道)基层党建、政务、综治、计生、社保、民政(残联)、国土、城管、税务、工会、信访、安监、司法、调解、警务、禁毒、流动人口服务管理等方面的社会服务管理力量和资源,实现了基层群众办事"一平台受理,一站式审批,一条龙服务"。全市 193 个乡镇(街道)、3016 个社区(村)全部建成社会服务管理中心。全市 829 个社区全部建立社区党组织、居委会、公共服务工作站"三位一体"的管理新体制,融合社

---

① "五联"即联勤、联防、联调、联治、联创。

区组织网络、工作制度、服务方式、监督机制、管理系统五大要素,构建起公共服务、市场化服务、志愿服务、邻里互助"四位一体"的社区服务体系。整合各部门的信息系统和视频监控系统,推进监控系统建设的市场化、社会化和网络化,对涉及人、地、物、情、事、组织等基础信息的相关部门的系统,通过信息融合导入、整合单项系统等方式,实现信息互通、数据共享。

(五)精细管理贴心服务,夯实平安建设的基层基础

全面推进"网格化管理,组团式服务,片组户联系"的社会服务管理体系建设,建设"平安和谐社区",寓管理于服务之中,努力实现"每一寸土地都有人精细管理,每一户人家都有人贴心服务"。全市共划分11711个网格,组建各类服务团队2.2万个,做到把"网格单元划分好"、"组织结构完善好"、"服务团队组建好"、"信息平台搭建好"、"工作机制健全好"。打造"三全十服务"和"66810"服务品牌,建立社区服务网点2万多个,开通区、镇街、社区三级服务热线,并实施24小时值班制,面向全体居民,构建"三全"①的综合服务体系,形成主城区15分钟社区服务圈,推动规范窗口服务,完善预约服务,延伸常规服务,强化应急服务,创新特殊服务,打造品牌服务,提倡自主服务,鼓励互助服务,深化组团服务,开展定期服务,推行以"六必到"帮扶服务、"六必访"个性服务、"八必报"预警服务、"十条热线"专业服务为主要内容,以组织网络化、服务标准化、管理系统化、评估信息化为特点的"66810"服务体系,在服务群众、化解矛盾、协调利益等方面发挥了积极作用。

广泛开展系统平安创建活动,建设平安企业(单位)、平安校园、平安金融、平安景区、平安饭店(宾馆)、平安商场(市场)、平安医院、平安工地、平安线路、平安公交、平安边界等载体,创建覆盖面达到90%以上。积极打造平安创建细胞工程,建设平安楼宇、平安楼道、平安路段、平安家庭、平安网站,在全市以小区为单位开展平安网格活动,积"小平安"为"大平安"。按流动人口500:1的标准配备了协管员。进一步完善居民、业主委员会、物业管理企业、居民委员会"四位一体"的治安管控机制,提升居民小区物防、技防、人防、心防"四防融合"的安全防范管理水平。连续10年实现安全事故三项主要指标负增长,刑事发案率下降,人民群众的安全感保持在95%以上。

(六)积极融入"智慧杭州",提升物防技防水平

把社会管理综合信息系统建设作为"智慧杭州"建设重点应用项目。杭州近年来每年科技强警立项经费超过1亿元,以DNA实验室为代表的科技设施建设走在全国

---

① "三全"即服务时间全天候、服务内容全方位、服务对象全覆盖。

前列,成为全国首批科技强警示范城市之一。市、区两级财政投资 4 亿多元建设动态视频监控系统,截止 2012 年底,全市监控点位总量超过 24 万个,基本形成了覆盖面广、监控点密、技术先进、质量可靠、可持续发展的监控系统。"110"社会应急联动平台与"110"接处警系统、手机报警定位和 GPS 卫星定位系统无缝对接。为破解老小区、城中村、农居点物防和技防设施薄弱的问题,在全市开展小区安全防范"六个一"工程①,已实现基本覆盖。

三、"平安杭州"建设中的体制机制创新

杭州市在"平安杭州"的实践中,创新并发展了社会矛盾预防化解机制、公民参与机制、社会联动服务管理体制、平安杭州建设的支持保障体制及平安建设绩效考核制度等,为杭州经济社会持续稳定发展提供了动力。

(一)不断健全社会矛盾预防化解机制,建立有效的社会治安防控体系

为化解日益增长的社会矛盾,实现社会和谐稳定,杭州市在以前工作经验的基础上创新发展了矛盾纠纷调解机制和社会治安防控工作机制,从社会危机事件的预防入手,结合有效的矛盾调解机制,实现了社会的和谐高效运转。

首先,健全了矛盾纠纷调解工作机制。积极创新和发展新时期"枫桥经验"②,建立了由党委政府统一领导,综合治理办公室牵头,有关职能部门共同参与的乡镇综治工作中心,有效地整合了基层工作资源和力量,形成了集民间调解、行政调解、司法调解于一体的综合调解工作机制。对于基层排查发现和当事人要求调处的矛盾纠纷,由综治工作中心实行统一集中办理,对每一起矛盾纠纷明确调处的责任单位,明确调处解决的期限,明确跟踪督办的责任人,从而确保了各类矛盾纠纷及时及早处理。

其次,健全了社会治安的防控工作机制。建立健全以专业力量为核心的"警防网"、以电子监控为亮点的"技防网"、以群防队伍为重点的"民防网",形成新形势下有效防控刑事犯罪的防控工作机制。坚持理念创新和工作创新,对传统派出所勤务方式进行合理调整和大胆突破,推行以情报信息为主导的错时工作制、以全警施巡为基础的巡防工作制和以现场前置管控为中心的接处警工作制,通过挖掘潜力,合理调配,最大限度地把警力推向社区、街面和治安复杂场所、部位,形成全市全覆盖的防控网络,

---

① "六个一"工程包括一张网(社区动态视频监控网)、一道墙(建围墙或铁栅栏)、一双眼(邻里守望)、一扇门(单元楼道电子防盗门)、一把锁(电动自行车防盗地锁)和一件器(商铺安装"110"报警器)。

② 20 世纪 60 年代初,浙江省诸暨市枫桥镇干部群众创造了"发动和依靠群众,坚持矛盾不上交,就地解决。实现捕人少,治安好"的"枫桥经验"。

确保有足够的警力在群众最需要的时候提供服务。同时,进一步加大对电子监控系统建设的投入,完善电子监控的布局,有效消除电子监控系统的盲点。扎实开展电子监控系统进社区,推动电子监控系统的整合,形成覆盖全市的电子监控网络。坚持治安防控社会化道路,推行辖区保安、协管员和大型市场、行业场所的安全保卫力量等群防群治队伍的整合,实现由派出所统一管理、考核、使用。例如,杭州市下城区在整合群防群治力量过程中,大胆创新,成立平安总队,共同维护辖区的治安秩序和社会稳定。通过点、线、面和人防、物防、技防的结合,杭州市已基本形成一张庞大的治安防控网络,从而有效构筑起了社会治安防控体系。[①]

第三,创设了企业和谐劳动关系评估机制。萧山区制定实施了全国首个《企业和谐劳动关系标准》并全面推广。该《标准》把职工最直接、最关心的现实问题系统化,形成了"劳动合同、工资、社会保险、劳动保护、企业文化、民主管理、企业工会、企业党建"等8个方面29条标准,通过标准认证检查督促广大企业更加严格遵守劳动法律法规,更加注重职工的地位和价值,有效保障广大职工的基本权益和发展需求,使企业与职工的关系更加和谐。

第四,制定了《杭州市企业社会责任评价体系》。市委、市政府高度重视企业社会责任建设,2009年10月制定了《杭州市加强企业社会责任建设的意见》。2010年3月,市企业社会责任建设领导小组与浙江大学公共管理学院共同成立课题组,在广泛调研、征求意见的基础上,制定了《杭州市企业社会责任评价体系》。经过公示、修改后正式下发。这是全国地市级以上城市中首个企业社会责任评价标准。到2012年,全市80%的规模企业参与了社会责任建设,其中50%的规模企业达到《企业社会责任评价体系》标准。

(二)努力构建社会联动服务管理体制,打造平安和谐新杭州

杭州市以上城区为代表,在对原有的社会管理机制创新的基础上,搭建了社会联动服务管理平台。该平台于2012年7月1日正式运行,是在公安局110社会应急联动的基础上,结合上城区实际,运用GIS地理信息系统,采用数字化运行手段的服务管理平台。

杭州市的社会联动服务管理体制共分为工作系统、技术支持、联动平台和协调保障四个体系。

工作系统实行区、街道、社区、基础网格"四级网格化管理"模式,其中每个社区按居民数、企业数、区域面积、社会管理复杂程度等因素分为2~5个基础网格,每个基础

---

① 杭州市:坚持"大投入、人防控、大平安"理念,推进"平安杭州"创建[EB/OL],浙江在线,http://zjnews.zjol.com.cn/05zjnews/system/2006/03/29/006541321.shtml.20060329.20130217。

网格按 200～300 户为一片,每个单元楼(写字楼)为一组。如上城区共有 6 个街道、54 个社区、159 个基础网格、593 个片、2500 个组。同时上城区根据"管理到格、服务到片、信息到组"的原则,每个基础网格设置一名网格长、1～3 名协管员、2～5 名信息员,共有 159 名网格长、345 名协管员、769 名信息员。此外,上城区将 264 个服务工作队整合融合到 159 个网格中,为辖区企业和居民群众开展服务、解决问题。

技术系统运用 GIS 地理信息服务,将上城区 49 类 40 余万条基础信息、日常采集与上报的涉及公共服务、社会事务、安全稳定、应急管理、党群组织、行政执法、社情民意等 8 大类动态信息关联至指挥系统,并将固定和移动的现场视频图像与路面执勤人员、车辆的 GPS 信息整合到 GIS 地理信息系统中,实现应急事件的扁平化指挥调度和普通服务的实时信息支撑,使各类事件得到最优化的处置,努力做到复杂的事情简单化、简单的事情流程化。

在联动平台方面,上城区成立联动中心,根据各部门职责和各类应急预案的要求进行受案、责任分解、确定并派遣到 60 个责任单位及相应网格进行处置,其中按现有政策可立即办理的,分别交由"12345"信访、行政服务中心、"110"社会应急联动、城市管理智能管控系统、维稳、居家养老、组团式服务、消防安全"八大平台"分类处理。

在协调保障方面,对于需要多部门联动的工作,交由党风廉政、宣传动员、组织人才、区域经济发展和工业经济、现代服务业发展、民生保障、社会管理、城建城管、绩效考核等"九个联席会议"调研决策后酌情处置。为确保"网、组、片"零遗漏,除联席会议协调解决问题外,其余问题由领导接访和信访兜底处理。

同时,为了保障社会管理和服务信息顺利流转,该机制首先将网格采集上报的、"110"报警需要联动的、群众来信来访的和向社会群众公开征集的原始信息统一交由服务管理指挥中心先期处置,对于基础网格在上报的同时已处置完毕的信息作为网格日常工作结果直接归档,对于上报中心的基础类信息由计算机自动分检归档进入信息库,对于上报中心需要解决问题的事务类信息,由中心根据事件的性质和区属部门的工作职责来派单,对于事情简单、责任明确的直接派往相关联动职能单位,由职能单位派员解决问题,职能单位事件办结后,系统将自动生成满意度评价表,流转至最初上报的网格,由网格征求群众意见,对职能部门的办事效率和办事结果给予评价,并且打分。

为了保证系统的正常运行和确保职能部门高效履职,上城区制定了《上城区网组片社会服务运行管理办法》和《上城区网组片社会服务管理考核办法》,对事件流转的"发现、上报、处置、交办、办结、回访、评估"等环节设计了综合考评模块,具体分为 A、B、C、D、E 五个等级,并由区考评办根据各单位和部门职责,将平台考核结果纳入区机关目标考核、区综合考评和效能监察。此外,区网片组社会事务服务运行工作还通过日报形式不间断发布全区网格化信息上报、处置工作信息,直观反映全区各网格、各部门工作效能,起到了较好的效能督查作用。①

上城区建立的社会联动服务管理机制以社会网格化管理为依托,结合先进的信息技术,实现了上城区平安城区的建设目标,在全省及全国范围内具有较大的可推广性。上城区依托此机制开展了群体性联动处置等维稳工作,在讨薪、医患纠纷等问题的处置方面,基本形成了规范化操作,大大提高了解决问题、化解矛盾的效率,同时在应急处置方面,该机制也发挥了独特的高效作用。

(三)发动社会力量参与社会管理,健全平安建设的公民参与机制

在社会管理中,社会力量不仅包括人民群众,还包括形式多样的社会组织,它们共同构成了维护社会稳定、推动社会发展的重要力量。我国现阶段仍然由政府承担起了社会管理的大部分职能。面临主体诉求日益多元、社会矛盾日益激化的新形势,政府没有能力也不应该承担起社会管理的大部分职能。因此,如何构建平安建设的公民参与机制,正确引导社会力量参与社会管理,成为亟须解决的问题。

杭州市在平安杭州的建设过程中,科学界定政府在社会管理中的地位与作用,积极探索社会管理的新机制,不断健全和拓展公众参与的载体和平台,充分调动公民和各类社会组织参与社会管理的积极性,夯实平安浙江建设的根基。杭州市的"和事佬"社团和帮扶志愿团就是社会力量参与的典型案例。

2008年2月,杭州市打铁关社区成立第一个"和事佬"协会,随后半年,在下城区的推动下,其管辖的71个社区全部建立了"和事佬"协会,2009年3月20日,杭州市社会矛盾多元化解暨"和事佬"工作现场会在下城区召开,"和事佬"协会在杭州全面推广。如今,杭州市的2924个社区(村)全都建立了"和事佬"协会,两万多名"和事佬"活跃在大街小巷,他们已化解6万余起基层矛盾纠纷。百姓内部的矛盾,居民的生活诉求,住家的问题反映,大多由"和事佬"收集、处理和解决,"矛盾纠纷化解不出楼道"已经成为杭州大多数社区的现实。同时,在萧山区有一个与和事佬相类似的群体"乡亲帮扶志愿者行动"。2010年,萧山区戴村、尖山下村成立乡亲帮扶志愿团,组织该村在机关工作的公务员、企业老总、私营业主等24人,每人每天拿出10元,对本村最困难的20户家庭实施帮助。像戴村、尖山下村乡村帮扶志愿团这样的社会组织,在萧山有数百个。"和事佬"和帮扶志愿团显示出社会群体的智慧和力量,它们在构建和谐社会,建设平安社会中发挥着不可替代的作用,是政府公权力的有效补充。

---

① 上城区搭建社会服务管理联动平台打造"平安和谐365"[EB/OL]. 平安浙江网. http://www.pazjw. com.cn/index.php/cms/item-view-id-700.shtml.20121129.20130217

(四)建立平安建设的支持和保障机制,实现长治久安

"平安杭州"的建设是一个长期而又繁杂的过程,需要政府各部门统筹协调和人财物的大量投入。为此,杭州市在支持保障机制建设方面做出了很大努力,为"平安杭州建设"的长远发展奠定了基础。

1. 人才培训

杭州市建立健全了平安建设人才培训工作机制,专门举办了两期创建"平安杭州"联络员培训班,编发了《创建"平安杭州"工作手册》,进一步提高了工作人员对平安创建工作重要性的认识以及业务工作的熟悉程度。

2. 技术保障

杭州市利用 H3C 视频监控解决方案,解决了困扰已久的系统架构和标准化两大问题。"平安杭州"视频监控系统覆盖全市,不但降低各类犯罪案件的侦破难度,而且为及时发现各类社会问题提供了技术保障,提高了城市管理的效率。

3. 财政支持

杭州市进一步优化公共财政支出结构,切实增加对社会管理和社会建设的资金投入,推进社会公共服务优质均等发展。仅 2012 年全市科技强警立项经费就达 1 亿多元,以 DNA 实验室为代表的一批科技项目处于全国领先水平。

4. 组织保障

为切实加强对创建"平安杭州"工作的组织领导,杭州市委成立了创建"平安杭州"领导小组,领导小组下设 6 个专项组,共 65 个成员单位。其中既有党委、政府的工作部门,也有群众团体,还有一些关系国计民生的企事业单位。参加领导小组和专项组的成员大多是部门一把手。

(五)建立平安建设的绩效考核制度,调动各级党委政府建设"平安杭州"的积极性

杭州市在全省范围内率先制定了创建"平安杭州"部门职责和考核办法,明确了市直部门参与平安创建的目标、任务和责任,并依据部门考核办法,对 65 家市级成员单位进行了考核。杭州市的平安建设绩效考核坚持以综治、信访、安全生产三大责任制为主,面上考核与职能部门考核相结合的方法,全面考核区、县(市)党委政府的工作。考评指标重结果,把重大案(事)件、人民群众安全感幸福感指数等结果性指标,作为衡量一个地方平安建设成效的主要指标;突出动态性,有针对性地调整完善考核标准和权重,使指标设置更科学、考核评价更合理、解决问题更有效;不断优化考评办法,规范考核程序,尽量多用事实和数据说话,更多地采用明察暗访、第三方评估等方式,切实提高考评结果的真实性、客观性和公正性。杭州市还重视考评结果的运用,把推进"平安浙江"建设工作成效纳入党政领导干部政绩考核内容,作为领导干部提拔任用和奖

惩的重要依据。

杭州市在平安建设方面与时俱进,不断创新体制机制。自 2004 年提出建设"平安浙江"的目标后,全市的刑事案件、群体性事件、生产安全事故呈减少趋势,群众的安全感和满意度也在稳步提升。杭州市秉承胡锦涛同志所说的平安建设"贵在落实、贵在坚持"的指导思想,将平安建设稳步推进、开拓创新,朝着建设"平安杭州"的目标不懈努力,为杭州市各项事业的健康发展奠定了基础。

四、对今后平安建设的思考

(一)平安建设重在源头治理

城市化进程中带有普遍性的社会矛盾,主要是两个"滞后"造成的,即人口城市化滞后于土地城市化,城市管理和公共服务滞后于城市扩张和要素集聚。滞后的原因在于一系列政策法规、管理理念、管理体制、管理方法和管理能力的滞后。这些问题大多是基层无能为力的。如果不加分析地要求基层矛盾不上交,就会迫使基层重蹈传统体制的覆辙,加强对居民的管控。这不仅会削弱经济社会的活力,阻碍市场化进程,而且很容易损害公民的合法权利,从而激化社会矛盾,形成恶性循环,导致基层社会管理的人力物力财力投入不断增加,维稳成本节节上升,公共财政不堪重负。因此,源头治理必须找准源头。既要打好基层基础,更要搞好顶层设计,通过深化改革,调整和完善相关政策法规,从根本上解决城市化进程中带有普遍性的社会矛盾。要防止"抓小放大",只解决容易发现和解决的"疥癣之疾",回避和拖延那些属于"心腹之患"的深层次的社会问题。不能把平安建设仅仅理解为加强社会控制,必须充分发挥协调社会关系、规范社会行为、解决社会问题、化解社会矛盾、促进社会公正、激发社会活力等方面的社会建设对于平安建设的基础性作用。对于地方和基层在现行政策法规和体制框架内缓解社会矛盾、加强和改善社会管理的探索和创造,应该肯定和鼓励,但不能用它们取代治本之策。要致力于发现和推广那些符合城市化发展趋势的改革创新探索,引领平安建设适应城市化的新形势新要求。

(二)源头治理重在解决两个"失衡",即利益失衡和权利失衡问题

伴随着市场化、城市化进程,广大人民群众的利益意识和权利意识迅速增强,社会公正成为普遍的价值追求。而至今尚未突破的城乡二元结构,使城市化成为扩大城乡差距的强大动力。不仅城乡居民在社会保障、社会福利和享受公共服务方面存在巨大差距,而且城乡住房的不同性质使城乡居民的财产差距急剧扩大。这是近年来社会不满情绪迅速增长的重要原因,也是阻碍许多社会问题妥善解决的体制障碍。要解决中

两个"失衡",必须破除城乡二元结构,并消除它在以往的城市化进程中留下的大量后遗症。但现阶段社会财富和公共财政的积累还无力在短期内彻底解决这个问题,实现城乡居民和城市新老居民之间的社会公平只能是一个渐进的过程,而且要有利于引导产业和人口的合理分布。

(三)解决两个"失衡"要靠调整政策、改革体制

民间矛盾和管理中发生的干群矛盾一般都可以通过调解或加强和改善社会管理来解决,而两个"滞后"、两个"失衡"导致的社会矛盾往往是基层无力也无权解决的,而且涉及面广,容易引发攀比,一旦激化还可能引起连锁反应,影响社会稳定。因此需要对城市化进程中利益失衡和权利失衡的现状进行全面系统分析,弄清问题所在和制约问题解决的主要因素,根据现阶段的经济社会发展水平和大多数人的思想水平,兼顾效率和公平,兼顾各方利益,提出化解矛盾的总体思路、配套政策法规和具体措施,尽可能制定出解决问题的路线图和时刻表,这样可以提升人民群众对解决问题的信心,增强对党和政府的信任。要克服社会政策碎片化的倾向,避免头痛医头,脚痛医脚,被动应付,顾此失彼,自相矛盾,朝令夕改,解决一个问题引发一堆新的矛盾。要建立政策优选机制,规范听证制度,在政策制定过程中充分听取所有相关利益群体的意见,并加强对政策实施后果的预测,制定应对预案,尽可能减轻执行中的阻力。

(四)克服两个"滞后"、两个"失衡"需要向城市政府放权

正确的政策要靠城市政府执行,城市化进程中面临的社会问题要靠城市政府去解决,公共服务和社会管理需要城市政府提供或组织。因此,需要赋予城市政府按照政策法规履行上述职责的事权,以及相匹配的财权,使城市政府有能力逐步克服两个"滞后"和两个"失衡"。中央和省级政府为此提供的财力支持,也应该随着人口流动从流出地转移到流入地,并监督其使用情况,以提高城市政府为流动人口提供较充分的社会保障和公共服务的动力和能力,为新老市民逐步实现统一管理、统一服务、统一待遇、相互融合创造条件。

(五)合理配置平安建设的职责权限

要合理配置市、区、街道(乡镇)和社区(村)在平安建设中的职责权限,合理配置相关部门的职责权限,进一步理顺条块关系、上下关系和条条关系,着力研究解决"缺位"、"越位"和权限交叉、层层重复抓等问题。面对城市迅速扩大的现实,把城市管理的重心下移,加强块块特别是街道的综合协调权力。权力和经费要随责任下放,做到三者统一。机关工作人员要充实基层,同时提高基层工作人员包括聘用人员的待遇。

（六）大力发展基层自治

平安建设基础在基层。要增强居民（村民）自治组织的主动性、积极性、创造性，为其实行基层自治提供经费保障。要积极培育基层社会组织，尽可能把不需要政府强制力的公共服务职能转移给社会组织，向社会组织开放更多的公共资源和领域，以购买服务等形式为其提供必要的财政支持，更好地发挥社会组织自我服务、自我教育、自我管理、自我监督、自我发展和表达诉求、维护权益、有序参与、社会协商、化解矛盾等作用。对于不同社会群体之间的利益矛盾，要逐步做到在党和政府的领导下，通过基层自治组织、调解组织和相关群体的社会组织民主协商解决，避免使党和政府卷入矛盾成为当事者甚至民众发生冲突，导致民间纠纷转化为官民矛盾。要把社会组织作为新时期党的群众工作的重点，建立和完善相应的组织机构、工作机制和专业队伍，实现党的工作对社会组织的全覆盖，实行政府对社会组织的依法监管。在街道、乡镇建立枢纽型社会组织，联系和服务在本区域范围内活动的社会组织。

（七）充分发挥共产党员在平安建设中的骨干作用

我们党已有 8000 多万党员。充分发挥共产党员在平安建设中的骨干作用意义重大。要把积极参加平安建设作为每个共产党员的应尽义务，和评判共产党员是否具有先进性的重要标志。建议全党作出统一部署，规定每个共产党员都必须在居住地亮明身份，积极参加平安建设，并接受当地基层党组织的考核。通过组织部门和户籍管理部门的合作联网，在流动人口信息中加入"政治面貌"项目，并规定已经在外地定居的共产党员必须转移组织关系，尚未定居但已有稳定工作的也要转临时组织关系，使流动人口中的共产党员亮明身份，按党章要求参加组织生活，发挥共产党员应有的作用。

（课题组负责人：姚先国、蓝蔚青；成员：胡税根、王诗宗、周佳松。）

经济政策专论

作者
姚先国

浙江居民收入增长与经济发展同步的对策研究①

内容提要：国家"十二五"规划纲要指出，要把保障和改善民生作为转变经济增长方式的根本出发点和落脚点。同时，该规划纲要还首次将居民可支配收入的预期增长目标（＞7％）设置得比国内生产总值（GDP）的增长目标（7％）还要高。浙江省则更明确地提出了"十二五"期间居民收入增长快于经济增长的规划目标，体现了浙江省把改善民生放在更加突出的位置，力图让人民更加充分地共享改革发展的成果。今年是"十二五"的开局之年，能否在起步之初就把规划变为行动，保证收入增长目标成为现实，必须引起各级党委政府的高度重视，也需要企业、劳动者和社会各界共同努力。

关键词：国民收入；收入分配；转型发展

一、浙江省居民收入增长的基本特征

（一）居民收入增长速度在全国居于领先地位

改革开放以来，浙江走出了一条"创业富民"和"藏富于民"的路子，居民收入增长速度在全国居于领先地位，"富裕浙江"一直为人所称道。城镇居民人均可支配收入和农村居民人均纯收入分别从1978年的332元和165元增加到2010年的27359元和11303元，年均实际增长为8.1％和8.5％，比同期全国水平高出0.8和1.4个百分点。

---

① 本课题为浙江省政府重点课题，课题负责人姚先国，课题组成员：郭继强，王杰，王同益，方亦圆，楼旭妍，金樟峰，陆利丽，冯亦封，叶荣德。

农村居民收入增长总体高于城镇居民收入增长,是浙江的一大亮点,浙江成为全国首个农民收入跨万元的省份,农村居民收入水平连续 26 年居于全国省区首位。也正因为此,浙江成为了城乡居民收入差距最小的省区之一。2010 年,浙江城镇居民人均可支配收入相当于农村居民人均纯收入的 2.42 倍,比全国(3.22)、广东(3.03)、山东(2.85)和江苏(2.52)都要低得多,仅略高于上海(2.32)和北京(2.19)两个直辖市。

资料来源:历年《浙江统计年鉴》。

图 1　浙江省城乡居民收入水平变化(1990—2010 年)

（二）居民收入增长与经济增长同步的理想状态从未实现

浙江城乡居民收入占人均 GDP 的比重较高,居民较多地分享了经济发展成果。从表 1 可以看出,浙江城镇居民人均收入占人均 GDP 的比重虽然低于全国水平,但是明显高于其他经济发达省市。农村居民人均纯收入占人均 GDP 的比重不仅高于全国平均水平,也高于其他省市。

表 1　浙江与部分省市居民人均收入与人均 GDP 的比较(2010 年)

	人均 GDP (元)	城镇居民人均 可支配收入 (元)	农村居民人 均纯收入 (元)	城镇居民人均收入占 人均 GDP 的比重 (%)	农村居民人均纯收入 占人均 GDP 的比重 (%)
全国	29748	19109	5919	64	20
上海	73297	31838	13746	43	19
北京	70252	29073	13262	41	19
广东	43597	23898	7890	55	18
江苏	52000	22944	9118	44	18
山东	41147	19946	6990	48	17
浙江	50025	27359	11303	55	23

资料来源:国家统计局及各省统计局网站,2010 年全国及地方国民经济及社会发展统计公报,第六次人口普查数据公报整理并计算。其中人均 GDP 核算采用户籍人口核算。

然而,我们不得不接受另外一个事实:自 20 世纪 90 年代初期以来,浙江省国民收入分配就呈现出财政收入增长高于 GDP 增长,居民收入增长低于 GDP 增长、更低于财政收入增长,劳动报酬增长低于企业利润增长的态势。这使得浙江城乡居民收入占人均 GDP 的比重持续下滑:城镇居民人均收入占人均 GDP 的比重从 1990 年的 90.36％下降到了 2010 年的 52.91％,降幅达 37 个百分点;农村居民人均纯收入占人均 GDP 的比重也从 1990 年的 51.40％下降到了 2010 年 21.86％,下降了约 30 个百分点(见图 2)。

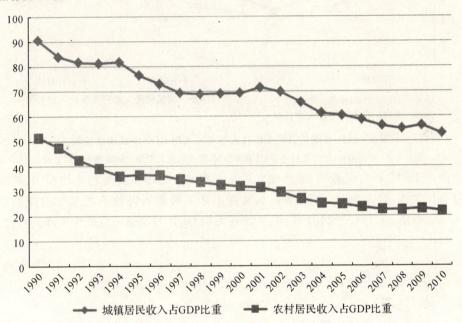

图 2   浙江省城乡居民人均收入占人均 GDP 的比重(1990—2010 年)

资料来源:根据历年《浙江统计年鉴》计算并绘制。

在图 3 中我们可以看到,在最近四个"五年计划"期间,城镇居民人均可支配收入和农村居民人均纯收入的增长速度都低于人均 GDP 的增长速度。"八五"期间,人均实际 GDP 的增长速度远远高于城乡居民收入的增长速度,达到了 33.8％,分别高出城镇居民人均可支配收入和农村居民人均纯收入的增长率 24.3 和 26.5 个百分点。到了"九五"时期,人均 GDP 的增长率出现了大幅的下降,随之而来的是城乡居民人均收入增长率相应小幅下滑,分别降低了 4.4％和 1.9％。"十五"期间,随着经济增长率的大幅提高,人均 GDP 增长率和城乡居民人均收入增长率的差距又有所扩大,分别为 4.9％和 8.9％,虽然这种差距在"十一五"期间又缩小为 3.7％和 2.9％,但是城乡居民收入增长速度与人均 GDP 增长速度同步的理想状态从未实现。

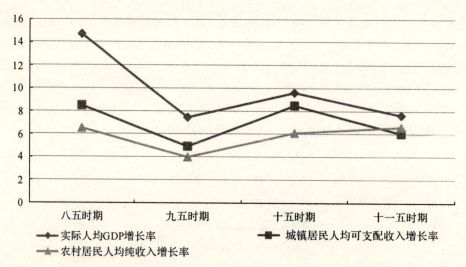

图 3　浙江省城乡居民人均收入与实际人均 GDP 增长速度比较

资料来源：根据历年《浙江统计年鉴》计算并绘制，图中的增长率均为剔除物价后的数值。

进一步的分析可以看到，虽然城乡居民人均收入的增长速度与人均 GDP 的增长速度有相关性，但人均 GDP 的增长加速并不必然带来居民收入增长率的提高。从图 4 可以看出，在 1993—2001 年间，浙江省人均 GDP 的增速一直处于下降的阶段，而

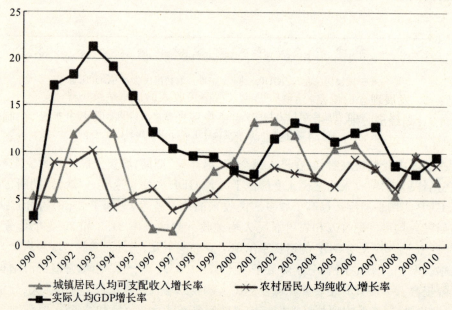

图 4　浙江省城乡居民人均收入与实际人均 GDP 增长速度比较（1990—2010 年）

资料来源：根据历年《浙江统计年鉴》计算并绘制，图中的增长率均为剔除物价后的数值。

城镇居民人均可支配收入和农村居民人均纯收入的增长率却处于一个波动的状态,有降有升。同样,在2001—2005年间,人均GDP的增长率先升后降,但城镇居民人均可支配收入的增长率却先降后升。由此可见,经济增长并不能自动带来居民收入增长,还必须在分配机制完善上做文章。

二、浙江省居民收入增长慢于经济增长的原因

(一)浙江省居民收入增长慢于经济增长的根本原因

"收入是一连串事件"(费雪)。我国的居民收入增长偏低,是在改革开放背景下的市场化、工业化、城市化等多重转型过程中发生的,有着主客观多种因素的影响。居民收入增长速度长期低于经济增长速度既是发展理念偏差所致,也是以往经济发展方式使然;既受制于微观领域市场化改革不到位,也为公共领域再分配机制缺失所强化。

1. 投资依赖型的经济发展方式,导致劳动报酬占初次分配的比重持续下降

最近二十多年,浙江采取的是一种以高强度要素投入支撑经济增长的方式。2010年与1990年相比,按现价计算,浙江GDP增长29.1倍,而固定资产投资增长65.8倍,投资率(即投资相当于GDP的比例)由1990年的20.7%上升到2010年的45.9%。依靠投资拉动经济增长,结果是资本和自然资源(特别是土地)的相对地位提高,本来就供过于求的劳动力在市场竞争中的地位更加低下。这种格局使得资本所有者(企业家)和土地供给者(地方政府)的收入份额不断提高,而劳动者所得比重不断缩小。

2. 发展理念的偏差,导致居民收入占国民收入的比重持续下降

计划经济时期"先生产、后生活"的错误观念依然根深蒂固。多年来,在制定中长期规划和年度计划目标时,城乡居民收入增长似乎"理所当然"要低于经济增长。直到"十一五"规划的主要目标中,GDP(年均)增长9%左右,财政收入增长12%,而城乡居民人均收入增长仍仅为6%。劳动工资主管部门则长期奉行"工资总额增长不得高于国民收入增长,企业工资水平增长不得高于劳动生产率增长"两大教条,对劳动工资增长采取"控高不控低"的政策导向,并通过"计税工资"等手段加以实施,形成了工资增长的抑制机制。一些领导人看到财政收入和企业利润增长速度掉几个百分点,就急得心惊肉跳。而对于居民收入增长长期低于经济增长,则视而不见,麻木不仁。这种发展观念与政策导向,必然加剧国民收入的失衡。

3. 社会主义市场经济体制建设尚未到位,现存体制机制的诸多缺陷,导致国民收入分配结构扭曲

一是城乡分割的户籍制度和土地制度,限制了农村居民的就业空间、权益空间和

居住空间,妨碍了劳动力合理流动,导致城乡居民收入差距大。二是劳动者自主权利低,薪酬谈判能力弱,无法形成与劳动生产率提高和企业效益增长同步的职工工资正常增长机制。三是社会保障制度不健全,低保标准和最低工资水平较低,难以发挥对劳动者的有效保障作用。四是部门或行业垄断,获取高额垄断利润,既人为扩大了行业之间的收入差距,又压缩了许多企业的生存和发展空间,抑制了社会整体劳动收入的增长。

4. 再分配没有起到应有的合理调节国民收入分配的作用,甚至出现逆向调节效应

据统计,前几年全省个人所得税中有80%来源于职工工资收入,目前这一比例仍达50%,而对高收入调节力度明显不足。一些地方政府甚至把纳税人的钱搞花样百出的"重奖企业主家"活动,不是雪中送炭,而是锦上添花,加剧了收入分配差距。公共资源配置存在"重城轻乡"、"重官轻民"现象,越是高收入群体,享受的公共资源更多。财政支出结构仍不合理,用于养老、医疗、教育的公共支出比重较低,导致居民个人用于教育、医疗支出大幅度增加。基本公共服务均等化方面也存在不足,未能有效发挥矫正市场失灵、缩小贫富差距的作用。

(二)浙江省居民收入增长慢于经济增长的直接原因

对于浙江省居民收入增长慢于经济增长的直接原因,可以从国民收入分配格局、居民收入来源、产业就业结构等角度来看。

1. 初次分配中劳动者报酬占比不断下降,成为居民收入增长缓慢的主因

从表2和图5中我们可以看到,1990年以来浙江省的资本收入占比呈上升态势,1990—2010年提高了12.09个百分点。2004年,资本收入的比重一举超过劳动者报酬占比,成为国民收入中的主要部分。生产税净额占比总体上也呈现出上升趋势,从1990年的9.92%上升到了2007年的15.30%,近年来比重虽有所下降,但仍然相对较高,维持在10%以上。与此同时,劳动者报酬占比却不断下降,由1990年的53.05%下降到了2010年的38.92%,降幅达14.13个百分点。

将这段时间分成1990—2000年和2000—2010年两个时期,进一步观察劳动者报酬占比的变动状况,可以看到浙江省劳动者报酬占比自1990年以来连续三年下降,由53.05%下降到了45.94%,之后又有两次起伏过程,但都在47%上下波动。但是在2000年该数值达到峰值49.41%之后,浙江省劳动者报酬占比就呈现出持续下降的趋势,在2004年经历了一个比较大的降幅,其后便在低水平徘徊。

表2 1990—2010年浙江省国民收入初次分配状况   （%）

年份	资本收入占比	生产税净额占比	劳动者报酬占比
1990	37.03	9.92	53.05
1991	38.89	9.85	51.25
1992	40.87	10.04	49.09
1993	45.13	8.94	45.94
1994	43.14	9.66	47.20
1995	43.74	8.51	47.76
1996	45.22	8.36	46.42
1997	43.02	9.47	47.51
1998	43.12	9.76	47.12
1999	41.86	12.07	46.06
2000	37.87	12.72	49.41
2001	38.80	12.98	48.22
2002	41.01	12.35	46.64
2003	41.16	12.27	46.57
2004	44.88	14.84	40.28
2005	46.01	14.27	39.72
2006	45.04	14.61	40.34
2007	45.01	15.30	39.68
2008	43.56	15.19	41.25
2009	45.53	14.87	39.61
2010	49.12	11.96	38.92

资料来源:根据历年《浙江统计年鉴》计算得到。其中资本收入占比＝(固定资产折旧＋营业盈余)/国民生产总值。

从横向比较的结果来看,浙江省劳动者报酬占比也处于相对较低的水平。2010年,浙江省劳动者报酬占比为38.92%,低于全国水平6.09个百分点,在31个省市中排在第28位,不仅远远低于北京(49.03%),也低于广东(44.45%)、江苏(41.38%)、上海(39.28%)等省市。

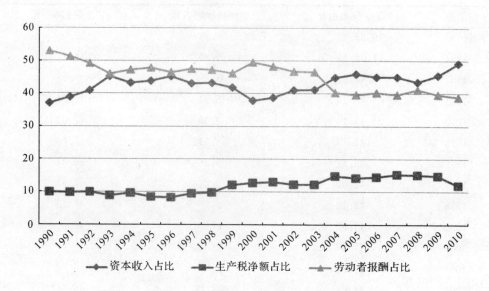

图 5   1990—2010 年浙江省国民收入初次分配状况

资料来源：根据历年《浙江统计年鉴》计算并绘制。

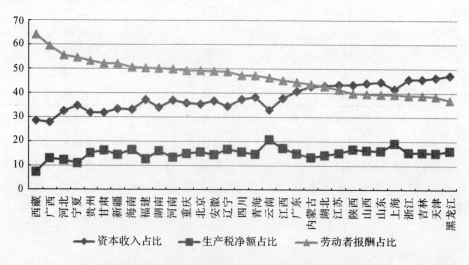

图 6   2010 年全国及 31 省（区、市）国民收入初次分配格局情况

资料来源：根据《中国统计年鉴 2011》计算并绘制。

表3 2010 年全国及 31 省(区、市)国民收入初次分配比较   (单位:%)

年份	资本收入占比	生产税净额占比	劳动者报酬占比
西藏	28.46	7.42	64.12
广西	27.69	12.93	59.38
河北	32.49	12.20	55.31
宁夏	34.61	10.86	54.53
贵州	31.71	15.18	53.11
甘肃	31.74	16.18	52.08
新疆	33.42	14.55	52.03
海南	33.09	16.55	50.36
福建	37.11	12.67	50.21
湖南	33.95	15.92	50.13
河南	36.89	13.30	49.81
重庆	35.83	14.94	49.23
北京	35.40	15.57	49.03
安徽	36.58	14.40	49.02
辽宁	34.56	16.78	48.66
四川	37.31	15.62	47.07
青海	38.31	14.64	47.05
云南	32.95	20.76	46.29
江西	37.83	17.11	45.06
广东	40.68	14.87	44.45
内蒙古	42.76	13.37	43.58
湖北	42.93	14.31	42.76
江苏	43.46	15.16	41.38
陕西	43.46	16.75	39.79
山西	44.13	16.33	39.54
山东	44.52	16.02	39.46
上海	41.51	19.22	39.28
浙江	45.67	15.42	38.92
吉林	45.68	15.43	38.89
天津	46.24	15.21	38.55
黑龙江	47.07	16.06	36.87
全国	39.74	15.24	45.01

资料来源:根据《中国统计年鉴 2011》计算得到。

　　劳动者报酬占比与技术变化、产品市场的竞争程度以及要素市场的扭曲程度密切相关。任何影响产品市场和要素市场不完全竞争程度的因素都有可能影响要素分配份额。产品市场不完全竞争的结果是形成垄断租金,市场垄断程度增加,垄断租金增多,资本收入份额会随之增加,这即意味着劳动收入份额的下降。如果存在要素市场的不完全竞争,其影响取决于资本家和劳动者的讨价还价机制,在有效议价时,劳动者的谈判力的变化会影响要素分配份额。

　　由此可见,我们可以从打破行政垄断、完善市场竞争、提高工会的谈判能力等方面来实现劳动者报酬占比的提高。

　　2. 工薪收入构成城镇居民收入的主体但增长不快,同时居民增收缺少新增长点

　　从绝对值上来看,在过去的最近四个"五年计划"期间,构成浙江省城镇居民收入的四种收入都有较大幅度的提高。从四种收入来源占城镇居民总收入的比重来看,从高到低依次为工薪收入、转移性收入、经营性收入和财产性收入,其中工薪收入在总收入中处于绝对地位。从 1991 年到 2010 年,工薪收入的份额总体上呈逐年下降趋势,从"八五"期间的 77.60% 下降至"十一五"期间的 62.81%。同时我们可以看到,经营性收入增长明显,所占比重从 1991 年的 1.49% 增加到了 2010 年的 12.08%,提高了10.59 个百分点。此外,财产性收入增加了 2.94 个百分点,转移性收入从 1991 年的21.79% 增加到 2002 年的 25.11%,之后又下降到 2007 年的 19.40%,近三年来又有所回升,2010 年时达到了 22.27%,但与 1991 年的水平相差不大(详见表 4 和图 7)。

表 4　浙江省城镇居民家庭总收入(1991—2010 年)　　　　　　(单位:元)

	总收入	工薪收入	经营性收入	财产性收入	转移性收入
1991	2143	1602	32	42	467
1992	2620	1980	40	70	530
1993	3627	2828	77	94	628
1994	5069	4160	85	150	674
1995	6221	4829	99	224	1069
1996	6960	5270	141	228	1261
1997	7366	5704	209	193	1260
1998	7884	5932	257	280	1415
1999	8476	6300	248	180	1748
2000	9271	6444	481	156	2190
2001	10519	7214	554	165	2586
2002	12682	8534	761	202	3185

续表

	总收入	工薪收入	经营性收入	财产性收入	转移性收入
2003	14295	9693	1172	374	3057
2004	15882	10753	1336	384	3409
2005	17877	11941	1922	553	3462
2006	19954	13016	2172	889	3877
2007	22584	14510	2612	1080	4382
2008	24981	15539	3162	1325	4955
2009	27119	16701	3294	1415	5709
2010	30135	18314	3641	1470	6710

资料来源:根据历年《浙江统计年鉴》整理得到。由于 1996 年以后城镇居民家庭基本情况中的家庭收入统计口径发生变化,为了使数据一致可比,我们将 1996 年以前的数据进行了合并处理。家庭总收入即原来口径统计下的实际收入;工薪收入包括原有的国有经济单位职工工资、集体经济单位职工工资、其他经济单位职工全部收入、国有集体职工从单位得到的其他收入、个体被雇者收入、离退休再就业人员收入、其他就业者收入、其他劳动之和。

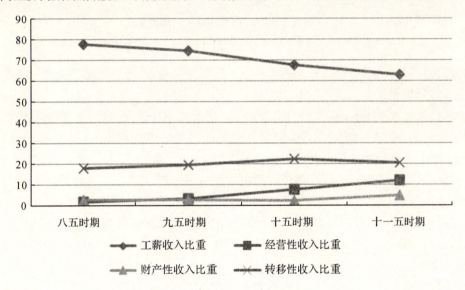

图 7　浙江省城镇居民收入来源结构的变化图
资料来源:根据历年《浙江统计年鉴》计算并绘制。

　　虽然四种收入的绝对水平在最近四个"五年计划"期间几乎稳步上升,但其增长速度在四个时期间表现出较大的差异(见图8)。城镇居民收入的主体部分——工薪收入呈现先下降,再上升,然后又下降的态势。工薪收入增长速度在"八五"和"十五"时期相对较快,分别达到了 9.28% 和 9.82%,然而"十一五"时期的平均增长速度尚不到

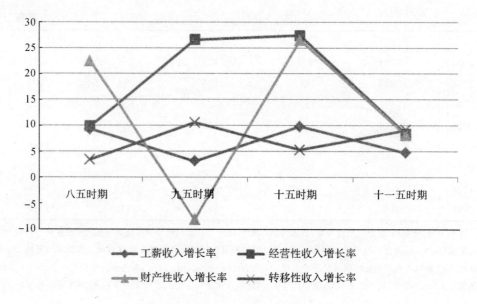

图 8　浙江省城镇居民四种收入的增长速度

资料来源:根据历年《浙江统计年鉴》计算并绘制,图中的增长率均为剔除物价后的数值。

5％,仅为4.71％。所占份额最大的工薪收入的低增长速度,无疑阻碍了城镇居民收入与经济的同步增长。

从经营性收入来看,其在"九五"和"十五"期间的增长速度达到了一个相对较高的水平,分别为26.57％和27.34％,但是"十一五"时期的表现却不佳,仅为 8.44％,这在一定程度上反映出浙江创新创业活力的下降。

财产性收入的增长速度在四个时期内波动最为剧烈,由"八五"时期的 22.49％下降到"九五"时期的负增长速度－8.21％,"十五"时期又快速回升到26.47％,"十一五"时期该数值又下降到8.15％。这种剧烈波动与宏观经济环境和金融环境不无关系,但也在一定程度上反映出浙江省存在的投资渠道不够宽、金融市场不够完善等问题。

转移性收入是浙江城镇居民收入的主要构成之一,比重一直在 20％左右,其增长速度虽然在"八五"和"十五"时期相对较为缓慢,但在"九五"和"十一五"期间还算差强人意,分别为10.58％和9.14％,但也没能成为新的居民收入增长点。

3. 构成农村居民收入主体的经营性收入和工薪收入增长较慢,而转移性收入和财产性收入增快,但比重小,贡献低

从图 9 中可以看到,在 2000 年以前,家庭经营性收入一直是农村居民收入最主要的构成部分,之后工薪收入一举超过经营性收入,成为农民增收最直接、最重要的推动

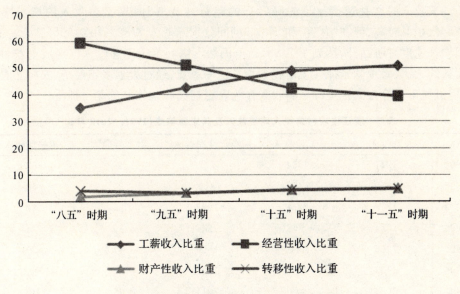

图9 浙江省农村居民收入来源结构变化图
资料来源:根据历年《浙江统计年鉴》计算并绘制。

力。1991—2010 年,家庭经营纯收入在全部纯收入中的比重不断下降,从 1991 年的 64.16%下降到了 2010 年的 37.07%,20 年间下降了 27.09 个百分点。相反,农民人均工资性收入较快提高,20 年间增长了 15.35 倍,与此同时,工薪收入占全部纯收入的比重也从 1991 年的 30.06%上升到了 2010 年的 52.64%,升幅达 22.58 个百分点。与工薪收入和经营性收入占比形成鲜明对比的是,农民转移性收入和财产性收入的比重非常低。虽然两者在过去 20 年间持续增长,但"十一五"期间也仅为 4.63%和 5.01%。比较浙江城乡居民的财产性收入和转移性收入,可以发现 2010 年浙江农村居民的财产性收入是城镇居民的 40.95%,两者的转移性收入差距更是悬殊,前者仅为后者的 8.36%;从转移性收入占全部纯收入的比重来看,农村的数值为 4.63%,城镇的数值为 20.40%,前者要比后者低 15.77 个百分点。因此,在增加农村居民财产性收入和提高农村居民的转移性收入方面,大有文章可做。

再从增长速度来看农村居民四种收入的变化情况(见图 10)。占农村居民全部纯收入大头的经营性收入在最近四个"五年计划"期间增长都相对较为缓慢,"九五"期间其平均增长速度甚至为负值,在其他时期的绝大部分年份里增长速度也在 5%以下。20 年间经营性收入仅增加了 4.39 倍,而第一产业经营性收入增长得更少,仅为 2.8 倍。可见,这是农民增收的软肋,应加强对农业的扶持力度,促进农业产业结构调整,提高一产经营的经济效益,使之成为农民增收的新增长点。

工薪收入的增长速度呈现先降后升的趋势,"八五"时期工薪收入的增长率为11.26％,相对较高,但在"九五"和"十五"期间分别降低为7.82％和6.50％,"十一五"期间增长速度有所回升,达到了7.83％,但仍然不快。鉴于工薪收入已经成为农村居民收入的大头,必须紧紧抓住工薪收入增长这一重点,通过发展乡镇经济、农村非农经济、促进城市化等方式把提高工薪收入作为农村居民收入增长的第一抓手。

表5　浙江省农村居民人均纯收入及其来源构成(1991—2010 年)　(单位:元)

	总收入	工薪收入	经营性净收入	财产性收入	转移性收入
1991	1211	364	777	18	52
1992	1359	457	812	24	66
1993	1745	611	1028	25	82
1994	2224	868	1257	25	74
1995	2966	1110	1696	81	79
1996	3463	1360	1929	71	103
1997	3684	1496	2011	68	109
1998	3815	1585	1990	108	132
1999	3948	1738	1896	162	152
2000	4254	2001	1918	181	154
2001	4582	2226	2000	183	174
2002	4940	2437	2075	235	192
2003	5431	2613	2336	232	250
2004	6096	2987	2554	296	259
2005	6660	3299	2766	300	295
2006	7335	3646	3030	340	319
2007	8265	4093	3422	399	351
2008	9258	4713	3654	472	419
2009	10007	5195	3788	519	505
2010	11303	5950	4190	602	561

资料来源:根据历年《浙江统计年鉴》计算得到。

浙江农村居民的财产性收入在"八五"和"九五"时期曾有过较高的增长速度,但近十年来增速有所放缓,下降为10％左右。这与农民的财产性收入来源比较单一有关。农民的资产持有结构仍然以住房和储蓄存款为主,受住房区位因素的影响,目前银行存款是大多数农村居民获得财产性收入的主要渠道。而存款利率受到管制,利率跑不过通货膨胀率,实际负利率成为常态,这使得农村居民的财产性收入增速下降。所以,

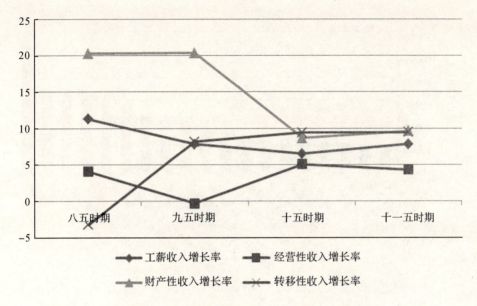

图10　浙江省农村居民四种收入的增长速度

资料来源:根据历年《浙江统计年鉴》计算并绘制,图中的增长率均为剔除物价后的数值。

有必要完善浙江城乡金融等市场体系,为农村居民的财富搭建多渠道的资产流动平台。另一方面,在新一轮城市化过程中,加大对农民土地权益的保护,提高征地补偿标准,鼓励土地入股经营,鼓励农村闲置房产租赁,把城市化过程从剥夺农民转为引领农民致富的过程,也是提高农村居民财产性收入的有力措施。

最后,从转移性收入来看,其增长速度在最近四个时期里逐步上升,"十一五"期间剔除物价后的转移性收入增长率达到了9.45%。虽然增长速度较快,但是由于起点低,收入增加的绝对值并不大,从1991年至2010年,浙江农村居民的转移性收入水平增加了509元,仅相当于城镇居民转移性收入增加值(6243元)的8.15%。

4. 高素质、高工资就业人员比重小,低工资行业就业比重大,行业的就业职业结构导致居民工薪收入水平不高,增长速度也有限

观察2010年浙江省分行业的全社会单位在岗职工年平均工资(见图11),可以发现年平均工资在3万元以下的7个行业依次为居民服务和其他服务业、住宿和餐饮业、农林牧渔业、采矿业、制造业、建筑业、批发和零售业,而年平均工资超过5万元的6个高收入行业依次为金融业、电力燃气及水生产和供应业、公共管理和社会组织、教育、卫生社保和社会福利业、信息传输和计算机服务业。其中,金融业的年工资达113227元,而年工资最低的居民服务和其他服务业仅为22193元,后者是前者的5.10倍。

从表6的统计结果中可以看到,浙江省第三产业就业人员的素质明显要高于第二

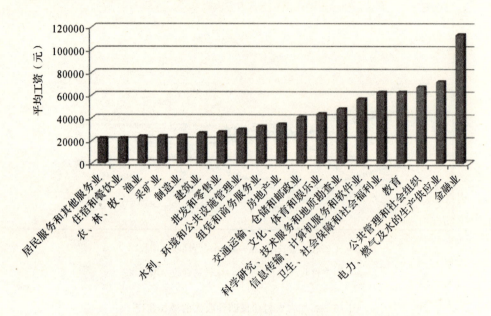

图 11　浙江省分行业全社会单位在岗职工年平均工资（2010 年）

资料来源：根据《浙江统计年鉴 2011》整理并绘制。

产业：第二产业中大学本科学历及以上人员的比重仅有 3.45％，而该比重在第三产业中达到了 14.66％，后者要比前者高出 11.21 个百分点，第三产业中专业技术职称人员的比重也要比第二产业高出 7.53 个百分点。

　　具体分行业来看，大学本科学历及以上人员比重最大的 6 个行业依次是科学研究技术服务和地质勘查业（38.31％）、信息传输计算机服务和软件业（35.95％）、金融业（32.76％）、卫生社会保障和社会福利业（19.10％）、教育（17.80％）以及电力、燃气及水的生产和供应业（16.51％），专业技术职称人员比重最大的 7 个行业依次是卫生社会保障和社会福利业（48.29％）、科学研究技术服务和地质勘查业（44.12％）、金融业（31.58％）、燃气及水的生产和供应业（27.92％）、房地产业（21.02％）、信息传输计算机服务和软件业（19.62％）以及教育（17.64％）；而大学本科学历及以上人员比重最小的 5 个行业依次是采矿业（1.52％）、建筑业（2.92％）、住宿和餐饮业（3.48％）、制造业（3.51％）以及居民服务和其他服务业（3.87％），专业技术职称人员比重最小的 4 个行业依次是制造业（6.18％）、住宿和餐饮业（6.81％）、采矿业（7.51％）以及居民服务和其他服务业（9.34％）。

表6　2008年浙江企业法人单位各行业就业人员素质状况　　（单位:%）

行　　业	本科学历及以上人员比重	专业技术职称人员比重
第二产业	3.45	8.07
采矿业	1.52	7.51
制造业	3.51	6.18
电力、燃气及水的生产和供应业	16.51	27.92
建筑业	2.92	11.65
第三产业	14.66	15.60
交通运输、仓储和邮政业	5.77	9.43
信息传输、计算机服务和软件业	35.95	19.62
批发和零售业	10.55	10.44
住宿和餐饮业	3.48	6.81
金融业	32.76	31.58
房地产业	11.83	21.02
租赁和商务服务业	16.06	13.59
科学研究、技术服务和地质勘查业	38.31	44.12
水利、环境和公共设施管理业	10.47	16.36
居民服务和其他服务业	3.87	9.34
教育	17.80	17.64
卫生、社会保障和社会福利业	19.10	48.29
文化、体育和娱乐业	14.13	16.06

资料来源:根据《浙江省经济普查年鉴2008》中的相关数据计算整理后得到。

注:专业技术职称人员包括具有高级技术职称、中级技术职称以及初级技术职称的企业法人单位就业人员。

　　从中不难发现,金融业、信息传输和计算机服务业、科学研究技术服务和地质勘查业、电力燃气及水生产和供应业、教育、卫生社保和社会福利业等就业人员素质相对较高的行业其年平均工资也相对高;相反,采矿业、制造业、建筑业、批发和零售业、住宿和餐饮业、居民服务和其他服务业等就业人员素质相对较低的行业其年平均工资也相对要低得多。

　　然而,当下的现实情况是绝大部分劳动者都在低工资行业工作,在高工资行业工作的比重非常小。浙江省第二次经济普查资料的统计结果显示(见表7),吸纳就业人数最多的三个行业依次为制造业、建筑业、批发和零售业,共有就业人员1624.03万人,占全省二、三产业就业人数接近八成。而在电力、燃气及水的生产和供应业、金融业、房地产业、信息传输和计算机服务业、科学研究技术服务和地质勘查业、卫生社保和社会福利业等六大高工资行业就业的总人数仅为 139.54 万人,所占比重不到 7%。高端劳动者与低收入劳动者的比例失衡状态,导致劳动者平均工资低下,工资收入增长缓慢,从而制约了居民收入增长。

表 7　浙江省二、三产业法人单位就业人员行业分布情况

行业	2004 年		2008 年		比重变化(%)
	就业人员(万人)	就业比重(%)	就业人员(万人)	就业比重(%)	
采矿业	7.69	0.5	5.12	0.2	−0.3
制造业	873.06	55.6	1049.83	50.5	−5.1
电力、燃气及水的生产和供应业	13.47	0.9	15.22	0.7	−0.2
建筑业	280.28	17.9	472.71	22.7	4.8
交通运输、仓储和邮政业	34.86	2.2	42.08	2.0	−0.2
信息传输、计算机服务和软件业	9.48	0.6	18.15	0.9	0.3
批发和零售业	67.91	4.3	101.49	4.9	0.6
住宿和餐饮业	25.95	1.7	32.09	1.5	−0.2
金融业	21.36	1.4	27.94	1.3	−0.1
房地产业	16.88	1.1	26.26	1.3	0.2
租赁和商务服务业	25.29	1.6	45.76	2.2	0.6
科学研究、技术服务和地质勘查业	15.29	1.0	20.72	1.0	0.0
水利、环境和公共设施管理业	8.77	0.6	11.66	0.6	0.0
居民服务和其他服务业	4.47	0.3	7.57	0.4	0.1
教育	57.99	3.7	69.67	3.4	−0.3
卫生、社会保障和社会福利业	24.67	1.6	31.25	1.5	−0.1
文化、体育和娱乐业	6.44	0.4	10.30	0.5	0.1
公共管理和社会组织	76.24	4.9	91.63	4.4	−0.5

　　资料来源:根据《浙江经济普查年鉴 2004》和《浙江经济普查年鉴 2008》整理得到。

三、居民收入增长与经济增长同步的重要性和紧迫性

　　(一)只有增加居民收入,才能优化经济发展的动力结构

　　国民收入分配结构直接影响需求结构。长期以来国民收入分配格局扭曲,导致居民无力或不敢消费。而企业和政府有的过多收入份额,或用于扩大再生产,或用于基

础设施、城市建设,导致投资率过高、消费率过低。浙江资本形成率由20世纪80年代初期的25%左右,上升到2010年的46.7%,相反,最终消费率则由65%左右下降到45.7%,其中居民消费率由50%以上下降到35.0%。经济增长过分依赖投资和出口的拉动,内需特别是消费需求对经济增长的拉动作用过低。国民收入分配结构扭曲,是产能过剩、内需不足、过分对外依赖、经济循环不畅的症结所在。只有调整和优化国民收入分配结构,增强居民扩大消费需求的能力,才能解决困扰浙江经济已久的消费不足问题,优化经济发展的动力结构。

(二)只有增加居民收入,才能增强创新能力

转变经济发展方式的核心,就是在各种生产要素中降低对资金、自然资源投入的依赖性,增强创新能力,让技术、信息和人力资本在经济增长中发挥更为重要的作用。据世界银行统计,2010年我国企业总税率(占商业利润百分比)为63.5%,在182个国家和地区中排第157位。企业税负过重,就难以吸引高级人才、购买高级设备、加大对研发和人力培训的投资,创新能力难以提升。同时,没有劳动力成本上升的压力,企业就缺乏追求技术进步的动力,容易使许多企业陷入廉价劳动力"比较优势陷阱",使许多出口企业甘愿成为"卖硬苦力"的专业户(耶鲁大学教授陈志武语)。提高劳动者工资,将促使企业通过技术创新和提高管理水平来对冲人力成本。劳动者工资过低,只能勉强糊口,既不利于自身的人力资本投资,也影响对子女的教育投资。因此,调整国民收入分配结构,适当降低企业税收负担,提高劳动者收入水平,是增强整个社会创新创业能力的重要举措。

(三)只有增加居民收入,才能构建和谐社会

居民收入增长明显低于经济增长,加上居民之间收入和财富分配不均,带来许多负面社会效应,导致不同群体之间情绪对立,社会风险逐步积累,社会矛盾趋于激化,构成了和谐社会的隐患。只有利益下移,才能长治久安。只有坚定不移地贯彻富民方针,促进居民收入增长快于经济增长,促进分配的公平合理,使广大人民群众切实分享改革与发展的成果,才能增强人民群众对政府和体制的信心,维护社会和谐稳定。

四、着眼长远,立足转型,构建"两个同步"的长效机制

从以上分析可以看到,居民收入增长滞后于经济增长,是由现行经济发展方式所决定的。"以经济建设为中心,以GDP论政绩"的发展理念以及相应的体制安排和政策措施,内生出了对居民收入增长的抑制机制。要从根本上转变发展理念,深化改革,加快经济发展方式转变,才能创造出居民收入与经济水平同步增长、人民合理分享发

展成果的坚实基础。

（一）以科学发展观为指导，落实三大责任

"十二五"规划提出的发展理念和战略部署，充分体现了科学发展观的要求，当前处于转型发展的阵痛期，如何把科学发展观落实到实处非常重要，各级党委政府应进一步统一思想，增强共识并引领企业、劳动者等经济主体同时更新和提升发展理念，共推转型发展，为提高劳动者和居民收入共同努力。

1. 党政部门要端正政绩观，落实管理责任

要从增长第一转向民生为重，要把提高居民收入列入地方政府考核的约束性指标。研究重大决策部署时，要把居民收入增长放在优先地位，对完成收入增长指标的相关项目要优先安排，相关政策优先配套。要把居民收入增长列为季度经济形势分析的重要内容，改变当前普遍存在的轻描淡写、一笔带过的状况。

2. 企业要转变竞争观，落实企业社会责任

要走出低成本、低价格、低附加值的传统竞争模式，转向错位竞争、创新发展。企业要正确认识劳资之间的合作伙伴关系，劳动者分享企业发展成果是其应有权益，而非企业的施舍。要理性面对劳动成本上升，重新认识劳动成本。劳动成本是积极成本、能动成本，劳动者工资收入既是劳动成本，又是激励手段。统计分析表明，2010年浙江劳动者报酬占生产总值的比重为38.92%，低于全国水平6.09个百分点，在31个省市中排在第28位，不仅远远低于北京(49.03%)，也低于广东(44.45%)、江苏(41.38%)、上海(39.28%)等省市。而资本收入占比为49.12%，高于劳动者报酬10.20个百分点。提高劳动者报酬大有余地。企业应以效率工资理论为指导，积聚人力资本，改善激励机制，提高经济效益，以人力资本优势化解人力成本难题。

3. 员工要强化权利观，落实劳动者权利与责任

劳动者作为人力资源的载体和人力资本的所有者，理应享有与资本要素同等的产权权利，应基于这一理念处理劳动与资本间的权利关系，强化员工的主人翁意识，落实合理分享企业发展成果的职工权利。另一方面，在普遍重视员工权益保护和劳动收入增长的同时，也应培育劳动者的责任意识和奋斗精神，确立收入来自于贡献的观念，主动为企业、为国家多做贡献。工会在维护劳动者权益和落实员工工作责任方面都应发挥应有的作用。

（二）矫正利益结构失衡，促进居民收入快速增长

1. 深化财税体制改革，调整政府与居民收入关系

财税部门要改变以财政税收增长最大化为指导思想的工作方式，认真倾听企业与居民减负的呼声，提高个税起征点，调整税率，减轻普通劳动者和居民的税收负担，以

支持居民收入增长。现在一方面政府呼吁和承诺增加居民收入,另一方面税务部门又加强个税征收,连大学生参与社会实践的劳务费都要征税 20%,造成财政收入超常规增长(今年前八个月全国财政收入 74286.29 亿元,同比增长 30.9%,大大超出全年 8%的预算增长率)。一方面各地积极实施人才规划,花大价钱吸引人才,另一方面其薪金马上又被高额累进所得税吸走。这种极不和谐的状况值得反思。税收体制必须与"十二五"的战略目标相适应,按照转型发展、保障民生的要求深化改革,合理调整。应借鉴国外经验,探索建立税负平衡机制,以作为居民收入增长的补充调节。

与此同时,要进一步调整财政支出结构,加大用于医疗、卫生、教育等公共支出比重,加大对经济欠发达地区的财政转移支付力度。财政收支要信息公开,接受群众监督。要建立和完善有利于创业创新的法制环境和政策环境,消除垄断,促进竞争,克服和纠正由于垄断经营和政策倾斜引起的收入分配不公现象。要深化行政事业单位的工资分配体制改革,调整收入结构,增加基本工资,减少附加收入,使体制内外的工资收入分配逐渐接轨。减少政府行政成本支出,杜绝浪费性支出。

2. 推动基本公共服务均等化,调整居民内部收入差距

浙江省 2008 年启动全国首个《基本公共服务均等化行动计划(2008—2012)》,这份行动计划明确提出了到 2012 年,要求实现社会保障、社会事业、公共设施等三大方面的 14 项基本目标,计划投资 2170 余亿元建设十大工程,分别是就业促进工程、社会保障工程、教育公平工程、全民健康工程、文体普及工程、社会福利工程、社区服务工程、惠民安居工程、公用设施工程、民工关爱工程,安排项目达 81 个。明年将是这份行动计划的收官之年,全省各级有关责任单位应进一步明确目标,落实管理责任,监督计划的实施情况,确保基本公共服务均等化计划的圆满完成。同时,要利用先进的方法,对计划实施的效果进行科学合理的评估,杜绝那些投资大、效益差、回报低的项目,加大对那些投资小、效益好、回报高的项目的支持力度,从而合理地制定下一步基本公共服务均等化工作的目标和计划安排。

通过这一系列的再分配措施,将使财政支出向民生倾斜,向普通民众,尤其是弱势群体倾斜,从而调整居民内部不同群体间的过大收入差距,促进社会和谐与稳定。

3. 完善社会保障体系,提升对特殊群体的保护

社会保障不仅能直接增加居民的转移性收入,而且有助于打破"饥饿规律",增强劳动者的市场谈判能力,争取自身的权利与福利。当前社会保障改革的重点有三:一是在"制度全覆盖"的基础上实施"人员全覆盖",尤其要加快城乡居民社会医疗保险制度的整合,为农民工提供更好的社会保障服务。二是控制和缩小社会保障待遇的群体差别,加快改革机关事业单位退休保障制度,实现全体工薪劳动者社会养老保险制度的统一。三是加强城乡弱势群体的社会救助。提高城乡低保标准,继续实施低收入农户奔小康和城镇低收入者增收工程,健全城乡低收入居民收入增长的长效机制,保证

城乡特殊群体分享经济发展成果。

（三）建立和完善工资增长的微观机制

最近中央召开了全国和谐劳动关系表彰大会,强调保护劳动者权益,构建和谐企业。在这一背景下,浙江应充分发挥和谐劳动关系建设中的表率作用,把收入分配改善与和谐企业建设紧密结合起来,不断完善工资增长的微观机制。

一是探索建立最低工资与人均生产总值联动增长机制,及时提高最低工资标准,加强最低工资实施监管。

二是完善集体工资协商制度,增强劳动者工资决策参与的话语权,建立工资的正常增长机制。充分发挥工会在维护劳动者权益、增加劳动者收入中的积极作用。

三是可考虑由统计、人力资源和劳动监察部门联合建立规模以上企业和分行业的劳动生产率、上缴税收、企业盈余、工资增长等有关收入分配的动态信息监控系统,为工资协商和政府调控提供信息支撑。

四是规范招商引资,把保障劳动权益、保证工资支付能力作为招商选资的重要依据。

五是加大和谐劳动关系构建的政策扶持,形成劳资合作、共享双赢的良好社会氛围。

（四）推进新型城市化,引领农民增收致富

经过多年的努力,浙江的城市化率已经达到59％,居各省区前列。然而,在快速城市化的过程中,浙江城乡居民的收入差距也逐步扩大(见表8)。2010年城镇居民可支配收入为27359元,而农村居民人均纯收入仅11303元,比城镇居民低16056元。目前浙江省农村居民收入水平只相当于城镇居民2002年的收入水平,落后8年。2000年城乡居民收入相差5025元,2005年差距扩大到9634元。"十一五"期间,浙江城乡居民收入的绝对差距每年扩大1000元左右,相对收入差距也未明显缩小。

新型城市化的根本标志在于富裕农民,在新一轮城市化过程中,应加大对农民土地权益的保护,提高征地补偿标准,鼓励土地入股经营,把城市化过程从剥夺农民转为引领农民致富的过程。同时鼓励城乡闲置房产租赁,既充分利用房产资源,缓解住房难,又增加居民收入。力争今年农村居民收入增长幅度赶上全国平均水平,率先实现与经济增长同步。

（五）构建促进创业、创新的经济环境和运行机制

一是对处于创业阶段或发展初期的广大中小企业加大支持,提供良好的创业环境。尤其要扶持科技型企业、知识型企业、现代服务业领域的小型企业发展,在资金、

土地要素等方面提供优惠。浙江是创业的沃土,众多中小企业中孕育着浙江持续发展的希望,扶持中小企业、微型企业发展,鼓励创业具有多种积极效应,既有利于保持经济增长活力,又能以创业带动就业,也有利于防止中小企业迫于竞争压力,把风险和成本转嫁给劳动者。有关部门应摆脱选择性激励的传统思维,以创造公平竞争的市场环境为基准,进一步研究鼓励中小企业发展的政策。把中小企业发展与"创业富民"、促进就业、发展三产、劳资和谐有机结合起来。

表 8　1990—2000 年浙江省城乡居民收入变动轨迹

年份	城镇居民人均可支配收入(元)	农村居民人均纯收入(元)	城乡收入绝对差(元)	城乡收入比值
1990	1932	1099	833	1.76
1995	6221	2966	3255	2.10
2000	9279	4254	5025	2.18
2001	10465	4582	5883	2.28
2002	11716	4940	6776	2.37
2003	13180	5431	7749	2.43
2004	14546	6096	8450	2.39
2005	16294	6660	9634	2.45
2006	18265	7335	10930	2.49
2007	20574	8265	12309	2.49
2008	22727	9258	13469	2.45
2009	24611	10007	14604	2.46
2010	27359	11303	16056	2.42

资料来源:根据历年《浙江统计年鉴》整理得到。

　　二是鼓励企业创新发展,加快转型升级。把劳动成本上升作为推动技术进步、产业升级的机遇,通过改善管理、挖掘潜力、技术创新等途径,提高劳动生产率和全要素生产率,以相对成本下降抵偿绝对成本上升,以物耗成本下降抵偿劳动成本上升,以交易费用下降抵偿生产成本上升,走集约化经营、创新式发展之路,形成新的竞争优势。我省国有企业经过改制,激发了活力,近几年利润大幅上升,劳动者收入也随之成倍增加,平均工资比外资企业和民营企业高出 70%~100%。广大民营企业要借鉴杭钢集团、杭汽发等国有企业和先进民营企业经验,通过技术创新、制度创新,加快发展,在做大蛋糕的同时实现与员工共享双赢,和谐发展。

　　三是改革财税体制,为企业减税减负。目前,一方面劳资利益失衡,另一方面企业税负沉重。宗庆后等企业家多次呼吁:"政府给企业减税、企业给工人加薪"。看来要对政府、企业和劳动者三方利益综合考虑、同时调整。政府适当让利减税,有利于企业扩大分配调节余地,增加劳动者报酬。

四是改革金融体制,放松金融管制,放开市场准入,鼓励中小民营金融机构发展,以解决经济生态与金融生态的不匹配问题,破解宏观流动性过剩,微观资金不足的困境。

(六)加快产业转型升级,优化就业结构

转变经济发展方式的核心是从物质资本驱动转向人力资本驱动,实现创新发展。这就需要大力加强人力资本投资,提高劳动者素质。

表 9　2008 年全国及部分省市单位就业人员学历情况比较　　　(单位:%)

地区	合计	具有研究生及以上学历	具有大学本科学历	具有大专学历	具有高中学历	具有初中及以下学历
全国	100.0	1.3	11.4	17.6	31.5	38.2
浙江	100.0	0.6	7.7	12.0	26.9	52.7
上海	100.0	2.4	13.9	16.3	27.9	39.5
江苏	100.0	0.9	8.4	14.3	32.8	43.6
广东	100.0	1.2	9.2	15.0	34.0	40.6
山东	100.0	0.8	10.5	16.5	33.9	38.3

资料来源:根据全国及各省市第二次经济普查资料整理得到。

2004—2008 四年间,浙江省二、三产业就业人员总体文化素质虽有明显提高,但与全国平均水平及部分省份之间仍存在着较大差距。浙江省二、三产业就业人员中初中及以下学历所占比重超过五成,该数值比全国平均水平的 38.2% 高了 14.5 个百分点,而大专、大学本科、研究生及以上学历所占比重不仅低于上海、江苏、广东、山东等省市,也均低于全国平均水平。

在前文的分析中,我们已经看到,劳动者素质高的行业不仅工资水平高,劳动生产率也高,工资上涨的空间也更大。这是因为劳动者素质的提升可以优化整个劳动力队伍结构,从而引领产业结构调整、产业层次提升,提高企业的竞争力,在增加企业劳动生产率的同时为增加劳动者报酬提供有力保障。因此必须以转型升级为主线,以人才集聚战略为手段,把产业结构调整与职业结构、就业结构调整结合起来,大力发展技术密集型、知识密集型的高新技术产业和现代服务业,压缩附加值低、工资水平低的劳动密集型产业,在转型升级中提高高端产业比重,从而带动劳动者报酬水平提升。

通常用就业结构偏离度指标来度量就业人员结构与行业结构的协调性。结构偏离度指某一行业的就业比重与增加值比重之差。一般来说,结构偏离度与劳动生产率

成反比。结构偏离度大于零(正偏离),也即该产业的就业比重大于增加值比重,意味着该产业的劳动生产率较低。反之,负偏离则意味着该产业的劳动生产率较高。从另外一个角度来说,结构正偏离的产业存在劳动力转出的可能性,相反,结构负偏离的产业则存在劳动力转入的可能性。如果国民经济各产业都是开放的,产业间没有行政壁垒,即呈完全竞争状态,那么通过市场对劳动力资源的重新配置,会使各产业的生产率逐步趋于一致,各产业的结构偏离度也就逐步趋于零。

表10的结果显示,第二产业的就业结构偏离度为正,而第三产业的就业结构偏离度为负,这表明第二产业的劳动生产率相对较低,而第三产业劳动生产率相对较高,大量的劳动力有待从第二产业转移到第三产业。具体分行业来看,电力、燃气及水的生产和供应业、金融业、房地产业以及公共管理和社会组织等4个行业的就业结构偏离度为负值且绝对值较大,表明这些行业仍存在很大的劳动力吸纳空间;相反,建筑业、批发和零售业、住宿和餐饮业以及居民服务和其他服务业等4个行业的就业结构偏离度为正值,且绝对值也在2以上,表明这些行业的就业人员已经冗余,有待转出。

表 10 　2008 年各行业增加值比重、就业比重及结构偏离度 　　（单位：%）

行　　业	增加值比重	就业比重	结构偏离度
第二产业	56.80	58.91	2.11
采矿业	0.53	0.25	−0.28
制造业	47.42	47.03	−0.39
电力、燃气及水的生产和供应业	2.74	0.50	−2.24
建筑业	6.11	11.26	5.15
第三产业	43.20	41.09	−2.11
交通运输、仓储和邮政业	4.11	4.95	0.84
信息传输、计算机服务和软件业	2.32	2.10	−0.21
批发和零售业	9.27	15.47	6.20
住宿和餐饮业	1.90	4.58	2.68
金融业	8.11	0.99	−7.12
房地产业	5.16	0.74	−4.42
租赁和商务服务业	1.69	1.24	−0.45
科学研究、技术服务和地质勘查业	0.95	0.50	−0.45
水利、环境和公共设施管理业	0.42	0.50	0.07
居民服务和其他服务业	1.26	3.96	2.70
教　育	2.53	2.35	−0.18
卫生、社会保障和社会福利业	1.48	1.24	−0.24
文化、体育和娱乐业	0.63	0.62	−0.01
公共管理和社会组织	3.37	1.86	−1.52

资料来源:根据《浙江省经济普查年鉴2008》中的相关数据计算整理后得到。

根据浙江省第二次经济普查资料显示(见表7),吸纳就业人数最多的三个行业依次为制造业、建筑业、批发和零售业,共有就业人员 1624.03 万人,占全省二、三产业人数接近八成。其中制造业吸纳就业最多,2008 年全省制造业就业人员 1049.83 万人,占总量 50.5%,与 2004 年相比,比重下降 5.1%;其次为建筑业、批发和零售业,吸纳就业 472.71 万人和 101.49 万人,分别占 22.7% 和 4.9%,比重分别提高了 4.8% 和 0.6%。同时,吸收就业最大的三个行业,制造业、建造业以及批发和零售业的平均工资都处在相对较低的水平。如果简单地静态考虑各行业的加权平均工资,假设从上述三个行业中分别转移出 10% 的就业人员,平均分配到其他 15 个行业中,则总的平均工资可以提高 6% 左右。而且这样的结构调整还能提高效率,起到与提高科技含量一样的效果。

五、抓住当前,明确重点,强化"两个同步"的保障措施

从目前形势看,浙江省实现居民收入与经济水平同步增长具有相当的难度。2011 上半年,全省 GDP 增速 9.9%,地方财政收入增长 27.6%,规模以上工业实现利润增长 32.4%,而城镇居民人均可支配收入增长 12.8%,农村居民人均现金收入增长 15.4%,扣除价格因素,实际增长分别为 7.1% 和 9.3%,都低于生产总值增长,更低于财政收入增长和企业利润增长,原有的分配格局仍未发生根本性变化。

与全国比较,我省"两个同步"实现状况也不理想。城乡居民收入增长都处于"第二梯队"。从发展趋势看,由于宏观经济形势趋紧,工业生产、出口呈逐月增幅下降态势,第 3 季度与上半年情况相仿,要想在最后一个季度内加速居民收入增长,达到"两个同步"的难度可想而知。

但是,不能因此而丧失对"两个同步"的信心与追求。对长三角 16 个城市数据的比较分析可进一步发现,城市居民家庭人均可支配收入增长与生产总值增长和固定资产投资增长并没有直接联系。上海 2011 年上半年生产总值(GDP)增长全国倒数第一,仅为 8.4%,固定资产投资更是负增长 5.8%,两者均远远低于杭州、南京、苏州、常州等市,但居民收入增长 12.4%,地方财政收入增长 29.2%,高于或相当于上述各市(见表11)。由此可见,关键不在于增长速度和投资规模,而在于增长质量、投资结构和经济效益。归根到底,在于发展理念转变和经济发展方式转换进程。在同样的宏观经济环境下,哪个地方思路对头,战略正确,转型势头强劲,哪个地方的经济效益就会提升,居民收入增长就能得到保证,对此各级党委政府应有清醒的头脑和坚定的信心。

浙江"十二五"规划纲要明确提出,"十二五"时期城乡居民收入增幅不仅要高于"十一五"实绩,而且要高于同期经济增长速度。在有关规划指标中也已体现了这一点。如果不能实现,势必失信于民,影响党和政府威信。

　　有鉴于此,浙江省各级领导应立足当前,着眼长远,治标与治本相结合,以转变经济发展方式为主线,深化收入分配体制改革,构建"两个同步"的微观基础和调控体系。同时采取有力措施,在今年最后几个月尽可能加快居民收入增长,尽量缩短居民收入增长率与经济增长率的差距。即使不能做到完全同步,也能形成城乡居民收入加速增长的趋势,为"十二五"期间最终实现"两个同步"打下坚实基础。

表 11　长三角 16 城市主要经济指标(2011 年上半年)　　　　(单位:%)

城市	生产总值同比增长	城市居民可支配收入同比增长	地方财政收入同比增长	固定资产投资同比增长	居民消费价格指数(上年同期=100)
杭州	10.6	11.2	22.6	20.5	104.5
宁波	10.3	14.0	33.2	20.1	105.9
嘉兴	12.0	15.2	36.0	18.1	104.8
湖州	10.3	14.7	35.4	24.8	104.9
绍兴	10.3	14.5	31.2	27.5	105.3
舟山	8.9	13.6	27.1	5.5	106.6
台州	9.0	11.1	28.2	11.4	106.6
南京	11.9	12.4	26.4	23.0	105.8
无锡	11.4	12.9	25.5	23.3	105.5
常州	12.3	12.0	28.5	23.3	105.6
苏州	11.6	12.3	25.8	23.3	105.5
南通	11.7	12.7	33.0	23.4	105.5
扬州	12.0	12.5	36.5	25.0	105.4
镇江	11.8	13.1	38.1	25.8	105.4
泰州	11.7	13.1	28.1	23.2	105.5
上海	8.4	12.4	29.2	—5.8	105.0

资料来源:根据上海统计局网站公布的数据整理得到。

　　为此,建议实施以下政策措施:

　　(一)以提高工薪收入为第一抓手,同时培育新增长点

　　无论是城镇还是农村,工资性收入都是居民收入的大头,分别占到 60.8% 和 52.6%,而城镇居民工资性收入增长缓慢,低于家庭总收入增长。20 年间比重下降了近 10 个百分点,农村居民工资性收入增长较快,占家庭总收入的比重 20 年上升了 19 个百分点,这是农村居民收入增长的主要支撑。由此可见,促进城乡居民收入较快增长,必须紧紧抓住工资性收入增长这一重点,把提高工薪收入作为城乡居民收入增长的第

一抓手。

值得注意的是,企业普遍反映自 2010 年以来劳动力成本大幅上升,幅度高达20%～40%,但城镇居民收入中的工资收入增长并不快,2010 年和 2011 年上半年分别为和 5.7%和 9.4%,为什么占居民收入比重最大的工薪收入上涨却没有带动居民收入相应增长呢?原因在于,企业劳动力成本上升主要体现在一线工人上,这些工人的收入往往算在农村居民头上,所以全年农民收入增长较快。过去农民工资太低,在劳动力市场供求发生变化,出现"民工荒"的情况下,低端劳动力工资提升是一种"补偿性"工资增长,而全社会看,企业白领阶层,党政管理干部和事业单位职工工资增长并不快,甚至多年停滞,是造成工薪收入增长缓慢的重要原因。因此,今年应通盘考虑高端劳动力群体的工资收入增长问题,应结合人才战略实施,提高高端劳动者的工资收入,适度提高党政机关干部、事业单位职工的工资待遇,以带动全社会工薪收入增长,加快中产阶级的培育。

财产性收入增长也大有文章可作。浙江民间资金充裕,"十一五"期间,城乡居民本外币储蓄存款余额从 9123 亿元增加到 2010 年的 21094 亿元,人均储蓄近 4 万元,此外还有大量有价证券和不动产。应进一步搞活金融市场,拓展投资渠道,尤其要把民间资金吸引到风险投资、股权、债权投资等直接融资领域,既充分发挥浙江的金融资源优势,推动转型升级,又能增加居民的财产性收入。

目前,农村居民家庭经营收入增长过缓,尤其第一产业收入 20 年间仅增长 2.8倍,这是农民增收的软肋。应加强对农业的扶持力度,促进农业产业结构调整,提高第一产业经营的经济效益,使之成为农民增收的新增长点。

转移性收入的增长应成为确保城乡居民收入与经济同步增长的最后防线。应结合政府基本公共服务均等化的推行和各项民生工程的实施,加大对城乡居民的转移支付力度。尤其是农民的转移性收入低,2010 年还不及城镇居民的十分之一。如果能增加到城镇居民的 50%,按 2010 年数据测算,可使农民收入增长 24.79%,这将是实现农民收入增长目标的有力支撑。

(二)以优化居民收入分配的地区结构为抓手,实施分类指导,重点突破

对本省各市的数据分析表明,在同样的经济环境下,各地居民收入增长的情况差异很大。从表 12 可以看到,城镇居民收入实际增长最快的衢州为 11.5%,最慢的台州仅为 5.0%,市级差异为 6.5 个百分点,农村人均现金收入增长最快的丽水市为14.0%,最低的台州市为 7.7%,二者相差 6.3 个百分点,城乡差距最小的舟山为 1.67倍,最大的丽水市为 2.52 倍,两者相差 0.85 倍。

从图 12、图 13 也可看出,同类地区之间存在反差。衢州、丽水都属于相对不发达地区,衢州的城乡居民收入增长都呈高增长态势,而丽水同期的城乡居民收入增长率

却大相径庭。从表13可以看到,2011年衢州和台州城镇居民的工薪收入分别增长3.9%和1.4%;衢州城镇居民的转移性收入增长率高达25.0%,而台州实际增长为－1.0%;丽水农村居民的工薪收入和财产性收入增长率低于台州,而经营性收入和转移性收入远高于后者。

表12 浙江省2011年上半年11个地级市的居民收入状况

指标	城镇居民可支配收入			农村居民人均纯收入			城乡差距
	上半年累积（元）	同期增长（%）	扣除物价（%）	上半年累积（元）	同期增长（%）	扣除物价（%）	
全省	16835	12.8	7.1	8439	15.4	9.3	1.99
杭州	18694	11.2	6.4	9936	15.0	10.0	1.88
宁波	18592	14.0	7.6	**10228**	15.3	8.5	1.82
温州	**19023**	14.1	7.5	7644	15.5	9.4	2.49
嘉兴	17277	15.2	9.9	8564	17.0	11.6	2.02
湖州	15911	14.7	9.3	9143	16.7	11.2	1.74
绍兴	18189	11.3	6.0	10118	16.4	11.1	1.80
金华	15377	13.3	8.1	7579	16.6	11.4	2.03
衢州	13110	**17.0**	**11.5**	5826	17.5	12.0	2.25
舟山	16238	13.6	6.6	9717	15.9	8.7	1.67
台州	16254	11.6	**5.0**	8799	**14.5**	7.7	1.85
丽水	**12438**	**10.6**	5.6	**4929**	**19.4**	**14.0**	**2.52**
市级差异	6585	6.4	6.5	5299	4.9	6.3	0.85

资料来源:根据浙江省及各地市统计局网站公布的数据整理得到。

表13 浙江省居民收入增长最快与最慢地区的来源结构比较　（单位:%）

指标	城镇居民收入增长最快/最慢				农村居民收入增长最快/最慢			
	扣除物价前		扣除物价后		扣除物价前		扣除物价后	
	衢州	丽水	衢州	台州	丽水	台州	丽水	台州
居民总收入增长率	17.0	10.6	11.5	5.0	19.4	14.5	14.0	7.7
工薪收入增长率	9.4	6.4	3.9	1.4	25.5	29.8	20.1	23.0
经营性收入增长率	—	10.6	—	20.1	16.9	4.0	11.5	－2.8
财产性收入增长率	—	27.6	—	28.5	－0.6	12.1	－6.0	5.3
转移性收入增长率	30.5	13.6	25.0	－1.0	17.5	1.1	12.1	－5.7

资料来源:根据相关地市统计局网站公布的数据整理得到。

注:1. 各地区物价水平不一致,导致扣除物价前后城镇居民收入增长最慢的不是同一个地区;

2. 台州统计局网站上公布的农村居民经营性收入的增长率与利用两年上半年相应数据计算得到的结果不一致,根据其他数据推算,课题组得到其增长率应为4.0%,而非公布的12.5%。

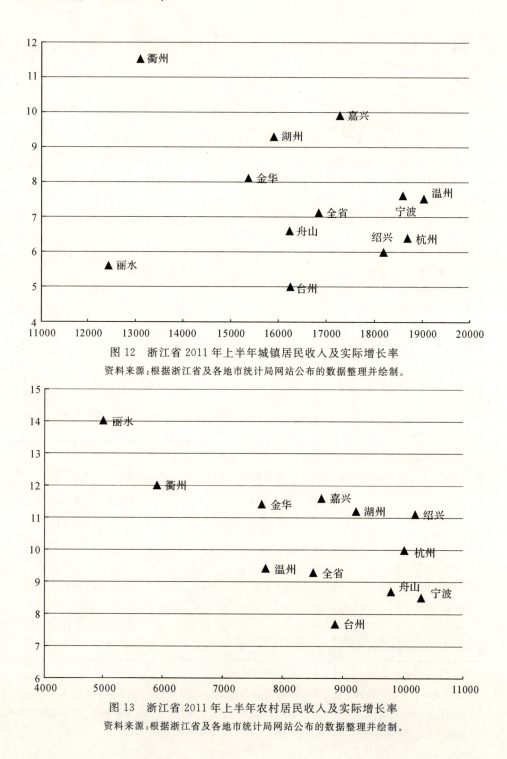

图 12　浙江省 2011 年上半年城镇居民收入及实际增长率

资料来源:根据浙江省及各地市统计局网站公布的数据整理并绘制。

图 13　浙江省 2011 年上半年农村居民收入及实际增长率

资料来源:根据浙江省及各地市统计局网站公布的数据整理并绘制。

建议省委省政府年内召开专题会议,对各市的居民收入增长与经济增长同步问题进行研究部署,总结居民收入增长的经验,分析增长滞后的原因,采取针对性措施,力保今年居民收入较快增长,实现或接近实现"两个同步"的目标。

(三)优化公共资源配置结构,促进利益下移

长期以来,公共资源配置存在"重城轻乡"、"重官轻民"现象,越是高收入群体享受的公共资源越多,一些地方政府甚至把纳税人的钱搞出花样百出的"重奖企业家"活动,不是雪中送炭,而是锦上添花,加剧了收入分配差距。

鉴于今年物价上涨较快,部分居民由此造成生活困难,且每到年底,公共部门往往突击花钱,造成公共资源的错配与浪费,建议全省今年年底前提早检查部署,压缩不合理、不必要的公共开支,以物价补贴、生活津贴等方式增加对低收入群体、困难家庭尤其是城镇贫困人口的扶助,既增加城镇居民的转移性收入,又体现政府改善民生的实际行动。

(四)抓住和谐劳动关系建设机遇,构建和谐企业,保障劳动者权益

以贯彻落实中央构建和谐劳动关系经验交流和先进表彰大会精神为契机,在全省企业界大力宣传先进典型,配合劳动执法检查,动员广大企业积极落实中央精神,构建和谐企业,保障劳动者权益,确保年内不拖欠、不克扣工资,增加奖金发放力度,提高劳动者工资福利,为居民工薪收入增长助力。

参考文献

[1]《调查与思考》第 79 期,2011 年 9 月 20 日.

[2]《经济运行监测与分析》第 13 期,2011 年 8 月 25 日.

[3] 阿特金森,布吉尼翁.2009:收入分配手册(第一卷).经济科学出版社.

[4] 白重恩,钱震杰.2009:谁在挤占居民的收入——中国国民收入分配格局分析.中国社会科学,(5).

[5] 蔡昉.2008:刘易斯转折点:中国经济发展新阶段.社会科学文献出版社.

[6] 曹建海,黄群慧.2004:制度转型、管理提升与民营企业成长——以浙江华峰集团为例.中国工业经济,(1).

[7] 陈剩勇.2009:政府创新、治理转型与浙江模式.浙江社会科学,(4).

[8] 陈志武.2010:中国转型的挑战.经济学消息报,(2).

[9] 陈宗胜,钟茂初,周云波.2008:中国二元经济结构与农村经济增长和发展.经济科学出版社.

[10] 崔滨洲.2011:浙江经济转型与金融支持的互动关系研究.浙江金融,(7).

[11] 费雪.1999:利息理论,上海人民出版社.

[12] 龚刚,杨光.2010:论工资性收入占国民收入比例的演变.管理世界,(5).

[13] 郭剑鸣.2010:浙江"富人治村"现象剖析——基于浙江金台温三市7个村的调查研究.理论与改革,(5).

[14] 何文炯.2011:"十二五"社会保障主题:增强公平性和科学性.社会保障研究,(1).

[15] 侯明喜.2007:防范社会保障体制对收入分配的逆向转移.经济体制改革,(4).

[16] 胡彬.2008:"浙江模式"转型中的社会资本投资与"战略再嵌入".中国工业经济,(8).

[17] 李宏彬,李杏,姚先国,张海峰,张俊森.2009:企业家的创业与创新精神对中国经济增长的影响.经济研究,(10).

[18] 刘平,贺武.2010:浙江农民收入增长面临的困难与对策思考.统计与决策,(3).

[19] 楼培敏.2005:中国城市化过程中被征地农民生活状况实证研究——以上海浦东、浙江温州和四川广元为例.中国农村经济,(12).

[20] 卢志达.2007:民营企业人才队伍现状、问题与对策——以浙江台州为例.企业经济,(2).

[21] 陆立军.2007:略论"浙江模式"及其转型与提升.商业经济与管理,(9).

[22] 吕冰洋.2010:我国税收制度与三类收入分配的关系分析.税务研究,(3).

[23] 马力宏.2007:制度供给与经济发展——兼论"浙江现象"中的政府因素.经济社会体制比较,(6).

[24] 钱方明,陈娟.2009:浙江制造业结构转型实证研究.科研管理,(5).

[25] 钱雪亚,叶焘.2011:转变经济发展方式目标下的劳动密集优势评价.统计研究,(3).

[26] 任强,王敏.2011:收入分配的四个视角及税收的调节空间.税务研究,(3).

[27] 谭艳平.2011:浙江创业投资发展的现状、问题及对策建议.浙江金融,(1).

[28] 温金海.2011:为创新强省集聚更多海外高层次人才——访中共浙江省委书记赵洪祝.中国人才,(11).

[29] 杨文兵.2009:城市化过程中人口转移的特征及动力机制:浙江案例.世界经济,(6).

[30] 姚先国,郭继强,乐君杰,盛乐.2008:解放生产力:浙江劳动力市场变迁,浙江大学出版社.

[31] 姚先国,张俊森. 2010:中国人力资本投资与劳动力市场管理研究,中国劳动社会保障出版社.

[32] 姚先国. 2007:中国经济的双重约束与宏观调控. 中国经济问题,(2).

[33] 姚先国. 2009:利益关系调整与中国经济转型. 广东社会科学,(3).

[34] 姚先国. 2010:实施人才集聚战略,促进经济转型升级. 今日浙江,(4).

[35] 姚先国. 2011:化解深层次矛盾须率先转型. 浙江经济,(2).

[36] 姚先国. 2011:每一个角落都要富起来——解读浙江"十二五"规划纲要中的富民路线图. 今日浙江,(3).

[37] 叶建亮,黄先海. 2004:内源式民营经济转向开放型经济的路径选择:以浙江为例. 浙江社会科学,(5).

[38] 赵伟. 2009:浙江模式:一个区域经济多重转型范式——多视野的三十年转型. 浙江社会科学,(2).

[39] 郑晓丽. 2010:欠发达地区农民的财产性收入状况与策略分析——以浙江丽水市为例. 改革与战略,(2).

[40] 周明海,肖文,姚先国. 2010:中国经济非均衡增长和国民收入分配失衡. 中国工业经济,(6).

[41] 周其仁. 2006:收入是一连串事件,北京大学出版社.

[42] 卓勇良. 2010:日本经济格局与结构变动及其对浙江的启示. 商业经济与管理,(11)

(作者简介:姚先国,浙江省公共政策研究院院长,浙江大学求是特聘教授、博导。)

作者

李金珊*

张默含

何易楠

徐 越

收入分配改革切入点:最低工资与人均 GDP 联动增长研究

内容提要:当前中国收入分配中存在的城乡、行业、地区之间收入差距有进一步扩大的趋势。解决收入分配失衡,首先应明确分配原则。我们应该确立收入分配作为"一体",罗尔斯主义与功利主义作为"两面"的"一体两面性"作为收入分配的原则。其次,要选择分配工具。最低工资虽然没有像罗尔斯主义要求的那样对社会最低层人民提供最好的保护,但是随着最低工资水平的提升,境遇最差的那部分人的情况也得到改善,体现了对社会最底层人民的怜悯之情;最低工资虽然不能完全激发出人们的最大幸福感,但当前中国"倒丁字型"社会的结构中,社会下层的比例过大,一个不断提升的最低工资标准可能惠及到的人群范围十分广泛,对于全社会的收入分配结构的调整效应很强。最低工资兼顾罗尔斯主义与功利主义"两面",对解决收入分配"一体"做出了很好的回应。最后,要选择衡量工具的关键指标。最低工资/人均 GDP 指标对于政府制定合理最低工资标准具有很强的指导意义。从人均地区生产总值这个指标看,浙江2015 年接近发达国家(地区)水平。从最低工资/人均 GDP 这个关键指标看,浙江 2011 年约为 0.24～0.28,未来几年最低工资年增长率在 13%～21%波动,2015 年将接近发达国家平均水平 0.37。浙江省应该建立最低工资与人均GDP 联动增长机制,有助于最低工资工具发挥最大效果,有利于实现浙江省经济和社会的进一步发展。

关键词:收入分配;最低工资;中国;浙江

---

　* 主要研究方向宏观财经政策与理论、国际金融、外国财经等;张默含、何易楠、徐越均为浙江大学公共管理学院在读博士。

一、中国收入分配格局、观点与原则

(一)中国收入分配格局演变

按照国际惯例,基尼系数是衡量收入分配是否合理的标准。基尼系数在 0.3 以下为最佳状态,在 0.3 至 0.4 之间为正常状态,超过 0.4 为警戒状态,达到 0.6 则属于社会动乱随时会发生的危险状态。根据有关资料,1980 年全国基尼系数约为 0.32,1990 年约为 0.35,2000 越过 0.4 的警戒线,约到 0.42。根据中国社会科学院调查,2010 年应该接近 0.5,大大超过警戒线水平。

改革开放三十多年来,中国收入分配格局发生了根本性的变化,首先,城乡之间以及城镇内部收入差距扩大。1978 年,城市与农村居民家庭人均可支配收入比为 2.51∶1;2008 年为 3.31∶1,绝对差距首次突破万元。[①] 此外,1995—2005 年,中国城镇居民各阶层收入的年均增长速度不同,10%最高收入户的年增长速度最快,5%困难户的年增长速度最慢;在 1995 年,两者收入的差距为 6246 元,2005 年为 28504 元;相对来说,农村居民内部收入差距则比城镇居民内部收入差距小,最高收入户与最低收入户人均纯收入之比 2005 年为 7.26∶1,小于城镇居民的 9.18∶1。[②] 其次,行业之间以及垄断行业内部收入差距扩大。改革开放初期,中国行业之间收入水平差距是 1.8 倍;2009 年,最高行业平均工资比最低行业高出 5 倍左右(国际公认行业差距为 3 倍左右),这还不包括各种灰色收入和福利。2005 年电力、电信、石油、金融、保险、水电气供应、烟草等垄断性行业共有职工 833 万人,不到全国职工人数的 8%,但平均工资和工资外收入总额估算达 1.07 万亿元,相当于当年全国职工工资总额的 55%。[③] 同时,行业内部收入差距也在拉大。2008 年,中国国有及国有控股企业的人均福利费支出为 3387 元,其中最高的为 4.46 万元,最低的为 149 元,相差近 300 倍。[④] 最后,地区之间收入差距扩大。国家统计局数据显示,1980 年,东部、中部、西部地区的人均GDP比是 1.8∶1.18∶1;2008 年扩大到 2.83∶1.41∶1。此外,1978 年,东、中、西部农民人均纯收入的比例关系为 1.09∶1∶0.91,2003 年为 1.52∶1∶0.68;1978 年,城镇居民人均可支配收入的比例为 1.1∶1∶1.01,2003 年为 1.47∶1∶1.01;东、中、西部居

① 国家发改委"促进形成合理的居民收入分配机制研究"课题组:《促进形成合理的居民收入分配机制研究》,载《经济研究参考》2010 年第 25 期,第 10 页。

② 王培喧:《城镇居民收入差距扩大的现状与原因》,载《中国科技博览》2010 年第 31 期,第 538 页。

③ 王小鲁:《灰色收入拉大居民收入差距》,载《中国改革》2007 年第 7 期,第 11 页。

④ 收入分配到改革路口:解决分配不公正当其时,载《人民日报》2010 年 5 月 26 日。

民收入比例一直呈现不断扩大的趋势。[①]

其次,政府、企业、个人间收入分配比例失调。1995 年政府收入规模占比 17.71%,随后逐年增长,2008 年政府收入规模为 30.47%,超过中下等收入国家平均值 11.88 个百分点,并超出高收入国家平均值 1.57 个百分点,这表明当前中的政府收入规模已大大超过发展中国家的水平。[②] 同时,企业利润占国民收入比例下降,但资源型和垄断性企业利润大幅提升。1995 年,政府、企业和居民最终可支配收入的比例约为 19.7∶15.2∶65.1;2008 年为 31.54∶10.75∶57.71,企业收入占比下降约 5 个百分点。[③] 全国工商联报告显示,2009 年中国企业 500 强中,国有及国有控股企业实现利润总额为 1.0 万亿元,占全部企业利润总额的 86.9%;2008 年民营企业 500 家税后净利润 1640.72 亿元,仅占中国企业 500 强税后净利润的 13.61%。根据国家统计局资金流量表数据,企业(包括金融机构)可支配收入总量 1992 年只占 GDP 的 11.7%,2007 年达到 18.8%,但主要是资源型和垄断性企业收入增加造成的;2001 年至 2009 年国有及国有控股工业企业累计获得利润总额为 58462 亿元,2009 年的账面利润总额比 2001 年增长了 3.89 倍;累计获得净利润为 40517 亿元,2009 年的账面净利润比 2001 年增长了 4.37 倍;2010 年,中央企业共实现利润 13415 亿元,占国有企业利润总额的 67.5%;2009 年,在央企实现的利润中,中国石油、中国移动、中国电信、中国联通和中国石化等 10 家企业占到 70% 以上。[④] 最后,劳动者收入占国民收入比例越来越少。1990 年中国劳动者报酬占 GDP 的比重为 53.4%,2001 年下降到 51.4%,2007 年则只有 39.74%。[⑤]

(二)收入分配原则分类

针对我国收入分配存在的现状,下一步改革的主要任务就是尽可能的修复这些问题。国内学者也针对当前收入分配存在的问题背后的原因和未来的解决对策发表了各自的观点。本文认为,在进行收入分配改革之前,先要明确分配的原则,这是分配制度改革的政策原点,持有不同的原则,所选择的政策工具、设计的政策方案千差万别,也会给全社会带来截然不同的连锁反应。对于收入分配原则,大体可以归纳为自由主义、罗尔斯主义、功利主义和平均主义四大类(如表 1 所示)。

---

① 杨宜勇、顾严、李宏梅:《我国收入分配现状、问题及"十一五"期间的对策》,载《经济研究参考》2005 年第 58 期,第 3 页。

② 田卫民:《测算中国政府收入规模:1978—2008》,载《江汉论坛》2011 年第 10 期,第 30 页。

③ 丁长发:《"双失灵"下我国收入分配问题研究》,载《经济学家》2010 年第 12 期,第 6 页。

④ 天则经济研究所课题组:《国有企业的性质、表现与改革》,载《天则经济研究所研究报告》2011 年 7 月 12 日,第 2 页。

⑤ 孙立平:《当前中国的贫富格局》,载《团结》2011 年第 2 期,第 40 页。

表 1 四种主要分配原则

		主体	客体	分配原则
绝对主义道德推理 (人是目的 动机导向)	自由主义	个人	权利	反对政府再分配
	罗尔斯主义	个人	社会基本物品	最大最小化
后果主义道德推理 (人是工具 结果导向)	功利主义	全体	幸福、福利	最大多数最大化
	平等主义	个人	收入、财富	平等分配

资料来源：王绍光，祛魅与超越，中信出版社，2010年，第66页，有部分修改。

针对自由主义原则，哈耶克认为，关心分配正义不仅是不必要的，而且是有害的；在一个扩展的经济秩序中，离开由竞争性市场形成的价格的指导，不可能对资源进行精心的合理分配。[①] 自由主义原则指出，"个体是自己的主人"，只要某种分配方式能够保证个人的基本权利不受侵犯就是公平的，任何试图对社会经济当中所形成的分配结果进行改变的企图都是不可接受的。政府施政的目标是建立使每一个人同样发挥才能的制度框架，但不必为改变既定收入分配而费神，收入分配政策的重点是自我权利的实现和保护，只要以正当的手段来取得财产，政府就不应该干涉。

从功利主义出发，边沁认为，一切行为的共同目标就是幸福，任何行动中导向幸福的趋向性称之为功利。[②] "最大多数人的最大幸福"是功利主义原则的基本信条，政府不能在收入分配上搞平等，政府在收入分配问题上必须做到因平等带来的好处和因激励机制扭曲而带来的损失之间取得平衡，好的收入分配应当是能够提高全社会福利总和的分配。政府施政的目标是社会最大多数人的效用总和最大化。

罗尔斯则认为，所有的社会基本善(自由和机会、收入和财富及自尊的基础)都应被平等地分配，除非对一些或所有社会基本善的一种不平等分配有利于最不利者。[③] 罗尔斯主义原则表现为"最大最小化"，即最大限度地改善社会最底层的境遇。罗尔斯对自由主义和功利主义都不满，自由主义的问题是只注重有产者的私产，对社会中广泛存在的不平等视而不见，反对政府以任何形式进行再分配；与自由主义不同，罗尔斯认为，在很大程度上，社会不平等是人们所处外在环境和个体先天特点造成的，这两方面都超出个体控制，使得人们无法站在同一个起点上开始人生旅程，以致在以后的道路上距离越拉越大，公平的社会应该尽量排除这些因素对结果的影响。功利主义的问题是不重视个人的独特性，个体只是整体效用最大化的工具，其平等权利和尊严并不

---

① 弗里德里希·哈耶克：《致命的自负——社会主义的谬误》，冯克利等译，中国社会科学出版社2000年版，第99页。

② 杰里米·边沁：《政府片论》，沈叔平等译，商务印书馆1997年版，第115—116页。

③ 约翰·罗尔斯：《正义论》，何怀宏等译，中国社会科学出版社1988年版，第292页。

能得到必要保障[①];与功利主义不同,罗尔斯深信,政府施政的目标应使是社会中状况最差的人福利(社会基本物品)最大化,采取公正合理的收入分配政策是必要的和正确的;力求使社会上的每个人都能从这种不平等的改进中获益,这种分配才是正义的。

平等主义者关心的是社会最底层与其他阶层,尤其是最上层之间的绝对差距或相对差距。平等主义不仅要求对收入进行均等化分配,而且还要求对收入的源泉,即禀赋(生产资料的所有权)进行均等化分配。绝对平等主义秉持"吾疾贫富不均,今为汝均之"的乌托邦式理想,要求在分配过程中每个人获得同样的物品和服务,实现绝对平等主义最有效的办法为"最小最大化",即把富人的收入和财富拉低到一般人水平,形成所谓"等贵贱、均贫富"的局面。邦纳罗蒂认为,劳动显然是每个公民缔结社会契约的首要条件,由于每个人到社会里来,都给社会带来同样一份东西,因此,义务、产品和收益,就必须平均分配。[②]

二、中国收入分配改革原则确立、工具选择与衡量指标

在这些分配原则中,需要选择适合于中国国情的原则作为政策原点。再选择合适的政策工具和有效的执行政策意图。调整收入分配的工具有很多种,本文主要从最低工资机制视角展开研究。最后,要选择最优的工具衡量指标,让所选的政策工具发挥最大功效。

(一)原则确立:罗尔斯主义与功利主义的结合

当前中国收入分配面临"效率"和"公平"双重考验,1978 年前我国分配制度是"一大二公",收入分配非常公平,但没有效率。党的十四届三中全会提出"效率优先,兼顾公平",生产领域进入市场经济,效率有了明显的提升,但收入分配差距逐渐变大。收入分配的"效率"和"公平"的内在矛盾性,导致中国收入分配格局演变呈现其独特性。

虽然最低工资并没有像罗尔斯主义要求的那样对社会最低层人民提供最好的保护,但是随着最低工资水平的不断提升,境遇最差的那部分人的情况也得到一定程度上的改善。功利主义"最大多数人的最大幸福"原则蕴含着"人是工具"的后果主义道德推理,判断收入分配公正与否是依据分配造成的后果而不是性质,最低工资制度虽然不能完全激发出人们的最大幸福感,但当前中国社会的结构中,绝大多数人民生活在社会最低层,一个不断提升的最低工资标准会在很大程度上提升社会总体幸福水平。收入分配原则具有"一体两面性",收入分配作为"一体",罗尔斯主义与功利主义

---

① 王绍光:《祛魅与超越》,中信出版社 2010 年版,第 70—71 页。
② 菲邦纳·罗蒂:《为平等而密谋》(上卷),陈叔平译,商务印书馆 1997 年版,第 70 页。

作为"两面",最低工资兼顾罗尔斯主义与功利主义"两面",对解决收入分配"一体"做出了很好的回应。

(二)工具选择:最低工资

1. "倒丁字型"社会结构:最低工资优越性

中国当前的社会阶层结构,决定了最低工资在调节收入分配失衡的诸多工具中具有很强的优越性。发达国家基本呈现橄榄形社会结构,处于社会底层的人数较少,因此最低工资所能惠及到的人群范围相对较小,对全社会的收入分配结构的调整效应较弱。当前中国社会结构呈现的是"倒丁字型"的社会结构,最底层占了全部就业者的63.2%,社会下层的比例过大。[①] 尽管目前尚未查到领取最低工资的确切人数,但基于中国当前社会结构判断,在63.2%的最底层劳动者中,最低工资可能惠及到的人群范围十分广泛,对于全社会的收入分配结构的调整效应也应该很强。

中国是从政府规章的角度来规制最低工资。1993年11月24日劳动部印发《企业最低工资规定》;2004年,劳动和社会保障部又颁布了《最低工资规定》,扩大了适用范围,增加了小时最低工资的有关规定,并缩短了最低工资标准的调整期限。从最低工资决定方式看,2004年《最低工资规定》,指出由于目前中国各地经济发展程度和地区社会结构的差异,由全国制定统一标准还不现实,因此仅规定了最低工资标准的定义、形式、适用范围、考虑因素以及测算方法等问题,而最低工资标准的确定和调整方案,由省、自治区、直辖市人民政府劳动保障行政部门会同同级工会、企业联合会/企业家协会研究拟订,并将拟订的方案报送劳动保障部。

2. 部分国家最低工资沿革

1937年,美国华盛顿州的最低工资法得到该州最高法院的确认,1937年下半年得到了联邦最高法院的认可。1938年的《公平劳动标准法》是美国政府颁布的第一个联邦最低工资立法,目的是保证每一个工人得到合理的报酬,减少贫困。此后,美国国会不断对该法进行调整和修正,确立了全国统一的最低工资标准,此标准适用于从事洲际及国际贸易的工人,并为非技术及兼职工人设定工资下限。随后最低工资的保障范围不断扩大,1978年已有84%的非农业私有部门非管理阶层雇员受最低工资的保障。美国最低工资是由立法机关通过立法程序决定的。1938年的《公平劳动标准法》指出最低工资只能依据法令向上调整或扩大适用范围。通过立法程序来确定和调整最低工资,确保了这一制度的法律效力及其严肃性。美国实行"全国性最低工资"。全国性最低工资标准是根据人民生存的需要及经济发展的水平和现实的经济条件确立的,覆

---

① 李强:《中国目前的社会结构是"倒丁字型"》,载《北京日报》2006年2月20日,第017版。

盖全国所有适用于该法律的对象。

英国于 1909 年正式通过了旨在废除"血汗工厂"的最低工资法,并于 1918 年颁布了《劳资协商会议法》,拓宽最低工资的实施范围。到 1926 年,英国受最低工资法保护的工人从最初的 4 个行业扩大到了 40 个行业,共约有 125 万工人。1928 年,英国殖民部向其海外领地的政府推荐《制定最低工资确定办法公约》,并督促它们采用立法的形式坚决抵制未受教育工人过低的工资。英国最低工资是由拥有最终决定权的委员会决定的。1933 年之前实行"工种性最低工资",目前实行"全国性最低工资"。1933 年之前,英国根据不同职业的就业形势和经济条件,通过熟悉行业情况的劳资双方的代表共同协商,以最小的成本为最需要保护的工人提供切合实际的保障。

法国于 1950 年通过了《最低工资法》,订立国家的最低工资。政府通过设立最低工资制度,保证收入最少的工人得以维持某种程度的购买力,提高他们的生活质量。1970 年,法国订立了一项崭新的国家最低工资,目的在于确保低薪工人也能分享经济增长的成果。法国最低工资是由行政当局根据法令决定的,但政府确定的最低工资水平也需要征得集体协议委员会的同意。由政府部门决定最低工资,政府部门就掌握了大部分决策权[①]。

日本于 1955 年设立劳工事务委员会。该委员会建议政府透过鼓励雇主与属下雇员就最低工资达成协议,从而制定最低工资制度。1959 年日本制定了《最低工资法》。最低工资是由拥有有效建议权的委员会决定的。日本的相关委员会一般都是专业性的常设机构,由雇主、工人代表和独立的第三方成员组成,根据对工人的实际生活需要和经济状况的考察,提出某个行业的或全国的最低工资标准。日本设有"地区最低工资"及"行业最低工资"。可根据不同地区经济发展水平以及各个行业发展状况等实际情况设立不同的最低工资标准。

韩国 1986 年制定了《最低工资法》,并从 1988 年开始实行。韩国最低工资每年调整一次,由劳动部所属的最低工资委员会制定,该委员会由劳、资和公益团体三方各 9人组成,每年举行会议制定最低工资方案并提交给政府,最后由劳动部长官决定公布。由于韩国经济在 1988 年前后飞速发展,因而这几年最低工资上调率也较大,最低工资基本上维持在 10% 上下的年增长幅度。[②]

3. 欧美国家最低工资现状

欧盟统计局将 2009 年部分欧盟成员国、美国、土耳其最低工资水平划分为三组(如图 1 所示)。第一组:最低月工资低于 400 欧元。第二组:最低月工资 400—800 欧元。第三组:最低月工资大于 800 欧元。具体见表 4。

---

① 王光新:《国外最低工资制度简介》,载《国际劳动》,2010 年 7 月版,第 28—31 页。
② http://www.12333sh.gov.cn/200912333/2009bmfw/tsyj/200909/t20090916_1072425.shtml

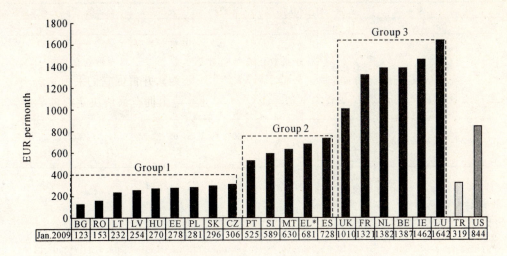

图 1   2009 年部分欧盟成员国、美国、土耳其最低工资水平

资料来源：Eurostat

4. 欧美国家最低工资制度

欧美主要国家基本上都完善了最低工资制度（包括：覆盖范围、设定方法、更新方法、工资形式、法定等级、转化规则等）。最低工资的适用范围扩大，即从早期只包括女工、童工和非熟练工人发展到包括所有行业、职业或工种的工人。最低工资的调整周期缩短。越来越多的国家都专门制定了调整最低工资额的条例或设立专门机构。表2、表3、表4分别是三组国家最低工资制度。

表 2   最低工资大于 800 欧元的国家

	美国	英国	法国	比利时	爱尔兰	卢森堡	荷兰
引入年份	1938	1999	1970	1975	2000	1973	1969
覆盖范围	受雇于规模超过50万美元，少于50万但参与跨州贸易的企业，或者联邦政府、当地政府的员工	16岁或以上的所有员工	18岁或以上的所有员工	21岁或以上的私营部门员工	有经验的成人员工	18岁或以上的所有员工	23岁或以上的所有员工
设定方法	由政府设定	由政府根据社会合伙人的建议设定	由政府设定	由社会合伙人通过磋商设定	由政府根据社会合伙人和劳资争议法庭的建议设定	由政府设定	由政府设定

续表

	美国	英国	法国	比利时	爱尔兰	卢森堡	荷兰
引入年份	1938	1999	1970	1975	2000	1973	1969
更新方法	周期回顾	由政府根据社会合伙人的建议设定	自动指数化＋年度回顾	自动指数化＋周期回顾	由政府根据社会合伙人和劳资争议法庭的建议设定	自动指数化＋周期回顾	每年两次
工资形式	时薪	时薪	时薪	月薪	时薪	月薪	月薪
法定等级（本国货币）	6.55美元/小时	5.52英镑/小时	1,321.02欧元/月，8.71欧元/小时	1,387.49欧元/月	8.65欧元/小时	1,641.74欧元/月	1,382.00欧元/月
转化规则	×40小时×52周/12月（＝1,135.33美元）	×38.1小时×58.14周/12月（＝913.80英镑）	×35小时×52周/12月（＝1,321.02欧元）		×39小时×52周/12月（＝1461.85欧元）		
实行年份	2008.07.24	2007.10.01	2008.07.01	2008.10.01	2007.07.01	2009.01.01	2009.01.01

表3　最低工资为400～800的欧元的国家

	葡萄牙	斯洛文尼亚	马耳他	希腊	西班牙
引入年份	1974	1995	1974	1991	1980
覆盖范围	不考虑年龄的所有员工	所有员工	所有员工	18岁或以上的体力劳动者和19岁或以上的非体力劳动者	不考虑年龄的所有员工
设定方法	由政府设定	由政府（劳工、家庭及社会事务部门）通过最低工资法案设定	由政府设定	由社会合伙人通过每年磋商设定	由政府设定
更新方法	每年根据政府的通胀预测设定	每年（8月）根据政府的通货膨胀预测和社会合伙人的协商设定。2008年议会曾采用一项修订，由于高通货膨胀率允许在当年3月修改最低工资。	自动指数化	每年根据政府的通胀预测设定	由政府通常为每年设定一次
工资形式	月薪	月薪	周薪	非体力劳动者按月薪计算，体力劳动者按日薪计算	月薪和日薪
法定等级（本国货币）	450.00欧元/月	589.19欧元/月	629.99欧元/月	583.36欧元/月，30.40欧元/日	624.00欧元/月，20.80欧元/日
转化规则	×14月/12月（＝525.00欧元）			×14月/12月（＝680.59欧元）	×14月/12月（＝728.00欧元）
实行年份	2009.01.01	2008.08.01	2009.01.01	2008.01.01	2009.01.01

表 4　最低工资小于 400 欧元的国家

	保加利亚	罗马尼亚	立陶宛	拉脱维亚	匈牙利
引入年份	1990	1990	1991	1991	1988
覆盖范围	所有员工	不考虑年龄的所有员工	所有员工	所有员工	所有员工
设定方法	由政府根据社会合伙人的建议设定，并考虑政府的预算限制	由政府在社会合伙人协商后设定	由政府设定	由政府根据社会合伙人的建议设定	由政府根据社会合伙人的建议设定
更新方法	由政府根据社会合伙人的建议设定，并考虑政府的预算限制	由政府在社会合伙人协商后设定	由政府根据相关责任机构的建议设定	由政府根据社会合伙人的建议设定	由政府根据社会合伙人的建议设定
工资形式	月薪和时薪	月薪	月薪和时薪	月薪和时薪	月薪
法定等级（本国货币）	240.00 保加利亚列弗/月	600.00 罗马尼亚列伊/月	800.00 立陶宛立特/月，4.85 立陶宛立特/小时	180.00 拉脱维亚拉特/月，1.083 /1.239 拉脱维亚拉特/小时	71,500.00 匈牙利福林/月
转化规则					
实行年份	2009.01.01	2009.01.01	2008.01.01	2009.01.01	2009.01.01

资料来源：Eurostat

（三）衡量指标：最低工资/人均 GDP

国际通用的最低工资衡量指标有三个：最低工资/人均 GDP，反映最低工资比例的变化与总体劳动生产率水平变化的关系；最低工资/平均工资，衡量各国通过最低工资政策减少工资不平等现象所作的努力；最低工资的增长率，解释国家对低收入群体的关注情况。[①]

1. 最低工资/人均 GDP

2005—2009 年，全国各地区最低工资占人均国民生产总值逐年下降。2005 年，最低工资占人均国民生产总值比例最高的省份是贵州，达到 0.95，2009 年这个数字降低到 0.76，下降 20%；比例最低的为北京，为 0.15，2009 年这个数字降低到 0.14，下降

---

① 国际劳工组织：*Global Wage Report* 2008/2009（中文版），载《国际劳工组织全球工资报告》，第 46—47 页。

6.7％。横向比较,2009 年,最低工资占人均国民生产总值的比例呈现出"东部小于中部小于西部"的现状。2009 年,东部地区最低工资占人均国民生产总值的比例普遍低于 0.3;中部地区最低工资占人均国民生产总值的比例普遍介于 0.3 到 0.4 之间;西部地区最低工资占人均国民生产总值的比例普遍高于 0.4(如表 5 所示)。

表 5   全国各地区最低工资占人均国民生产总值比例

	2005	2006	2007	2008	2009
北京	0.15	0.15	0.15	0.14	0.14
天津	0.20	0.20	0.19	0.18	0.16
河北	0.42	0.41	0.35	0.39	0.37
山西	0.50	0.47	0.43	0.42	0.40
内蒙古	0.31	0.34	0.26	0.25	0.20
辽宁	0.28	0.32	0.33	0.27	0.24
吉林	0.32	0.39	0.40	0.33	0.29
黑龙江	0.32	0.46	0.44	0.38	0.36
上海	0.16	0.16	0.15	0.16	0.15
江苏	0.34	0.31	0.30	0.26	0.26
浙江	0.29	0.28	0.27	0.27	0.26
安徽	0.57	0.62	0.56	0.46	0.41
福建	0.30	0.36	0.35	0.30	0.27
江西	0.46	0.40	0.55	0.47	0.40
山东	0.32	0.31	0.26	0.28	0.25
河南	0.51	0.43	0.49	0.40	0.38
湖北	0.48	0.42	0.52	0.42	0.37
湖南	0.55	0.60	0.55	0.46	0.39
广东	0.34	0.33	0.36	0.32	0.29
广西	0.63	0.58	0.55	0.47	0.50
海南	0.55	0.55	0.52	0.44	0.39
重庆	0.44	0.56	0.47	0.45	0.36
四川	0.60	0.66	0.60	0.51	0.45
贵州	0.95	1.14	1.13	0.88	0.76
云南	0.72	0.72	0.77	0.65	0.60
西藏	0.65	0.57	0.72	0.63	0.57
陕西	0.59	0.53	0.49	0.39	0.33
甘肃	0.55	0.59	0.50	0.59	0.58
青海	0.44	0.47	0.39	0.41	0.37
宁夏	0.45	0.46	0.46	0.23	0.31
新疆	0.44	0.46	0.47	0.40	0.48

资料来源:中国统计年鉴(06-10)中华人民共和国人力资源和社会保障部等。

注:取各地最低工资最高档计算。

2.最低工资/平均工资

2005—2009 年,全国各地区最低工资占平均工资逐年下降。2005 年,最低工资占平均工资比例最高的省份是海南,达到 0.42,2009 年这个数字降低到 0.30,下降 29%;比例最低的为北京,为 0.20,2009 年这个数字降低到 0.17,下降 15%。横向比较,2009 年,最低工资与平均工资的比例呈现出"东部地区发散、中部地区收敛、西部地区发散"的现状。2009 年,东部地区最低工资占平均工资的比例在 0.2 到 0.33 之间震荡;中部地区最低工资占平均工资的比例基本聚敛在 0.3;西部地区最低工资占平均工资的比例在 0.19 到0.35之间震荡(如表 6 所示)。

表 6　全国各地区最低工资占平均工资的比例

	2005	2006	2007	2008	2009
北京	0.20	0.19	0.19	0.16	0.17
天津	0.28	0.28	0.25	0.24	0.22
河北	0.42	0.42	0.35	0.36	0.32
山西	0.40	0.36	0.34	0.33	0.31
内蒙古	0.32	0.36	0.31	0.31	0.27
辽宁	0.31	0.36	0.36	0.30	0.28
吉林	0.30	0.37	0.38	0.33	0.30
黑龙江	0.32	0.45	0.42	0.35	0.33
上海	0.24	0.22	0.20	0.20	0.20
江苏	0.40	0.38	0.37	0.32	0.33
浙江	0.31	0.32	0.33	0.34	0.32
安徽	0.32	0.35	0.30	0.25	0.23
福建	0.33	0.40	0.40	0.35	0.32
江西	0.32	0.28	0.38	0.33	0.29
山东	0.38	0.38	0.32	0.35	0.31
河南	0.40	0.34	0.37	0.31	0.29
湖北	0.38	0.34	0.42	0.37	0.32
湖南	0.37	0.40	0.37	0.32	0.30
广东	0.34	0.36	0.41	0.36	0.33
广西	0.36	0.33	0.32	0.27	0.29
海南	0.42	0.44	0.39	0.35	0.30
重庆	0.29	0.36	0.30	0.30	0.27
四川	0.34	0.39	0.37	0.31	0.28
贵州	0.33	0.39	0.38	0.32	0.28

续表

	2005	2006	2007	2008	2009
云南	0.35	0.35	0.40	0.34	0.31
西藏	0.21	0.19	0.19	0.19	0.19
陕西	0.40	0.38	0.34	0.28	0.24
甘肃	0.27	0.30	0.25	0.30	0.28
青海	0.23	0.24	0.21	0.23	0.22
宁夏	0.26	0.25	0.26	0.14	0.20
新疆	0.37	0.38	0.38	0.33	0.35

资料来源:中国统计年鉴.中华人民共和国人力资源和社会保障部等。

注:取各地最低工资最高档计算。

3. 最低工资增长率

2005—2010 年,全国各地区最低工资"低起点、高增幅"。2005 年,最低工资标准最高的是上海,为 690 元,到 2010 年为 1120 元,增长了 62%;最低工资标准最低的是甘肃,为 340 元,到 2010 年为 760 元,增长了 124%;2005 年到 2010 年间,最低工资增幅最大的为吉林,增幅达到 128%;最低工资增幅最小的为江苏,增幅只有 39%。虽然全国各地最低工资标准(上限)从 2005 年到 2010 年,都有明显增幅,但更多的是由于各地最低工资起点低导致的高增幅。横向比较,最低工资 2005—2010 年的总增长率呈现出"东部低于中西部"的现状(如表 7 所示)。

表 7　最低工资的增长率(当年—上年)/上年

	2006	2007	2008	2009	2010
北京	0.10	0.14	0.00	0.10	0.20
天津	0.14	0.10	0.11	0.00	0.12
河北	0.12	0.00	0.29	0.00	0.20
山西	0.06	0.11	0.18	0.00	0.18
内蒙古	0.33	0.00	0.21	0.00	0.32
辽宁	0.31	0.19	0.00	0.00	0.29
吉林	0.42	0.27	0.00	0.00	0.26
黑龙江	0.59	0.10	0.00	0.00	0.29
上海	0.09	0.12	0.14	0.00	0.17
江苏	0.09	0.13	0.00	0.13	0.00
浙江	0.12	0.13	0.13	0.00	0.15
安徽	0.27	0.08	0.00	0.00	0.29
福建	0.38	0.15	0.00	0.00	0.20
江西	0.00	0.61	0.00	0.00	0.24
山东	0.15	0.00	0.25	0.00	0.21

续表

	2006	2007	2008	2009	2010
河南	0.00	0.35	0.00	0.00	0.23
湖北	0.00	0.52	0.00	0.00	0.29
湖南	0.25	0.11	0.00	0.00	0.28
广东	0.14	0.28	0.00	0.00	0.03
广西	0.09	0.16	0.00	0.16	0.22
海南	0.16	0.09	0.00	0.00	0.32
重庆	0.45	0.00	0.17	0.00	0.00
四川	0.29	0.12	0.00	0.00	0.31
贵州	0.38	0.18	0.00	0.00	0.00
云南	0.15	0.26	0.00	0.00	0.22
西藏	0.00	0.47	0.00	0.00	0.30
陕西	0.10	0.11	0.00	0.00	0.27
甘肃	0.26	0.00	0.40	0.03	0.23
青海	0.24	0.00	0.30	0.00	0.00
宁夏	0.18	0.24	−0.38	0.60	0.27
新疆	0.19	0.18	0.00	0.19	0.20

资料来源:中国统计年鉴.中华人民共和国人力资源和社会保障部等。

注:取各地最低工资最高档计算。

4. 指标选择:最低工资/人均 GDP

表8　最低工资衡量指标比较表

2005—2009 年最低工资/人均地区生产总值均值		2005—2009 年最低工资/平均工资均值		2005—2009 年最低工资年增长均值	
北京	0.146	北京	0.182	江苏	0.068
上海	0.156	西藏	0.194	广东	0.085
天津	0.186	上海	0.212	陕西	0.092
内蒙古	0.272	宁夏	0.222	天津	0.093
浙江	0.274	青海	0.226	青海	0.1
山东	0.284	天津	0.254	上海	0.102
辽宁	0.288	甘肃	0.28	贵州	0.102
江苏	0.294	安徽	0.29	山西	0.104
福建	0.316	重庆	0.304	浙江	0.105
广东	0.328	内蒙古	0.314	北京	0.106
吉林	0.346	广西	0.314	河南	0.107
宁夏	0.382	江西	0.32	海南	0.108

续表

2005—2009 年最低工资/人均地区生产总值均值		2005—2009 年最低工资/平均工资均值		2005—2009 年最低工资年增长均值	
河北	0.388	辽宁	0.322	重庆	0.112
黑龙江	0.392	浙江	0.324	河北	0.116
青海	0.416	陕西	0.328	山东	0.117
河南	0.442	吉林	0.336	云南	0.121
湖北	0.442	四川	0.338	安徽	0.121
山西	0.444	贵州	0.34	湖南	0.122
新疆	0.45	河南	0.342	广西	0.123
重庆	0.456	山西	0.348	宁夏	0.13
江西	0.456	山东	0.348	四川	0.136
陕西	0.466	云南	0.35	福建	0.138
海南	0.49	湖南	0.352	西藏	0.138
湖南	0.51	江苏	0.36	湖北	0.144
安徽	0.524	福建	0.36	江西	0.148
广西	0.546	广东	0.36	新疆	0.149
甘肃	0.562	新疆	0.362	辽宁	0.15
四川	0.564	湖北	0.366	内蒙古	0.163
西藏	0.628	河北	0.374	甘肃	0.174
云南	0.692	黑龙江	0.374	黑龙江	0.177
贵州	0.972	海南	0.38	吉林	0.178
2004—2007 年发达国家最低工资/人均 GDP＝0.37		2004—2007 年发达国家最低工资/平均工资＝0.39		2001—2007 年发达国家最低工资年增长率＝0.038	
2004—2007 年发展中国家最低工资/人均 GDP＝0.68		2004—2007 年发展中国家最低工资/平均工资＝0.4		2001—2007 年发展中国家最低工资年增长率＝0.065	
2004—2007 年样本国家最低工资/人均 GDP 平均值＝0.6		2004—2007 年样本国家最低工资/平均工资＝0.39		2001—2007 年样本国家最低工资年增长率＝0.057	

资料来源：国际数据来源于国际劳工组织工资数据库；国内数据来源于中国统计年（2006—2010）；国家劳动和社会保障部等。

注：国内数据取各地最低工资最高档计算。

第一，从最低工资的增长率看，2005—2009 年，增速最慢的为江苏，年均增长 6.8％；最快的为吉林，年均增长 17.8％。2004—2007 年，样本发达国家、发展中国家均值最低工资增长率都没有超过中国增速最慢的江苏。从 OECD 国家 2000—2010 年最低工资的平均增长率看，大体可以分为三组。第一组平均增长率小于 5％，主要是日本和欧美发达国家；第二组平均增长率介于 5％～10％，包括新西兰 5.5％，智利 5.8％，捷克 6.5％，韩国 9.3％。第三组平均增长率大于 10％，包括匈牙利 11.2％，爱沙尼亚 12％，拉脱维亚 13.7％，土耳其 20.6％，罗马尼亚 23.9％（如表 9 所示）。这说明，中国近些年最低工资增长速度可观，但各地最低工资起点很低，如增速最快的吉林2005年最低月工资最高档仅为360元，最近几年呈现出"低位高增长"十分正常。

表9　OECD国家最低工资增长率

	r_{01}	r_{02}	r_{03}	r_{04}	r_{05}	r_{06}	r_{07}	r_{08}	r_{09}	r_{10}	r_{Mean}
日本	0.0072	0.0045	0.0004	0.0015	0.0023	0.0053	0.0108	0.0214	0.021		0.0082
比利时	0.0251	0.0267	0.0133	0.0133	0.0234	0.0149	0.0312	0.0501	0.0332	0.0067	0.0237
荷兰	0.0603	0.0442	0.0313	0.0062	0	0.011	0.0237	0.0281	0.0329	0.0155	0.0252
马耳他	0.031	0.03	0.0341	0.0141	0.0348	0.038	0.0303	0.0251	0.0287	—	0.0295
法国	0.0365	0.0321	0.0385	0.0556	0.0568	0.0422	0.0252	0.0301	0.0184	0.0086	0.0343
加拿大	0.0135	0.0118	0.0132	0.0202	0.0325	0.0411	0.0316	0.0651	0.0623	0.0541	0.0344
美国	0	0	0	0	0	0	0.0596	0.1283	0.1137	0.0574	0.0348
澳大利亚	0.0345	0.04	0.0407	0.0414	0.0352	0.0197	0.0572	0.0252	0.0308	0.024	0.0348
卢森堡	0.0633	0.0187	0.0587	0.0208	0.0455	0.0207	0.0423	0.0208	0.0455	0.0166	0.0352
西班牙	0.0204	0.0202	0.0204	0.0542	0.0785	0.0544	0.0548	0.0516	0.04	0.0149	0.0407
葡萄牙	0.0502	0.0413	0.0247	0.0252	0.0249	0.0299	0.0443	0.0571	0.0563	0.0556	0.0409
爱尔兰	0.034	0.0502	0.0461	0.0945	0.0691	0.0296	0.1085	0.02	0	0	0.0446
墨西哥	0.0698	0.0578	0.045	0.0425	0.0449	0.04	0.0389	0.0401	0.0462	—	0.0472
英国	0.0483	0.0855	0.0364	0.0731	0.0681	0.0459	0.0522	0.0334	0.0314	0.0148	0.0487
希腊	0.0332	0.0532	0.0512	0.0512	0.0555	0.0618	0.0537	0.062	0.0573	0.0177	0.0496
新西兰	0.0297	0.0343	0.0565	0.0583	0.0581	0.0729	0.0918	0.0739	0.0476	0.0253	0.0546
智利	0.0746	0.0544	0.0423	0.0388	0.0503	0.0606	0.0629	0.086	0.0693	0.0401	0.0578
捷克	0.1765	0.14	0.0877	0.0806	0.0724	0.0804	0.0306	0	0		0.0653
波兰	0.1259	0	0.0526	0.03	0.0303	0.0589	0.0412	0.203	0.1332	0.0321	0.0691
立陶宛	0	0	0.0155	0.1069	0.0862	0.0952	0.1304	0.2308	0	—	0.0714
斯洛文尼亚	0.1353	0.115	0.0901	0.0699	0.0494	0.0334	0.0251	0.0804	0.0373	0.2004	0.0824
斯洛伐克	0.1049	0.122	0.121	0.0856	0.0671	0.072	0.0919	0.0485	0.099	0.0413	0.085
韩国	0.151	0.1106	0.0903	0.1133	0.117	0.0592	0.1226	0.0833	0.061	0.0275	0.093
匈牙利	0.5686	0.25		0.06	0.0755	0.0965	0.048	0.0534	0.0362	0.028	0.1117
爱沙尼亚	0.1429	0.1563	0.1676	0.1481	0.0847	0.1152	0.2	0.2083	0		0.12
拉脱维亚	0.1	0.0909	0.1667	0.1429	0	0.125	0.3333	0.3333	0.125		0.1367
土耳其	0.3315	0.5535	0.2942	0.4169	0.1271	0.0866	0.0805	0.0868	0.0897	0.096	0.2061
罗马尼亚	0.8935	0.2688	0.4778	0.12	0.1071	0.0645	0.1818	0.3077	0.1765		0.2389
以色列	—	—	—	—	—	—	—	—	—	0	0

资料来源：OECD database数据计算所得。

注：一表示数据缺失；r_{01}＝（2001年最低工资－2000年最低工资）/2000年最低工资，以此类推；r_{Mean}为十年均值。

第二，从最低工资/平均工资看，2005—2009年，最小的为北京0.182；最大的为海南0.38。2004—2007年，样本发达国家、发展中国家均大于中国该指标最大的省份海南。如2007年，巴西0.42，土耳其0.65，阿根廷0.73，澳大利亚0.57，新西兰0.51，加拿大0.41，法国0.48。从OECD国家2000—2010年最低工资/平均工资平均值看，大体可以分为三组。第一组比值小于0.3；第二组为比值介于0.3～0.4；第三组为比值大于0.4。

这说明,中国最低工资与平均工资之间的关联性与全球水平存在差距。需要注意的是,中国平均工资的可代表性存在问题,因为统计数据中只包括城镇单位职工平均工资,这并不反映全社会平均工资实际水平。因此,该指标对于政府制定最低工资标准不是特别具有指导意义。

表 10 OECD 国家最低工资与平均工资比

	2000	2001	2002	2003	2004	2005	2006	2007	2008	2009	2010	均值
墨西哥	0.21	0.2	0.196	0.19	0.19	0.19	0.19	0.184	0.18	0.182	0.185	0.191
美国	0.285	0.271	0.263	0.26	0.25	0.25	0.24	0.235	0.25	0.27	0.284	0.259
韩国	0.22	0.241	0.252	0.25	0.261	0.28	0.28	0.305	0.31	0.334	0.334	0.279
罗马尼亚	0.196	0.288	0.287	0.34	0.326	0.31	0.29	0.263	0.3	0.317	0.304	0.293
日本	0.284	0.283	0.286	0.29	0.296	0.29	0.3	0.298	0.3	0.316	0.322	0.297
爱沙尼亚	0.263	0.269	0.284	0.3	0.321	0.31	0.29	0.284	0.32	0.344	0.34	0.302
捷克	0.273	0.296	0.314	0.32	0.326	0.33	0.34	0.325	0.3	0.3	0.294	0.311
拉脱维亚	0.305	0.339	0.317	0.33	0.349	0.31	0.27	0.271	0.3	0.388	0.402	0.325
希腊	0.366	0.355	0.355	0.34	0.321	0.32	0.31	0.314	0.33	0.327	0.333	0.333
卢森堡	0.327	0.33	0.33	0.34	0.338	0.34	0.34	0.337	0.34	0.346	0.346	0.337
波兰	0.327	0.343	0.341	0.35	0.348	0.34	0.33	0.314	0.34	0.366	0.365	0.342
西班牙	0.341	0.338	0.332	0.33	0.333	0.35	0.35	0.36	0.35	0.349	0.346	0.343
土耳其	0.267	0.274	0.321	0.31	0.397	0.4	0.38	0.379	0.38	0.378	0.353	0.349
斯洛伐克	0.343	0.353	0.341	0.36	0.35	0.35	0.35	0.348	0.35	0.355	0.358	0.349
立陶宛	0.363	0.359	0.355	0.36	0.384	0.37	0.34	0.323	0.36	0.362	0.374	0.356
匈牙利	0.282	0.386	0.425	0.37	0.36	0.36	0.36	0.352	0.35	0.348	0.347	0.359
葡萄牙	0.349	0.346	0.359	0.36	0.365	0.37	0.35	0.356	0.36	0.372	0.388	0.362
英国	0.341	0.332	0.349	0.35	0.357	0.37	0.37	0.383	0.38	0.381	0.38	0.363
加拿大	0.376	0.37	0.364	0.36	0.359	0.36	0.36	0.361	0.37	0.377	0.389	0.368
荷兰	0.451	0.444	0.445	0.44	0.43	0.42	0.42	0.414	0.41	0.413	0.415	0.427
斯洛文尼亚	—	—	—	—	—	0.44	0.44	0.428	0.42	0.404	0.474	0.434
比利时	0.458	0.448	0.451	0.45	0.438	0.44	0.43	0.432	0.44	0.441	0.451	0.443
爱尔兰	0.585	0.441	0.432	0.43	0.445	0.46	0.44	0.447	0.44	0.433	0.44	0.455
法国	0.451	0.463	0.462	0.47	0.471	0.48	0.49	0.482	0.48	0.486	0.481	0.474
澳大利亚	0.501	0.497	0.5	0.5	0.503	0.5	0.46	0.455	0.45	0.446	0.451	0.478
新西兰	0.452	0.449	0.457	0.46	0.469	0.47	0.49	0.494	0.51	0.516	0.509	0.48

资料来源:OECD database 数据计算所得。

第三,从最低工资/人均 GDP 看,2005—2009 年,全国各地区该指标逐年下降。2005 年,该指标最高的省份是贵州,达到 0.95,2009 年降到 0.76;最低的为北京,为 0.15,2009 年降到 0.14。而从地区来看,该指标大体呈现出“东部小于中部小于西部”的格局。2005—2009 年,该指标均值最低的一组为北京、上海和天津,是中国最发达的城市;次低的一组包括江苏、浙江和广东等最发达的沿海省份,这意味着经济越发达的地区,劳动力的生产率越高,但是劳动者却没因为高生产率而得到相匹配的回报,况且该指标还在进一步降低。该指标对于政府制定合理最低工资标准具有很强的指导意义。

三、浙江省最低工资与人均GDP联动增长机制

2011年上半年,浙江省GDP增速9.9%,地方财政收入增长27.6%,规模以上工业实现利润增长32.4%,而城镇居民人均可支配收入增长12.8%,农村居民人均现金收入增长15.4%,扣除价格因素,实际增长分别为7.1%和9.3%,都低于生产总值增长,更低于财政收入增长和企业利润增长,原有的分配格局仍未发生根本性变化。浙江省劳动者报酬占比不断下降,从1990年的53.05%下降到2010年的38.9%,占城乡居民收入60%左右的工薪收入增长缓慢,成为居民收入增长滞后的主因。[①] 合理的最低工资标准有利于提升居民收入,在最低工资衡量指标的选取上,浙江省可以更多地考虑最低工资/人均GDP,即建立最低工资标准与人均地区生产总值挂钩的联动增长机制。原因有两个,第一,人均GDP统计口径相对规范,数据的可比度相对较高;第二,该指标反映劳动者报酬与劳动生产率之间的关系,该指标提升更能够说明底层劳动者劳动价值得到了体现。

(一)三大衡量指标现状与评价

2005年以来,浙江最低工资标准逐年提高。2005年,最低月工资标准为670元、610元、560元、490元四档;非全日制工作的最低小时工资标准调整为5.7元、5.2元、4.8元、4.2元四档。2011年,浙江省确定的四档最低工资标准分别是1310元、1160元、1060元、950元。2005—2011年间,最低工资最高档增幅达到96%(如图2所示)。

按照最低工资四档平均值计算,2005年浙江省最低年工资为6990元,2010年达到11340元,上升62.2%;2007年浙江全社会平均工资为24603元,2010年达到30650元,上升24.6%;2005年浙江人均GDP为27703元,2010年达到52000元,上升87.7%(如图3所示)。

尽管上述数据显示浙江最近几年最低工资有了明显的提升,但最低工资占人均GDP比例与全球平均水平差距不断拉大。2005年,浙江最低工资占人均地区生产总值比值为0.252,到2010年,这个数字降低到0.218,下降13.5%,与全球平均水平0.6差距进一步拉大。最低工资占平均工资比例与全球平均水平接近。2007年,浙江最低工资占人均工资比例为0.356,到2010年,这个数字变为0.37,上升4%,与全球

---

① 浙江大学课题组:《长短兼顾,标本兼治,实现"两个同步"——促进浙江居民收入增长与经济发展同步的对策研究报告摘要》2011年10月,第1—2页。

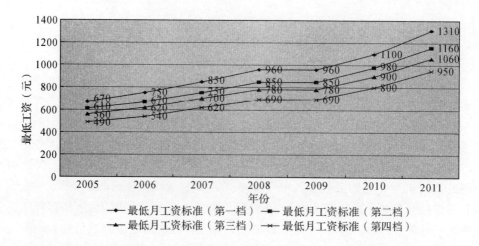

图 2　浙江省最低工资标准变化趋势图（2005—2011 年）

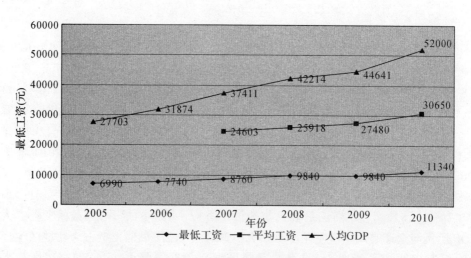

图 3　浙江省最低工资、平均工资与人均 GDP 变化图（2005—2010 年）

资料来源:浙江省统计信息网等。

注:最低工资按照浙江省 2005—2010 年最低工资四档平均值计算;平均工资为浙江省全社会单位在岗职工年平均工资,其中 2005、2006 年数据缺失,2007 年浙江省城镇单位职工工资统计范围扩大到规模以上私营单位职工

平均水平 0.39 基本持平。最低工资年增长率超过全球平均水平。2005 年,浙江最低工资标准最高为 670 元,到 2010 年为 1100 元,增长了 64%,年均增长率保持在 10%以上,超出全球平均水平5.7%(如图 4 所示)。

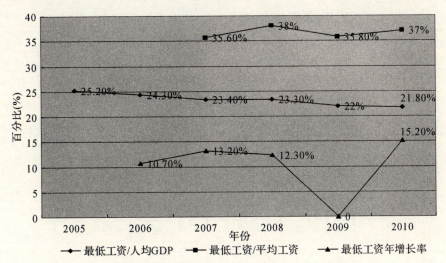

图 4　浙江省最低工资三大指标变化图(2005—2010 年)

资料来源:浙江省统计信息网等。

注:最低工资按照浙江省 2005—2010 年最低工资四档平均值计算;平均工资为浙江省全社会单
位在岗职工年平均工资,其中 2005、2006 年数据缺失,2007 年浙江省城镇单位职工工资统计范
围扩大到规模以上私营单位职工。

虽然浙江省最低工资/平均工资接近全球平均水平,但与现实存在差距。2007 年浙江省城镇单位职工工资统计范围扩大到规模以上私营单位职工,浙江是一个汇聚大量中小民营企业的省份,规模以下民营企业工资并未列入统计范围,浙江省的平均工资并不反映实际水平,因此该指标对于浙江制定最低工资标准的指导意义不强。虽然浙江省最低工资的增长率高于全球平均水平,但浙江省最低工资起点较低(1994 年的200 元开始),最近几年有较快的增长十分正常。在衡量指标的选取上,浙江省可以更多地考虑最低工资占人均地区生产总值的比例,即建立最低工资标准与人均地区生产总值挂钩的联动增长机制,该指标的提升,更能够说明劳动者的劳动价值得到了体现。浙江这个指标的现状是与全球平均水平存在较大差距,未来有较大的上升空间。

(二)2011—2020 年浙江最低工资与人均 GDP 理论联动增长机制

根据浙江统计信息网公布的数据,2010 年浙江省地区生产总值为 27227 亿元,常住人口约为 5231.66 万人,人均地区生产总值达到 52000 元。在此基础上,如果假设浙江未来十年期间常住人口自然年增长率为 1.2%,GDP 年均增长率为 8.0%,可以大体预测出当最低工资占人均地区生产总值的比例分别为 0.3,0.4,0.5,0.6 时,浙江未来十年的最低工资理论值(如表 11 所示)。

表 11 浙江 2011—2020 年最低工资理论值预测表

年份	常住人口 (万人)	人均 GDP (元)	最低月工资标准(元)			
			最低工资/人 均 GDP=0.3	最低工资/人 均 GDP=0.4	最低工资/人 均 GDP=0.5	最低工资/人 均 GDP=0.6
2011	5294.44	55539.70	1388.49	1851.32	2314.15	2776.98
2012	5357.97	59271.61	1481.79	1975.72	2469.65	2963.58
2013	5422.27	63254.29	1581.36	2108.48	2635.60	3162.71
2014	5487.34	67504.58	1687.61	2250.15	2812.69	3375.23
2015	5553.18	72040.46	1801.01	2401.35	3001.69	3602.02
2016	5619.82	76881.12	1922.03	2562.70	3203.38	3844.06
2017	5687.26	82047.05	2051.18	2734.90	3418.63	4102.35
2018	5755.51	87560.09	2189.00	2918.67	3648.34	4378.00
2019	5824.57	93443.58	2336.09	3114.79	3893.48	4672.18
2020	5894.47	99722.39	2493.06	3324.08	4155.10	4986.12

估算结果显示,如果最低工资占人均地区生产总值比例为 0.3(浙江目前为 0.24～0.28),2015 年,浙江省最低月工资(最高档)为 1800 元,2020 年为 2490 元。如果最低工资占人均地区生产总值比例为 0.6(样本国家平均水平),2015 年,浙江省最低月工资(最高档)为 3600 元,2020 年为 4980 元。

(三)2011—2015 年浙江最低工资与人均 GDP 可操作联动增长机制

如果按照最低工资占人均 GDP 的比例为 0.6(全球平均水平)来预测浙江"十二五"期间的最低工资增长趋势,未免有些要求过分,因为全球平均水平 0.6,在很大程度上是被非洲国家拉高的。非洲国家该指标普遍在 0.8 左右,有的甚至超过 1,如莫桑比克为 2.07。按照正常情况发展,浙江在 2015 年人均地区生产总值将达到 72040 元人民币,折合为 10915 美元。根据钱纳里的归类,人均 GDP 达到 12000～20000 美元为发达经济初级阶段,这意味着浙江在 2015 年初步达到发达经济初级阶段。2011 年,浙江最低工资占人均地区生产总值比值约为 0.24～0.28,不妨选择发达国家在该指标上的平均水平,即 0.37 作为参照系,设想浙江在"十二五"结束之时,此比值达到 0.37,此后这一比值趋于稳定的状态(发达国家普遍现象)。

1. 最低工资与人均 GDP 等比增长机制

表 12　浙江 2011—2015 年最低工资标准可操作值预测表 a

	按最高档计算			按平均档计算		
	最低工资/人均 GDP 比例	最低月工资最高档（元）	最低工资最高档年增长率	最低工资/人均 GDP 比例	最低月工资平均档（元）	最低工资平均档年增长率
2011	0.283	1310	19.1%	0.242	1120	18.5%
2012	0.303	1497	14.3%	0.269	1329	18.7%
2013	0.323	1703	13.8%	0.299	1576	18.6%
2014	0.346	1946	14.3%	0.333	1873	18.8%
2015	0.370	2221	14.1%	0.370	2221	18.6%

最低工资占人均地区生产总值的比例等比增长,是指该指标第 N 年的值与第 N−1 年的值之商保持不变。如果按照 2011 年最低工资最高档(1310 元)计算,2011—2015 年期间,最低工资最高档年增长率保持在 13%～19%,2015 年最低工资(最高档)将达到 2221 元,最低工资占人均地区生产总值比例将达到 0.37。如果按照最低工资平均档(1120 元)计算,2011—2015 年期间,最低工资平均档年增长率保持在 18.5%左右,2015 年最低工资(平均档)将达到 2221 元,最低工资占人均地区生产总值比例将达到 0.37。

表 13　浙江 2011—2015 年最低工资标准可操作值预测表 b

	按最高档计算			按平均档计算		
	最低工资/人均 GDP 比例	最低月工资最高档（元）	最低工资最高档年增长率	最低工资/人均 GDP 比例	最低月工资平均档（元）	最低工资平均档年增长率
2011	0.283	1310	19.1%	0.242	1120	18.5%
2012	0.305	1506	15.0%	0.274	1353	20.8%
2013	0.327	1724	14.5%	0.306	1613	19.2%
2014	0.349	1963	13.9%	0.338	1901	17.9%
2015	0.370	2221	13.1%	0.370	2221	16.8%

2. 最低工资与人均 GDP 等差增长机制

最低工资占人均地区生产总值的比例等差增长,是指该指标第 N 年的值与第 N−1 年的值之差保持不变。如果按照 2011 年最低工资最高档(1310 元)计算,2011—2015 年期间,最低工资占人均地区生产总值的比例每年增加 2.2 个百分点,2015 年最低工资(最高档)将达到 2221 元,最低工资占人均地区生产总值比例将达到 0.37。如果按照最低工资平均档(1120 元)计算,2011—2015 年期间,最低工资占人均地区生产总值的比例每年增加 3.2 个百分点,2015 年最低工资占人均地区生产总值比例将达到 0.37。按最高档(平均档)计算,如果最低工资占人均地区生产总值的比例每年增加 1 个百分点,浙江需要 9 年(13 年)的时间该指标才能达到 0.37。

四、结语与建议

自 1978 年改革开放以来,中国开始了向市场经济进军,市场无疑具有神奇的力量,所到之处大量社会财富便迅速涌现出来,一向为商品匮乏所苦的中国人,在短短时间便快速进入了相对过剩的时代。不过,市场机制不仅仅是经济的加速器,但当快速的市场转型以摧枯拉朽之势冲破所有社会安全网时,市场"脱嵌"于社会的后果是毁灭性的。[①] 这是当前中国收入分配失衡所处的一个大的背景环境。市场力量的扩张或早或晚会引发旨在保护人、自然和生产组织的反向运动;而保护性立法与其他干预手段是这种反向运动的特征。[②] 市场只能是提高人们福祉的手段,而不能本末倒置把手段当作目的来追求。市场是必要的,但市场必须"重嵌"在社会之中。作为一种保护性的反向运动,收入分配制度改革应运而生。

收入分配原则具有"一体两面性",收入分配是"一体",罗尔斯主义与功利主义为"两面",最低工资对于"一体两面"均作出了积极的回应,这是由当前中国"倒丁字型"社会结构决定的,建立最低工资与人均 GDP 联动增长机制有助于最低工资这一政策工具发挥最大效果。浙江省"十二五"规划提出切实提高居民收入在国民收入分配中的比重,提高劳动报酬在初次分配中的比重,努力实现劳动报酬增长和劳动生产率提高同步。根据国际公认的标准,人均 GDP10000 美元左右,意味着进入发达国家(地区)行列。从人均地区生产总值这个指标看,浙江 2015 年将接近发达国家(地区)水平。从最低工资/人均 GDP 这个关键指标看,浙江 2011 年约为 0.24~0.28,未来几年最低工资年增长率在 13%~21%波动,2015 年将接近发达国家平均水平 0.37。浙江省制定合理的最低工资标准,并予以规范的实施(例如保证覆盖范围),将有利于实现浙江省经济和社会的进一步发展。

(作者简介:李金珊,浙江省公共政策研究院副院长,浙江大学公共管理学院教授、博导。)

---

① 王绍光:《大转型:1980 年代以来中国的双向运动》,载《中国社会科学》2008 年第 1 期,第 148 页。

② 卡尔波兰尼:《大转型:我们时代的政治与经济起源》,冯刚、刘阳译,浙江人民出版社,第 112—115 页。

作者

范柏乃　金洁
胡超君　史丹丹
谢耀霆

长三角金融后台服务基地建设研究

内容提要：加快长三角金融后台服务基地建设，对推进我省服务业，尤其是高端服务业发展，进而促进产业转型升级具有战略意义。金融后台服务基地需要具备较低的运营成本、优越的地理区位、充足的人力资源、雄厚的技术力量、完善的基础设施，以及强大的政府推动等支撑条件。综合考量六大支撑条件，比较杭州、德清、宁波、余杭、嘉兴和临安等各自的地理区位和比较优势，课题组建议将长三角金融后台服务基地建在德清，并提出了加快长三角金融后台服务基地建设的六项建议政策：研究制定《长三角金融后台服务基地的建设规划》、加快推进长三角金融后台服务基地的基础设施建设、研究制定《长三角金融后台服务基地建设的促进政策》、强化长三角金融后台服务人才的培养引进力度、建立健全长三角金融后台服务企业的公共平台、构建立体化的长三角金融后台服务基地营销推广策略。

关键词：长三角　金融服务　浙江经济

一、加快推进长三角金融后台服务基地建设的战略意义

（一）加快服务业发展是我省经济转型升级的迫切需要

改革开放以来，浙江省克服了资源禀赋的制约，通过激进的投资策略、先发的市场优势和集群化的发展路径，紧紧把握住了我国探索社会主义市场经济这一特定历史阶段的发展机遇，探索出了以"低成本、强市场"为特征的浙江经济发展模式。30多年来，浙江经济取得了稳步快速发展，从一个资源小省发展为经济大省，综合实力和人民

生活水平有了显著的提高,人均 GDP、城镇居民可支配收入、农民人均纯收入等各项经济指标走在全国前列。与之相伴,浙江的产业结构也发生了重要的变化,三大产业之间的比例关系有了明显的改善,产业结构正向合理化方向发展。第一产业的比重呈持续下降的态势,由 1978 年的 38.1% 下降至 2011 年的 4.9%;第二产业的比重经历了不断波动向上的过程,并长期稳定在 40%～55% 之间;第三产业的比重处于不断上升的过程,由 1978 年 18.7% 上升到 2011 年的 43.8%(如图 1 所示)。

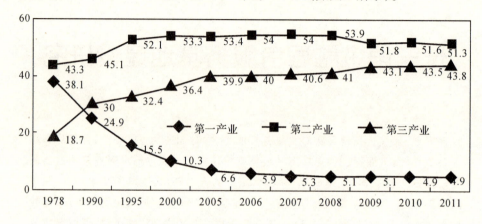

图 1   1978—2011 年浙江省产业结构变动趋势

资料:浙江省统计年鉴(2011)

发达国家经济发展的经验表明,产业结构与经济发展阶段密切相关,在经济发展的不同阶段,起主导作用的产业是不同的。随着经济发展阶段的推移,产业结构的重心由第一产业向第二产业转移,然后再由第二产业向第三产业转移,产业结构不断趋于高级化。世界银行在《2010 年世界发展报告》中发布了处于不同发展阶段的国家(地区)三大产业结构比重的国际标准(如表 1 所示)。

2011 年,浙江人均 GDP 为 9083 美元,已超过中等偏上收入国家和世界平均水平。与三大产业结构比重的国际标准相比,浙江的产业结构显现出较大的差异:"第二产业比重明显偏高、第三产业比重明显偏低"。2011 年,浙江第二产业增加值占 GDP 的比重高达 51.3%,与中等偏上收入国家和世界平均水平相比,分别高出 18 个和 24 个百分点;而第三产业增加值占 GDP 的比重为 43.8%,与中上等收入水平国家和发达国家相比,分别低 17 和 26 个百分点。相对于浙江人均 GDP 的实际水平,其"第二产业偏高,第三产业偏低"的产业结构特点就显得非常突出。因此,第三产业在我省未来经济发展过程中具有巨大的发展空间。"第二产业偏高,第三产业偏低"的产业结构偏差,不仅会影响浙江经济增长质量和产业结构的优化升级,而且还会影响农业剩余劳动力向非农产业的进一步转移。

表 1　三大产业结构比重的国际标准

国家或地区	人均 GDP	第一产业(%)	第二产业(%)	第三产业(%)
世界(2007)	8100	2.9	27.5	69.4
高收入国家(2007)	36953	1.5	25.6	72.7
经合组织高收入国家	38410	1.5	25.3	73.0
非经合组织高收入国家	36003	1.5	33.9	64.7
中等收入国家(2009)	3373	10.0	36.4	53.8
中等偏上收入国家	7471	6.4	33.0	61.0
中等偏下收入国家	2298	13.2	39.4	47.4
中低收入国家(2009)	2946	10.5	36.1	53.6
低收入国家(2008)	503	26.9	26.2	46.9
最不发达地区	639	24.7	29.4	45.9
重债穷国	593	26.9	29.1	44.1
浙江(2011)	9083	4.9	51.3	43.8

资料来源:World Bank WDI Databas

　　服务业是生产和销售服务产品的生产部门和企业的集合。在我国国民经济核算实际工作中,将服务业视为第三产业,涉及交通运输、邮电通信、商业物流、金融保险、科研教育、技术服务等产业部门。服务业既能加强生产与消费的联系,使产品顺利地经过流通到达消费领域;又能帮助消费者更好地利用产品,指导和扩大消费,加速社会的再生产过程;还能传递信息,促进生产者和消费者相互了解。服务业在经济各部门之间起联结和协调作用。发达国家经济发展的实践深刻表明,服务业直接影响和决定了第一、第二产业的发展规模、发展速度和发展效率;服务业发展滞后,势必会影响第一、第二产业乃至整个经济的协调发展和效率提高。加快服务业发展,不断提高第三产业占 GDP 的比重,是我省产业结构调整面临的一项紧迫任务,是推进我省经济转型升级的迫切需要。

　　(二)金融业是加快我省高端服务业发展的重要突破口

　　通过 30 多年的改革开放,浙江现已逐渐成为一个金融大省,其金融规模、金融组织、金融生态建设取得了明显成就。初步形成了银行、证券、保险、期货、信托和农村信用社等多种金融结构体系并存,全国性以及地区性机构协调发展的多元化金融体系。浙江金融业已成为全国金融规模增长最快、金融资产质量增长最好的省份之一。浙江金融业增加值逐年增加,已由 1991 年的 52.87 亿元增长到 2010 年的 2326.58 亿元,年均增速高达 22%。金融业增加值占 GDP 比重从 1991 年的 4.8% 增长到 2010 年的

8.39%(如图 2 所示)。

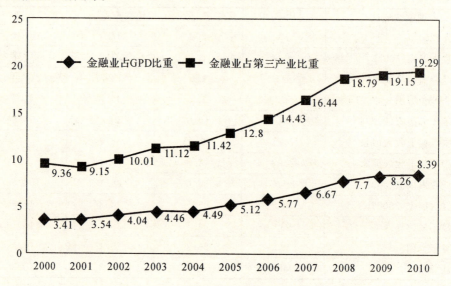

图 2　2000—2010 年浙江金融业占 GDP 比重、占第三产业比重
资料:浙江省统计年鉴(2011)

　　金融是现代经济的核心,金融发展是现代产业发展的重要驱动力。产业结构优化和经济转型升级的过程就是资源不断优化配置的过程,而资源优化配置正是现代金融的基本功能。金融作为现代经济发展的推动器,可以有效减少信息交易成本、提高储蓄—投资转化率、改善经济的运行环境。无论是改造升级传统产业,还是发展壮大战略新兴产业,都需要金融业强大支撑。当今世界,大凡发达国家都是金融强国,国内沿海的经济发达省份,大多也是金融强省。国际经验表明,人均 GDP 在 7000～10000 美元之间是金融业发展的黄金时期。目前,我省人均 GDP 已经突破了 9000 美元,这说明我省已经进入金融大发展与产业结构优化升级的重要时间窗口。

　　未来 10 年,我省将面临国内外市场竞争更加激烈的挑战,同时将受到劳动力、原材料、能源、土地、资金等要素制约和环境承载力更加严峻的压力,产业结构优化和经济转型升级的任务将更加紧迫。因此,很有必要把加快金融业发展作为推进我省服务业尤其是高端服务业发展的重要突破口。加快金融业发展,既可以为我省战略新兴产业发展和产业结构优化提供强大的金融要素支撑,充分缓解中小微企业和"三农"融资难问题,保障经济转型升级的顺利实现;同时金融业作为高端服务业,其本身具有人力资本要素密集、产出附加值高、产业关联性强、能源资源消耗低、环境污染少等重要特征,加快金融业发展,有利于带动我省服务业尤其是高端服务业的大发展,有利于提升高端服务业增加值占 GDP 的比重,有利于我省的产业结构优化和经济转型升级。

（三）金融后台服务业是驱动我省金融业发展的重要引擎

金融后台（Back Office）是与金融机构直接经营活动（即前台，Front Office）相对分离，并为其提供服务和支撑的功能模块和业务部门，如数据中心、清算中心、银行卡中心、研发中心、呼叫中心、灾备中心、培训中心等（金融后台主要业务类型、主要功能及表现形式如表 2 所示）。20 世纪 90 年代以来，国际金融机构基于现代信息技术对金融服务流程的再造，实现金融前、后台服务在时间和空间上的完全分离，将票据支付和清算、金融资产管理、数据分析和处理、灾害备份和安全、人力资源培训和管理、客户服务、定损理赔、产品研发等服务环节或流程，交由金融集团内专业子公司实施集中统一处理，或者通过合约的方式外包给金融后台服务企业。

在经济金融发展过程中，主要的国际性金融中心城市都出现了一些区域金融分工的趋势。一方面，随着金融中心城市规模的不断扩张，由于其要素成本不断提高，金融产业链条过长，金融企业的运行效率有所降低。另一方面，金融中心城市周边的二线城市，开始大力发展金融基础设施，努力承接金融中心城市的部分金融产业转移，尤其是金融后台服务产业。在此过程中，许多金融后台服务基地（中心）城市就应运而生。如美国的新泽西、爱尔兰的都柏林、印度的班加罗尔、菲律宾的宿务等区域。

近 10 年来，为了适应新的金融业务流通和服务模式，同时也为了保障业务安全，越来越多发达国家的金融机构将自己的后台服务系统从总部分离了出去。摩根大通和德意志银行将大部分 IT 服务外包给 IBM 公司；花旗集团将呼叫中心、财务数据处理中心等外包给印度的企业；"9·11"之后，高盛集团在美国新泽西建立了新的业务总部大楼，至少有两个后援交易系统可用；纳斯达克也分别在美国康涅狄格和马里兰建立了数据中心和业务备份系统……金融后台服务产业规模和市场需求不断扩大，并呈现出金融后台服务基地由欧美的传统金融中心向亚太地区的新兴市场国家加快转移的新态势。因此，新兴经济国家也出现了众多的金融后台服务产业集聚的地区，这些地区往往以金融后台服务产业园区为主体，成为承接金融企业后台服务的首选基地。如印度班加罗尔的电子城（Electronic City at Bangalore）、天津的中信金融物流园区和上海张江科技园区的信用卡园区等。

中国的金融后台服务外包始于 20 世纪 90 年代的信息技术外包（即 Information Technology Outsourcing，ITO）。2005 年，中国银监会批准金融机构把某些业务流程外包（即 Business Process Outsourcing，BPO），2006 年 10 月，中国银监会发布《银行业金融机构信息系统管理指引》，对金融服务外包的风险管理做出相关规定。由此，中国金融服务外包逐步进入支付系统、银行卡、后勤保障、呼叫中心、保险后援中心等领域。近年来，随着国际金融机构纷纷进驻中国，金融后台也开始逐步落户中国。我国城市（省市）争创金融后台服务基地的热情十分高涨，热潮此起彼伏。2003年3月，上

表 2　金融后台主要业务类型

业务类型	主要功能	表现形式
单据处理	单据处理是指现代金融作业流程中,前台柜员受理客户单据,通过影像技术等送交后台处理中心统一交由后台工作人员进行处理的过程。	票据中心 清算中心 理赔中心
客户服务	客户服务指各类金融机构通过电话接触客户进行业务处理,为客户提供不受时间地点限制的账户查询、转账、修改密码、电话挂失、自助缴费、信息服务等服务内容。	客服中心 呼叫中心 电话营销中心 账单催收中心
容灾备份	容灾备份指对这些金融信息数据进行保护和备份,一旦出现灾难时,备份站点将及时地接替主站点的业务,从而维护业务运行的连续性。	灾备中心 数据中心 信息中心 IDC 中心
数据管理	数据中心客户信息、交易记录、贷款记录、信用记录等各种类型的信息汇聚中心,提供金融机构所有业务系统的运行平台。
技术研发	技术研发指金融机构业务信息化的过程中所需系统软件、金融产品等的开发以及金融机构内部的系统维护、管理。	IT 中心 研发中心 技术支持中心
档案管理	档案管理指客户资料的存储、交易原始凭证的存储、办公资料的存储等原始数据的储存。储存方式分为原始档案存储和微缩影像档案存储。	档案中心
银行卡	银行卡业务是与银行卡相关的征信、营销、授权、交易及交易发生之后代办行与发卡行之间所进行的跨地区、甚至跨国家的清算等运行体系。	信用卡中心 银行卡中心 征信中心 授信中心
人才培训	金融机构对人才数量和质量需求较大,需要大量招聘人才,并建立教育、培训的机制。	培训中心 金融学院

海在浦东张江高科技园区成立了国内首家银行卡产业基地——上海市银行卡产业园。2005 年 7 月,它被上海市政府授牌为"上海市金融信息服务产业基地",成为以金融信息服务和金融业务流程外包(BPO)为核心,以技术密集型和资本密集型的金融技术服务为支持的高科技金融信息服务区。经过数年的开发建设和招商引资,基地共吸引了中国银联、中国人民银行、中国银行和平安保险等十几家金融机构的后台服务中心,已经成为上海乃至整个南方的金融后台服务区。2007 年 8 月,广东省金融高新技术服务区正式成立,并且定位于广东省乃至泛珠三角地区金融产业发展的后台服务基地,也是广东省承接国际尤其是香港地区金融服务业转移的基地。服务区发展的总体目标为"三个基地、四个中心",三个基地即建设成为广东金融机构后台服务部门集聚基

地、广东金融后台服务外包企业集聚基地,以及广东金融后台服务人才集聚基地。四个中心则是金融创新产品研发中心、金融信息资料备份处理中心、金融后台服务新技术开发中心及金融高级人才培训中心。2007年8月,北京市人民政府出台了《关于加快首都金融后台服务支持体系建设的意见》,提出了加快首都金融后台服务支持体系建设的指导思想、基本原则,确定了朝阳金盏金融服务区、海淀稻香湖金融服务区、通州新城金融服务区、西城德胜科技园金融服务区四个重点规划建设的金融后台服务区,并从土地供应、财税政策、金融机构后台、金融机构后台职员等方面,制定了一系列的支持政策。

目前,我国已有30多个地区(省市、城市)已明确提出建设金融后台服务基地的构想和规划,如北京、上海、天津、河北、广东、昆山、大连、成都、西安、重庆、武汉、长沙、铁岭、青岛、沈阳等。可以预见,随着金融后台服务市场规模的不断扩大,会形成更多的独具特色、配套设施齐全、服务专业化的各类金融后台服务基地。金融后台服务与金融市场交易服务(前台服务)均是金融服务体系的重要组成部分。与金融市场交易服务不同,金融后台服务受体制约束较少,具有科技含量高、高级人才密集、吸纳就业量大、区域辐射范围广等众多特点。金融后台服务作为新兴产业,其发展将给城市、地区乃至整个区域的经济发展带来新的机遇和增长点。金融后台服务能够带来巨大产业效应,作为信息密集的金融服务后台业务,尤其是外包业务,通过选择低成本地区承接外包业务,金融企业可极大降低运营成本,服务更专业;金融服务后台业务对劳动力、信息技术设备等有着巨大需求;同时金融后台服务中心也能带来信息、人力资源、资本、金融机构和产品的聚集。国内外的实践表明,金融后台服务业,是驱动高端服务业尤其是金融服务业发展的重要引擎。

金融后台服务业是资金、技术、人力密集型的新兴朝阳产业,不仅能极大地提高金融前台的专业化水平,有力地推进金融业发展,更能对IT产业和高端服务业发展产生共振效应。金融后台服务提供企业在金融后台服务基地高度聚集,形成规模的产业集群,从而使金融后台服务具有极强的兼容性和共享性等公共服务特征,以及明显的规模经济效应和范围经济效应。因此,加快推进长三角金融后台服务基地的建设,着力抢占金融后台服务产业发展的制高点,对驱动我省金融服务业等高端服务业的发展,进而推进我省产业结构优化和经济转型升级具有重要的战略意义。作为经济强省和金融大省,我省完全有条件建设具有浙江特色的金融后台服务基地,省委省政府应该加紧统一规划和部署,把"长三角金融后台服务基地"的建设纳入全省经济金融发展的战略规划,并尽快付诸实施。

二、长三角金融后台服务基地建设的支撑条件及选址考量

　　金融后台服务从前台服务中分离出来,最直接的动因是金融企业降低成本、获取新技术、整合资源和提升企业竞争力的现实需求。金融后台服务与前台服务的分离,表现为后台服务离开了传统的金融中心区域,在新的区域聚集形成了新的金融后台服务基地。因此,金融后台服务基地需要具备必要的支撑条件,才能成为金融企业的选择目标,并有效地吸引和聚集金融后台服务业务,形成规模的产业集群,产生规模经济效应和范围经济效应。国内外的实践表明,金融后台服务基地需要具备较低的运营成本、优越的地理区位、充足的人力资源、雄厚的技术力量、完善的基础设施,以及强大的政府推动等一系列的支撑条件。

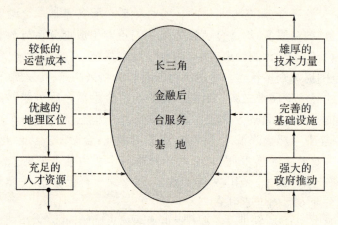

图 3　长三角金融后台服务基地建设的支撑条件

(一)较低的运营成本

　　现代金融业务以品种、深度、结构为特征,随着金融的专业化、个性化、多样化和国际化的程度不断提高,金融企业的运营成本(包括员工的人工成本、建造或租用办公楼成本、网络使用成本、水电费和管理费用等)越来越高。不断攀升的运营成本是制约现代金融企业竞争力及其发展的重要瓶颈。根据比较优势理论,将后台服务业务分离到成本较低的区域是现代金融企业有效地降低运营成本和提高竞争力的重要途径。根据欧洲中央银行 2004 年对欧盟金融企业后台业务外移动因的调查显示,许多大型金融企业认为前后台业务分离的首要原因是降低成本(89%),其次是获取新技术(60%),然后依次是集中核心优势(58%)、规模经济(24%)、充分利用资源 24%)、提

高服务质量(24%)、增加企业运营的灵活性(16%)。

较低的运营成本是金融企业前后台服务分离的直接动因,也是吸引和聚集更多金融后台服务业务,并支撑金融后台服务基地成长和繁荣的重要基础。国内外的实践表明,金融后台服务基地通常选择具有相对低廉的运营成本的地区。如金融服务外包企业易才集团呼叫中心落户在西安,中国平安后援灾备中心选址在成都。这两个后台服务中心的选择都是充分考虑到西安和成都这两个城市具有相对较低的运营成本优势。西安易才集团呼叫中心的月平均人工成本为1500~1800元,成都平安后援灾备中心的月平均人工成本为2000元左右。而在同等条件下,上海月平均人工成本高达4000元左右。据初步测算,将后台服务中心安置在人工成本相对较低的西安、成都两个城市,仅人工成本每年至少可以节省几千万元。此外,西安、成都这两个城市的办公租赁费用(或建造购买费用)、网络租赁费用,以及水电费用等也明显低于上海。这样,将后台业务转移到西安和成都,易才集团和中国平安公司能够有效地降低运营成本,提高企业的竞争能力。因此,浙江省在长三角金融后台服务基地的选址时,省委省政府应该充分考虑到后台服务基地的运营成本,在保证后台基地安全、高效运营的前提下,首先选择更具运营成本优势的城市或地区。

(二)优越的地理区位

地理区位是指一个城市或地区自然、交通、经济、社会环境及其区域时空位置,是一个城市或地区在世界、国家或区域版图上的位置及经济社会发展环境。优越的地理区位条件是吸引和集聚金融后台服务业务,促进金融后台服务基地发展的重要条件。从金融后台服务基地的选址视角来看,成本和效率是判断一个城市(或地区)是否具有地理区位优势的两个重要标准。具有地理区位优势的城市,首先应该具有相对较低的成本优势。金融后台服务产业的兴起就是金融企业不断地降低运营成本,在全球范围内寻找成本更低的城市作为金融后台服务基地的结果。近年来,随着城市化进程的不断推进和中心城市规模的迅速扩张,我国一线城市的人力成本和用地成本疯狂攀升,这必然导致一些大型金融企业将后台服务转向成本相对较低的二线城市以提高成本竞争力。其次还应具有明显的效率优势。大型金融企业通常将后台业务转移到离中心城市较近的二线城市(如离中心城市纽约较近的新泽西、离中心城市伦敦和法兰克福较近的都柏林),而不将后台服务转移到更具低成本优势的三线城市,主要是三线城市虽然具有低成本优势,但通常不具有效率优势。

国内外金融后台服务基地的区位选择基本上都是低成本和高效率两者共同作用的结果。都柏林是欧洲地区最重要的金融后台服务基地,其金融后台服务业务高度集聚、异常繁荣。作为爱尔兰的最大城市,都柏林之所以能成为伦敦和法兰克福两大世界顶尖金融中心的后台服务基地,其重要原因是都柏林具有独特的地理区位优势。首先,都柏林相对伦敦和法兰克福来说在人工成本费用、办公租用费用和管理费用等方面具有明显的运营成本优势;其次,都柏林位于伦敦往西北方向 446 公里,当伦敦的金融前台出现任何故障时,位于都柏林的金融后台工作人员能迅速地赶到伦敦抢修前台故障,迅速恢复金融前台业务的正常运行。广东省在打造金融强省时,将金融后台服务基地安置在二线城市南海,而不是一线城市广州,主要是因为南海具有独特的地理区位优势。一方面,南海相对于广州而言具有较低的运营成本优势;另一方面,南海的金融高新区已与广州实现同城(可安装广州 020 固话区号,广佛地铁在此设有三个站点、到广州核心区仅需 30 分钟,年票互认等等),设在南海的金融后台服务基地能够为广州、香港和澳门的金融企业前台业务提供高效率的服务。

(三)充足的人才资源

当下各地区的综合实力竞争,归根到底是人才的竞争。谁拥有了人才优势,谁就拥有了竞争优势。充足的人才资源是吸引和集聚金融后台服务业的重要基础,也是衡量金融后台服务基地竞争力和成长力的重要指标。从企业雇佣员工的质量和数量来看,金融后台服务业属于劳动密集、知识密集和技术密集型产业,其人才需求具有金字塔型结构特征,既需要大量受过高等教育的蓝领技术工人,也需要一批高精尖的研发人才,同时也离不开懂经营、会管理、善财务的管理人才。只有为金融后台服务基地提供充足的人才资源支撑,并满足其金字塔型人才需求的结构特征,才能成为金融企业后台服务的选择目标,并在国内外激烈的金融后台服务市场竞争中立于不败之地。

国内外的实践表明,在金融后台服务基地所在地区,除了有足够的高校聚集,以提供大量的受过良好高等教育的专业人才外,还要有相应的人才培训机构,来填补高校教育输出和专业工作需求之间的缺口,形成知识型人才密集的智力环境,为金融后台服务产业提供充足的人才资源保障。印度在金融后台服务领域取得领先地位,得益于充足的人才资源供给优势,其金融服务外包人才约占全球所有低成本外包人才的28%。印度拥有成功的服务外包人才培养机制,企业和学校联合培养服务外包的毕业生,用人单位只需要进行简单上岗培训就可以直接投入使用。高等院校和职业教育培训机构的数量和质量能否满足金融后台服务产业近期和远期发展的需求,是大型金融企业选择服务外包基地的重要考量指标。印度金融后台服务基地通常设置在高等院校和职业教育培训机构的集聚区。自 2006 年初,北京市委市政府提出要为中央驻京的企业及外资金融机构提供更好的后台金融服务,并着手调研在北京设立金融服务区开始,北京金融后台服务区及相关体系建设取得了显明进展。目前,北京市已初步建立了由海淀稻香湖、朝阳金盏、通州新城、西城德胜科技园 4 大金融后台服务区组成的首都金融后台服务体系。北京在短短几年时间内能初步建立金融后台服务体系,重要原因之一是拥有充足的和可持续的人才资源。首都是我国高校数量最多、密集度最高的地区,光"985"高校就有 13 所。除此以外,首都还拥有各式各样的培训机构。众多的高校和培训机构为首都金融后台服务业提供了充足的人才资源,满足了金融后台服务产业对不同层次人才的需求,推进了首都金融后台服务产业的发展。

(四)雄厚的技术力量

金融后台是与金融机构直接经营活动(即前台)相对分离,并为其提供服务和支撑的功能模块和业务部门,如数据中心、清算中心、银行卡中心、研发中心、呼叫中心、灾备中心等。金融后台服务具有科技含量高、提供数据集中和技术保障能力强、直接支持前台业务发展的基本特点和功能。因此,金融后台服务需要雄厚的技术力量作支撑,金融后台服务基地的发展离不开活跃的科技创新。

国内外金融后台服务业发展的经验表明,金融后台服务基地所在地区是否拥有雄厚的技术力量和活跃的科技创新,是吸引集聚金融后台服务业务、驱动金融后台服务产业发展的重要因素。新泽西州(New Jersey)每年在高科技研究和发展方面投入的研究经费高达 70 多亿美元。该州私人资助的研究经费居全美首位,约占美国研究与发展经费总额的 11%,授权专利占全美专利总量的 10%。位于该州著名的贝尔实验室创立于 1925 年,迄今为止已获得 13 项诺贝尔奖,共推出 27000 多项专利,现在平均每个工作日推出 4 项专利。贝尔实验室的使命是为客户创造、生产和提供创新性的技术,这些技术使朗讯科技(Lucent Technologies)公司在通信系统、产品、元件和网络软件方面处于全球领先地位。该州是科学家最密集的地区,拥有 700 个实验室,从事科学研究的科学家、工程师和技术人员高达 14 万人。近年来,武汉金融后台服务基地建设取得了长足的发展,目前,交通银行、招商银行、建设银行、光大银行、银联商务、汉口银行、合众人寿、泰康人寿、国华人寿、深圳农商行、外资捷信消费金融等金融机构,以及农业银行、民生银行等 31 家全国性金融企业在武汉均设立了后台服务中心。武汉金融后台服务中心数量居全国领先。众多金融企业的后台服务中心入驻武汉的光谷金融港和光谷软件园,其中重要原因是武汉拥有雄厚的技术力量和活跃的科技创新。武汉有 750 个科研设计单位,12 个国家级重点实验室,7 个国家工程研究中心,有中国科学院、工程院院士 50 名,50 多万名各类专业技术人员,可为金融后台产业在电子商务、软件开发、征信管理、设备维护等方面提供雄厚的技术力量和科技创新支撑。

(五)完善的基础设施

金融后台服务基地的基础设施通常包括交通系统、软件通讯网络、办公用房,以及文化生活设施等。国外的经验表明,完善的基础设施是吸引后台服务企业入驻,促进金融后台服务产业发展的重要基础,也是世界知名金融后台服务基地崛起的重要因素。

交通系统的布局是影响金融后台服务基地发展的重要因素。只有拥有便捷的内部交通和园区与外部联系的公共交通系统,才能有效地提高园区的竞争力和可持续发展能力。澳大利亚政府在规划投入大量资金来改善城市交通系统的同时,更注重改善园区与城市交通的对接。比如,高峰时段限制停车和私人车辆使用道路,大力发展公交及轻轨系统。在墨尔本,有直达园区的多条电车、轻轨火车和公共汽车,以满足进入园区的客流需求。在布里斯班,使用轻轨火车、公共汽车和渡船来提供公共交通服务。悉尼的园区则是大悉尼的公共交通运输中心,其政策也是鼓励使用公共交通工具,通过限制停车泊位数量来阻止私家车的使用,停车场的收费标准奇高,鼓励入园者短暂停留。在日本东京新宿金融后台服务园区全面开发之前,东京政府率先对园区内包括高速公路、广场、花园等交通、市政和公共设施建设投入巨资,把"生地"变成"熟地"后再投向市场,极大地缩短了开发周期,很快就吸引了大量金融后台和金融服务外包企业入驻。都柏林金融后台服务基地迅速崛起的重要因素之一是政府非常注重交通系统的改善。都柏林城市交通管理的重点放在公共交通、自行车和出租车上,其最大的特色不是限制,而是为城市交通中的公共交通、自行车和出租车提供专用道等最大便利措施。

软件通讯设施建设水平是衡量金融后台服务基地基础设施完善程度的重要指标。软件和通讯等信息技术是金融服务外包的技术载体和实现手段,通讯网络则是金融服务外包必不可少的软件基础设施。外包中离岸人力资源管理、数据处理、呼叫中心、远程培训、系统运营维护等都是通过现代信息技术平台来实现的。各国加强软件基础设施建设,规划建立各类软件园区的举措,一方面是推动本国软件、通讯业的发展,以提升信息技术的水平;另一方面是通过建立各类软件技术园区,加强对产业要素的有机组合,来促进本国服务外包业务的发展。印度政府为消除班加罗尔与硅谷联系的"最后一英里障碍",于1991年投资兴建了微波通讯网络SoftNET,为班加罗尔的软件企业和它们在海外的研发机构提供高速、可靠的数据通信网络。同时还设立了第一个国际商务支持中心,配备全套先进的服务设施,通过虚拟办公室提供24小时服务,及时反馈市场信息,力争实现完善的软硬件配套设施。这些配套设施的建设为印度发展成为世界最大的金融外包服务受益国提供了保障。

办公用房设施也是影响金融后台服务基地发展的重要因素。20世纪70年代,金融保险业、商业服务业、信息咨询业的快速发展对巴黎拉德芳斯金融后台服务园区内物业升级提出了更高的要求。为了适应这种需求,法国拉德芳斯开发公司(EPAD)开始对写字楼的外部形态、室内空间生态、智能化设计和设施等配置进行了大规模的升级和改造,为不同性质、不同规模和不同类型的公司度身定制差异化的办公空间,满足金融后台服务入驻公司的个性化要求。

(六)强大的政府推动

强大的政府推动集中体现在财政资助、税收减免、土地供给、人才培训和知识产权保护等方面。国内外的经验表明,强大的政府推动是金融后台服务企业降低建设成本和投资风险,提高预期收益的重要举措,也是吸引金融后台服务企业入驻,促进金融后台服务基地发展的有效途径。

美国新泽西市政府在促进金融后台服务基地建设方面推出系列措施将新泽西打造为纽约金融后台服务基地:①专批 A 级办公场地打造金融服务外包产业基地;②建设配套购物中心和住宅楼,联通曼哈顿下城与新泽西市的轮渡和地铁;③为重点金融服务公司或金融公司的服务实体在新泽西市成立企业免所得税、薪资和租金税,并提供补贴。

印度政府对金融后台服务基地建设的强大推动集中体现在以下四个方面:①鼓励开发商开发产业园及写字楼,在批准用地方面提供便利;②对外包企业给予税收减免、财政补贴和进口设备免税;③政府牵头策划有针对性的培训,为金融服务外包产业发展提供充足的人力资源;④积极营造知识产权保护环境。

2007 年 8 月,北京市人民政府颁发了《关于加快首都金融后台服务支持体系建设的意见》,出台了相应的支持政策。①在土地供应方面,由商业性金融机构投资且用于金融后台服务的建设项目,可按协议出让方式供应土地;②在财税政策方面,市区两级政府对金融后台服务区内外相关配套市政基础设施建设予以支持,优先安排政府投资,适当加大市级直接投资力度;③在金融机构后台方面,金融机构后台在金融后台服务区购买办公用房自用的,给予一次性购房补贴。对金融后台服务区新设立或新迁入的金融机构后台,给予一次性资金补助;④在金融机构后台职员方面,金融机构后台职员取得年终加薪、年薪制兑现等年度一次性工薪所得,可单独计税,即在一个纳税年度内按 12 个月分解后确定适用税率和相应的速算扣除数,再以全部奖金收入按此计算纳税。

2007 年 8 月,广东省佛山市制定了《关于加快推进广东金融高新技术服务区建设的意见》,出台了相应的支持政策:①由佛山市及南海区安排财政资金,支持金融高新区的建设。②金融机构在金融高新区新设或迁入总部,给予资金奖励;自建办公、业务用房的,给予地价优惠;购买或租赁办公、业务用房的,给予租金补贴。③对在金融高新区工作、符合一定条件的金融机构的高层次人才、高级管理人员给予工资外津贴、以个人所得税地方留成部分补贴购买商品房或汽车、子女入学、入户等方面的优惠。④对金融高新区在建设中所涉及的规划、国土、建设等事项给予重点支持。

2008 年 11 月,武汉市东湖新技术开发区管委会制定了《关于促进金融后台服务产业发展的意见》,对金融后台服务产业发展制定了一系列强有力的支持政策,主要包括:①自 2009 年度开始,高新区设立支持金融后台服务产业发展专项资金;②对在金融后台服务区新设立或新迁入的全国性或区域性金融机构后台实行奖励;③对在金融后台服务区购买或者租赁办公用房的,实行房租优惠政策的办法;④对新设或迁入高新区金融后台服务区的全国性或区域性金融机构后台,实行财政补助;⑤对引进金融机构后台落户光谷地区发挥重要作用的金融监管部门、金融机构单位和个人,实行招商补贴的奖励;⑥对入驻金融后台服务区的金融机构后台任职的高级管理人员,实行个人所得税补贴。

目前,我省的杭州、德清、宁波、嘉兴、余杭和临安等城市都相继提出了金融后台服务基地建设的构想,德清已经付诸实施。如果我省众多城市各自盲目推进金融后台服务基地建设,不仅难以建成具有竞争力的金融后台服务基地,而且很可能会导致重复建设和重复投资,导致服务功能雷同和低效竞争。为了信息共享和业务合作,金融后台服务提供企业在金融后台服务基地应该高度聚集,形成产业集群,从而使金融后台服务具有极强的兼容性和共享性等公共服务特征,以及明显的规模经济效应和范围经济效应。因此,很必要在省委省政府的领导下,以科学发展观为统领,对我省金融后台服务基地建设进行统一规划、统一选址、统一投资和统一建设,集中人力、物力和财力,把长三角(浙江省)金融后台服务基地建成国内一流、世界先进的金融后台服务基地。综合考量金融后台服务基地的六大支撑条件,比较杭州、德清、宁波、余杭、嘉兴和临安等各自的地理区位和比较优势,建议将长三角金融后台服务基地建在德清,主要理由如下:

第一,较低的运营成本。与杭州、宁波、余杭相比较,德清在土地使用成本,商品房价格、办公用房租赁费用、水电费用、物业管理费用,以及劳动用工成本等方面具有较明显的竞争优势。

第二,优越的地理区位和完善的基础设施。德清紧邻杭州城北,宁杭高速铁路、杭宁高速公路、申嘉湖(杭)高速公路、104 国道、09 省道、宣杭铁路、京杭运河、杭湖锡线航道贯通全县。德清县城与浙江大学紫金港校区仅 15 分钟车程,与浙江大学玉泉校区、西溪校区,以及杭州市中心不足 30 分钟车程,且已开通直通杭州的公交车。德清是杭州都市经济圈的重要节点城市,被称为"杭州北区、创业新城"。德清距上海、宁波、南京均在 2 小时车程以内。如同新泽西与纽约、都柏林与伦敦和法兰克福区位关系一样,德清与杭州、宁波、上海和南京等长三角中心城市已实现完美对接。独特的地理区位和完善的交通设施为德清接受上海、杭州、南京和宁波等金融中心辐射,错位梯度发展金融后台服务业奠定了坚实的基础。

第三,充足的人才资源和雄厚的技术力量。德清紧邻的杭州城西北地区素来是杭州传统的文教区,拥有浙江大学、浙江省委党校、杭州师范大学、浙江工业大学、浙江科技学院、浙江理工大学科艺学院等高校,人才和技术资源高度集聚,为长三角金融后台服务基地建设提供了充足的人才资源和雄厚的技术力量。此外,德清优美的自然环境、较低的商务和生活成本、独特的区位优势和优惠的扶持政策,对金融后台服务人才和技术具有强大的吸引力,为加快推进长三角金融后台服务基地建设提供了人才保障和技术保障。

第四,强大的政府推动和良好的金融基础。德清县是一级政府,相比临安、余杭等在管理体制上具有较强的独立性、在运行机制上具有较高的灵活性。德清县委县政府对长三角金融后台服务基地建设高度重视,并列入了德清金融产业发展的"十二五"规划。近年来,德清出台了《关于鼓励引进金融机构做大做强金融产业的若干意见》等一系列鼓励金融机构引进、金融产品和服务创新和考核奖励等扶持政策,每年拨出 1000万资金设立"金融发展专项资金"用于各项扶持政策的落实。德清已规划了以县城永安街为中心的金融产业主要集聚区,着力培育的 5 平方公里德清"科技新城"中,规划出 1 平方公里作为金融后台服务基地。同时,德清积极以"信用工程"为抓手,全面推进信用建设,打造"绿色"信用体系,为金融后台服务基地建设营造了良好的信用环境。2010 年,德清被浙江省人民政府确定为第一批省级金融创新示范县,在金融组织、金融政策和融资方式等方面进行了积极创新,并取得了明显效果。目前,德清与工商银行浙江省分行及兴业、光大、招商、浦发等一批股份制商业银行签署了金融合作协议,开始发展金融后台服务产业,为长三角金融业后台服务基地建设提供了强大的金融基础。

三、加快推进长三角金融后台服务基地建设的政策建议

近年来,随着经济全球化和金融国际化的进一步深入以及信息技术的进步,金融后台服务业在全球服务外包浪潮中快速发展。银行、证券、保险等领域的金融企业出于战略规划、成本控制、增强核心竞争力等多种因素的考虑,越来越多地将原来自行承担的业务转交给外包服务商,其服务外包的范围和规模都得到空前发展。目前,全球金融后台服务产业规模已达到 1.2 万亿美元,已经发展成为具有相当规模的新兴产业。受国际金融危机的影响,国际金融业加速调整重组,中国已经成为国际金融机构、金融服务买家和供应商业务转移的重心。据测算,到 2015 年我国将分享 560 亿美元金融后台服务外包份额,有望成为全球金融后台服务外包第一大国,

浙江作为我国贸易大省,经济稳步较快增长,但是经济结构不合理,加工贸易比重过高,在全球价值链(GVC)中处于低端位置,并存在"低端俘获"现象。目前,浙江已经具备了承接金融后台服务业务的资源禀赋条件,应该紧紧抓住这个发展机遇,在金融服务业全球价值链分工中找准定位,加快推进长三角金融后台服务基地建设,着力抢占金融后台服务产业发展的制高点,不断推进我省金融业并带动高端服务的大发

展,进而促进产业结构优化和经济转型升级。参鉴国内外金融后台服务基地建设的有益经验,我们提出如下若干政策建议。

(一)研究制定《长三角金融后台服务基地的建设规划》

目前,全国已有30多个城市(或地区)提出了金融后台服务基地建设的构想。北京、上海、昆山、佛山、成都、大连、武汉等城市进展较快。其中北京已拥有央行清算中心等18家数据、灾备、客服中心;上海拥有招行信用卡中心等18家数据、信用卡运营、客服中心;成都拥有平安后援中心等12家客服、信用卡中心;武汉拥有央行金融开发中心等12家客服、运营中心;佛山拥有人保数据中心等8家客服、运营中心。相对而言,浙江省在金融后台服务基地建设方面起步较晚,为了加快推进我省金融后台服务基地建设,着力抢占金融后台服务产业发展的制高点,使我省在金融后台服务产业发展方面走在全国前列,制定具有科学性、前瞻性和可操作的长三角金融后台服务基地的建设规划就显得特别重要。建议由分管的副省长牵头,组织政府相关部门的领导、金融机构负责人和专家学者等对我省金融后台服务产业发展现状进行科学调查,科学把握我省金融后台服务产业发展的比较优势、核心竞争力和面临挑战,充分借鉴国内外金融后台服务基地建设的经验,研究制定我省《长三角金融后台服务基地的建设规划》,明确长三角金融后台服务基地建设的指导思想、目标任务、建设重点、建设内容、推进阶段、优惠政策、保障机制和主要抓手等。

(二)加快推进长三角金融后台服务基地的基础设施建设

从国外金融后台服务园区的建设经验来看,高水平的基础设施建设是园区发展的重要基础,也是世界著名园区取得成功的重要原因。国外政府对园区的投资主要是建设道路交通系统和市政公共设施,以创造基地优势,提升区位价值。园区便捷的道路交通,高效的信息网络,高质量的生活环境等,越来越成为吸引金融后台服务企业入驻的重要条件之一。建议省委省政府成立由分管副省长牵头的长三角金融后台服务基地建设的领导小组,采取强有力的政策加快推进长三角金融后台服务基地的基础设施建设:

1. 对金融后台服务基地内外相关配套的市政基础设施建设予以重点支持,优先安排政府立项和投资。

2. 按照国际标准,为金融后台服务基地提供双回路一级环网供电,保障金融后台设备的电力供应安全。

3. 加快光纤主干网络建设,积极推进"光纤到户"和"光纤到桌面"工程,为入驻企业提供双局向双路由语音数据通讯、高速宽带的国际数据端口等高效、安全的通讯服务。

4. 根据金融企业后台的运营需要,合理规划建设办公楼宇、生活休闲、健身娱乐设施等配套服务设施。统筹考虑基地未来就业人口的流动、通勤等需要,加强配套公共交通基础设施建设,完善金融后台服务基地公共交通系统。

5. 加大对金融后台服务基地建设资金的支持力度。对基地内产生的税收收入,除按规定上缴部分外,地方新增留存部分由同级财政给予重点支持,用于基地基础配套设施建设。

6. 对金融后台服务基地重大建设项目可申请列为省重点工程,优先办理审批手续,加强协调和服务。基地所在地区的工商、税务、规划、国土房产等部门切实提高工作效率,为入驻金融后台机构提供"一站式"服务。

(三)研究制定《长三角金融后台服务基地建设的促进政策》

金融后台服务产业是新兴朝阳产业,具有广阔的发展前景。为了推进金融后台服务基地建设,促进金融后台服务产业发展,国内兄弟省市(城市)均制定了一系列优惠的扶持政策。如北京市人民政府颁发了《关于加快首都金融后台服务支持体系建设的意见》(2007 年 8 月);广东省佛山市颁发了《关于加快推进广东金融高新技术服务区建设的意见》(2007 年 8 月);四川省人民政府颁发了《关于加快成都金融后台服务中心建设的意见》(2007 年 11 月);武汉市东湖新技术开发区管委会制定了《关于促进金融后台服务产业加快发展的意见》和《关于促进金融后台服务产业加快发展的实施细则》(2008 年 11 月);西安市人民政府制定了《关于进一步加快金融业发展的若干意见》(2009 年 8 月);重庆市巴南区人民政府制定了《关于加快金融业发展打造重庆金融服务中心的意见》(2011 年 11 月)。为了促进我省金融后台服务产业的发展,建议省委省政府在充分借鉴国内外金融后台服务产业发展的扶持政策基础上,根据浙江省实际,研究制定具有可操作性的《长三角金融后台服务基地建设的促进政策》,从财政资金投入、土地供给、金融机构落户、人才引进培养、基础设施建设、物业管理收费和税收优惠等方面制定相应的支持、奖励和激励政策。

1. 土地政策

把长三角金融后台服务基地的建设用地纳入省重大工程项目规划。在符合城市规划和土地利用规划的前提下,实行分类供应土地。在不低于最低地价标准的前提下,对金融机构投资的金融后台服务建设项目,实行工业用地低地价优惠政策,但仅限于入驻金融机构后台自用,不得转让、出租。其他不属于金融后台服务的配套开发建设项目,按国家政策办理用地手续。

2. 准入政策

比照金融机构总部待遇,对从事金融后台服务业务的国资、外资和民营企业给予便利,工商部门在企业经营范围内注明"从事金融后台服务业务";允许涉及增值服务的不同所有制金融信息企业经营金融后台服务业务;对中外合资从事离岸金融后台服务业务的企业实行备案制或放宽审批权限。

3. 财税政策

通过省财政专项资金设立长三角金融后台服务基地建设的启动基金。对经认定的金融后台服务企业免营业税,其进口自用设备免进口关税和进口环节增值税,企业所得税按照优惠比例征收,对企业研发经费给予一次性补贴。设立扶持金融后台服务企业发展的专项资金,支持金融后台服务企业参加有关展览活动,支持金融后台服务创新。通过种子基金、产业发展基金和创业投资基金,支持金融后台服务企业初期融资,扶持企业发展。鼓励银行、外资、风险资本和民间资本等资金以多种形式流入金融后台服务产业。鼓励政策性担保公司为本土金融后台服务企业提供贷款担保。扶持有条件的金融后台服务企业发行股票上市,对能够带来较大经济和社会效益的后台服务产品和服务,可设立专项奖励基金予以奖励。

4. 人才政策

建议对金融后台服务企业从业人员免除一定期限的个人所得税。对入驻长三角金融后台服务基地担任金融机构后台的董事长、副董事长、总经理、副总经理、监事长等职务的高级管理人员,以及单独设立的业务总部、营运总部、资金中心、研发中心等机构的负责人,实行个人所得税补贴的办法。

(四)强化长三角金融后台服务人才的培养引进力度

改革开放以来,浙江省经济发展迅速,吸引大量的人才来浙江就业,但金融后台服务产业人才十分匮乏,难以满足我省金融后台服务产业发展的需求。能否引进和培养金融后台服务的高素质人才,是决定长三角金融后台服务基地建设成效和金融后台服务产业发展水平的重要前提。建议省委省政府通过多种有效途径,采用优惠措施来吸引金融后台服务领军人物来长三角金融后台服务基地创新创业。同时,发挥政府力量并动员社会力量,加快对长三角金融后台服务基地人才的培养和引进力度。

1. 建立健全金融后台服务人才培养体系

一方面通过政府、学校和金融后台服务企业的共同努力,采取校企合作办学模式,根据我省金融后台服务产业发展的实际需求,在浙江大学经济学院、公共管理学院和管理学院等设立金融后台服务专业,培养具有较强针对性的金融后台服务高级专业人才;另一方面大力支持行业管理机构或金融后台服务企业联合高等院校、中介结构和社会培训机构开发职业资格认证和培训,帮助有相关专业背景的人快速成为金融后台服务人才。建立健全多层次、复合型的浙江金融后台服务人才培养体系。

2. 吸引高端金融后台服务人才

通过制定优惠政策并进行宣传推广,吸引港澳台、留学人员和国外金融后台服务公司人才来长三角金融后台服务基地创业。

3. 人才供需平台的建设

为了活跃浙江金融后台服务人才市场,提升业务水平,人才供需平台的建设必不可少,包括中介和培训机构(如中高级人才培养的培训机构、国际培训机构、认证培训机构)、服务外包人才数据库(供给和需求、流动的数据)、统计信息平台等。

(五)建立健全长三角金融后台服务企业的公共平台

金融后台服务产业是科技含量高,高级人才密集,产业关联度强的新兴产业。在解决后台服务企业的共性需求,畅通信息渠道,改善经营管理,提高发展质量,增强市场竞争力,实现创新发展等方面,金融后台服务企业公共平台发挥着重要支撑作用。按照"政府引导、市场化运作、企业化管理、专业化服务"方针,建立健全长三角金融后台服务企业公共平台,为金融后台服务企业在信息、管理、人才、融资和市场开拓等方面,提供咨询和创业服务,不断提高服务水平和质量,全力支持他们创办金融后台服务企业,做大做强金融后台服务产业。

1. 信息服务

为后台服务企业提供法律法规、政策、技术、产品、标准、人才、市场等各类信息服务。

2. 管理服务

为金融后台服务企业提供发展战略、财务管理、人力资源、市场营销等咨询诊断,帮助金融后台服务企业学习、掌握现代企业管理知识和技能,提高科学决策和经营管理能力。

3. 人才服务

建立金融后台服务人力资源库,满足金融后台服务企业发展对专业性人才资源的需求,为经营者、专业技术人员和员工提供各类培训,提高金融后台服务企业人员的整体素质。

4. 融资服务

建立金融后台服务企业专项资金,帮助解决金融后台服务企业发展的资金问题,确保重大项目和功能项目的引进。提供融资便利,如通过政府担保、银行资金、风险投资、股权投资、债券融资等形式为金融后台服务企业提供资金,积极扶持金融后台服务企业上市。

5. 市场开拓

组织开展各类展览展销、贸易洽谈、产品推介、国内外经济技术交流与合作活动。帮助金融后台服务企业建立营销网络,应用电子商务,提高产品的市场占有率。

(六)构建立体化的长三角金融后台服务基地营销推广策略

加快金融后台服务产业发展,不仅需要具有良好的基础设施和政策环境,而且还需要积极有效的营销推广策略。国外金融后台服务基地建设的先进经验表明,立体化的营销策略是取得成功的重要法宝。

英国伦敦金融城的面积虽然只有一平方英里,伦敦人都称之为"那一平方英里"("The Square Mile"),但金融城有自己的市政府、市长、法庭。金融城的市长最关心的是如何制定立体化的营销推广方案,想方设法吸引更多的公司来金融城"安家落户"。每年约有 80 天时间在国外,有 20 天时间在全国各地推介。印度的班加罗尔在纽约、伦敦、东京等全球金融中心城市设立了 24 小时的宣传服务机构,为有兴趣的企业提供情况介绍和投资咨询。爱尔兰、马来西亚和菲律宾等国政府在园区推介上也有新创意。特别是在园区招商方面,都是政府牵头,出台优惠政策,利用多种手段营销推广,帮助园区提升知名度和吸引力。

建议省委省政府充分借鉴国外的先进经验,结合浙江的实际情况,建立强有力的长三角金融后台服务基地营销团队,构建立体化的长三角金融后台服务基地的营销推广策略,除了传统的广告宣传以外,还通过会展、论坛、考察交流、出台政策、政府推介和招商引资等多种方式加大对长三角金融后台服务基地的营销推广力度,积极宣传浙江金融后台服务产业发展的综合优势和广阔的市场潜力,着力提升长三角金融后台服务基地的全球声誉,树立浙江的服务品牌,吸引国内外大型金融企业将后台服务中心落户在长三角金融后台服务基地,尽快产生产业集聚效应,带动浙江金融服务业的快速发展。

(作者简介:范柏乃,浙江大学公共管理学院政府管理系主任、教授、博导;金洁,女,浙江大学公共管理学院博士研究生,研究方向:地方政府管理,公共政策分析;胡超君,女,江西烟草公司,硕士,研究方向:地方政府管理,公共政策分析;史丹丹,女,杭州市青少年宫,硕士,研究方向:地方政府管理,公共政策分析;谢耀霆,男,杭州银行,博士研究生,研究方向:地方政府管理,公共政策分析。)

学术文摘

作者

王绍光
樊 鹏

政策研究群体与政策制定^①
——以新医改为例

内容提要：随着中央政府决策模式的转变，政策研究群体参与重大社会政策制定的方式和程度发生了重大变化。除政府内部智囊外，更大规模的以知识和功能互补为特征的政策研究群体已经崛起。作为政策倡导者，他们对决策过程的影响已不再局限于仅仅依靠个别领导人或部门，而是受到更开放、稳定的公共决策模式的影响。为了能够进入政策制定的轨道并影响政策的形成，政策研究群体内部以及和其他参与者之间展开了充分互动。这一过程显示，中国政策研究群体的"综合性"和"互补性"优势，适应了重大社会政策制定的需要，有利于决策质量和效率的提高，促进中央决策机制向着科学、民主、有效的方向转化。

关键词：公共政策；政策制定；政府决策；智库；政策研究

一、引言

如何科学有效地制定各项重大政策，是各国政府都无法回避的严峻挑战。最近 10 年来，中国政府在将更大的注意力从经济政策转向社会政策的同时，传统的决策方式也随之发生了巨大的变化。^② 完全依靠党政系统内部官僚或内部智囊的决策体制已经很难适应新的形势。

---

① 本文原载于《政治学研究》2011 年第 2 期。

② 中国从经济政策到社会政策的历史性转变，参见王绍光：《大转型：1980 年代以来中国的双向运动》，《中国社会科学》2008 年第 1 期。

在制定重大社会政策时,除了继续依靠体制内少数官方智库提供决策参考外,①中央开始在更大范围征询各类"外脑"(即外部政策研究群体)的意见和建议, 这是当代中国政治的新气象。

不少国内外学者已经认识到, 中国决策者的政策咨询网络正在逐渐扩大。② 然而,究竟政策研究群体如何影响政策制定以及他们在多大程度上影响了政策,似乎仍然不大清楚。要想弄清楚这一问题并不容易。正如一位学者所看到的那样,虽然每个人都知道政策研究群体向决策者提供了建议,但由于他们非常低调,很少以大众"可见的方式"与其他参与者进行公开辩论或互动,因此人们并不知晓他们到底如何影响政策③。国外学者肯特·考尔德(Kent E. Calder)曾将政策制定过程背后的政策研究群体称之为"权力的半影"(penumbra of power),非常形象地道出了政策研究机构在当代政治中影响巨大却"隐忍"在后的特征④。

以 2005 年以来中国新一轮医疗体制改革为例,本研究试图分析中国政策研究群体如何参与中央重大社会政策的制定过程。作为改革开放以来最重要的社会政策之一,新医改不仅引发了强烈的社会关注,获得了空前的公众支持,也在知识界激起了最广泛、深入的公共辩论。与此同时,各类公共政策专家、学者和研究机构参与政策制定的广度与深度空前扩大。新的医改方案,最终综合吸收了 10 余家政策研究机构所提

① 20 世纪 80、90 年代卷入中央政策制定过程的政策研究群体主要是直接附属于党政机关的政策研究部门,90 年代政府政策咨询的范围有所扩大,政策研究群体的种类也开始增多,但政策研究群体多通过获得个别党政领导人的认可从而可能影响政策的制定。关于这一时期智库参与经济政策制定的研究参见 Bany Naughton, "China's Economic Think Tank: Their Changing Role in the 1990s", *The China Quarterly*, No. 171, 2002, pp. 625-635;智库参与公安政策制定的研究参见 Murry Scot Tanner, "Change Windows, A Changing China: The Evolving 'Think Tank' System and the Case of The Public Security Sector", *The China Quarterly*, No. 171, 2002, pp. 559-574;智库参与外交政策制定的研究参见 David Shambaugh, "China's International Relations Think Tanks Evolving Stucture and Process", *The China Quarterly*, No, 171, 2002. pp. 575-696, and Bonnie S. Glaster and Philp C. Saunders, "Chinese Civilian Foreign Policy Research Institute Evolving Increasing Influence", *The China Quarterly*, No. 171, 2002, pp. 575-616。

② 有关新世纪以来中国政府加强政策咨询的研究,参见 Jean-Piere Cabrestan, "Is China Moving towards 'Enlightened' but Plutocratic Authoritarianism?" *China Perspectives*, No. 55, 204. pp. 21-28; Steve Tsang, "Consultve Leninism: China's, New Political Framework", *Journal of Contemporary China*, Vol. 18, No. 62, pp. 865-880。

③ James A. Smith, *The Idea Brakers* (New York: The Free Press 1991); Andrew Rich, *Think Tanks Public Policy, and the Politics of Expertise* (New York The Cambridge press 2004). p. 7.

④ Kenet E. Calder and Mariko de Freytas, "Global Political Cities as Actors in Twenty-First Century International Affairs", *The SAIS Review International Affairs*, Vol. 29, No. 1, 2009, pp. 80-97.

供的备选方案。① 这一过程,为我们观察今天中国的政策研究群体如何参与政策制定提供了一次绝好的机会。

本文作者于 2009 年对参与这一过程的主要政策研究群体、决策部门以及部分相关利益集团的代表进行了广泛的访谈。在分析方法上,本研究将政策研究群体参与政策制定视为一个双向的过程。我们关注的是决策者在政策制定各环节如何扩大其政策网络、政策研究群体如何在现有的体制下主动参与政策制定以及所有决策过程参与者如何互动,从而最终影响政策的形成。这一研究不仅要对现阶段中国公共政策研究机构参与政策过程的模式提供一个较为完整的画面,而且试图挖掘这一过程发生的原因,以便更好地捕捉中国政治体制所发生的深刻变化。

二、中国政策研究群体的主要构成及其属性

据估算,截至 2009 年,中国从事各类"软科学"研究的政策研究机构约有 3000 多家,研究人员约 5 万人②。这些数字远超一些西方机构的估测③,但仍然可能低估了中国政策研究群体的实际规模。按照政策研究机构本身及隶属部门的性质,当代中国的政策研究群体基本可以划分为以下四类。

(一)民间政策研究机构(民间智库)

民间政策研究机构主要指那些不隶属于任何政府部门或单位的、独立的政策研究者或研究机构,也包括那些依靠市场机制独立运作的民间智库。民间政策研究机构起源于 20 世纪 80 年代,起初多数以经济政策为主,从 90 年代开始在研究学科、意识形态等方面逐渐出现分化,数量也日渐增多。④ 目前中国的民间政策研究机构,既有综合性机构,如"经济体制改革研究会公共政策研究中心",也有长期专注于个别政策领域的机构,如"天则经济研究所"、"21 世纪教育研究院"、"洪范法律与经济研究所"等。民间政策研究机构的研究人员大多来自其他机构,而不是全职受雇于民间机构,

① 新医改方案吸收了"10 家政策研究机构"的说法,来自卫生部长陈竺在国际医学界权威期刊《柳叶刀》上的评论。参见 Chen Zhu, Launch of the Health-care Reform Plan in China, *The Lancet*, Vol. 373, April 18, 2009, pp. 1322-1324.

② 朱旭峰:《中国思想库:政策过程中的影响力研究》,第 4 页,清华大学出版社,2009 年版。

③ 一项旨在对各国公共政策研究机构影响力进行排名的报告,提出中国的政策研究机构仅 74 家,这无疑大大低估了中国公共政策研究群体的规模与实力。参见 James G. McGann, The Leading Public Policy Research Organizations in The World, 2008(http://www.fpr.iorg/research/thinktanks/Global Go To Think Tanks 2008.pdf),2010 年 8 月最后浏览。

④ Barry Naughton, China's Economic Think Tank: Their Changing Role in the 1990s.

共同的研究兴趣与意识形态倾向把他们联结到一起。

(二)学术部门下属的政策研究机构(学术智库)

学术部门下属的政策研究机构主要包括中央与地方各层级的社会科学院,以及中央与地方各层级大学下属的政策研究机构。

在中国,社会科学院系统包括中国社会科学院以及全国 31 个省级单位(省、自治区和直辖市)、15 个副省级城市以及其他部分城市的社会科学院。[①] 随着地方社会、经济的发展,各地方社会科学院的政策咨询职能越来越强,成为地方党政决策不可或缺的参谋助手。越来越多的二级城市(如连云港、宁波、台州、东营、潍坊、日照、临沂、聊城等)也开始成立自己的社会科学院,为地方发展积极建言献策。

学术部门下属的政策研究群体还包括中央与地方各层级大学下属的政策研究机构。截至 2008 年,中国有普通高等学校 2263 所,其中能够培养研究生的高等学校有479 个。[②] 这 479 所大学几乎全部建有政策研究机构,有些大学(如北京大学、清华大学、中国人民大学)甚至建有几十个政策研究机构,其中部分为独立研究中心或研究院所,部分则隶属于大学的各学院。

(三)党政部门下属的政策研究机构(部门智库)

党政部门下属的政策研究机构指各级党委、政府下属的行政性的、具有政策研究功能或承担部分政策研究职责的部门。按照这些部门的不同性质,又可分为以下四类:

第一类是各级党校和行政学院。它们是中央和地方各级党委、政府下属的负责党政干部轮训的机构,但二者均具有政策研究功能。例如在中央一级,中央党校主要以研究建设中国特色社会主义重大现实和战略问题为重点,而国家行政学院则更加偏重于行政体制改革方面的战略。

第二类是各级政策研究室。中央各部委以及地方各级党委、政府内部大多设有单独的政策研究室,前者主要针对与本部委核心职能相关的政策领域进行研究,并向部门领导提供决策咨询。后者则主要针对与本地区经济、社会发展相关的重大问题进行研究,并向地方党政领导提供决策咨询。除了传统的部委一级和省、市两级党委、政府

---

① 根据本研究对各层级社会科学院网站所公布的研究人员数字估算,除中国社会科学院约 3200 名研究人员外,31 个省级单位社会科学院研究人员配备约 500 人,市级(包括副省级城市)1000 人,其他城市的社会科学院约 600 人,总数接近 10000 人。

② 参见中华人民共和国教育部:《2008 年全国教育事业发展统计公报》,http://www. moe. edu. cn/edoas/website18/34/info1247820433389334. htm,2010 年 8 月最后浏览。

内部的政策研究室外,最近几年,经济发达省份的县、区一级政府也开始探索成立政策研究室,服务地方决策。①

第三类是各级地方参事室。除政策研究室以外,全国 28 个省、自治区、直辖市以及 15 个副省级城市中的 11 个城市还设有参事室。地方参事室是具有统一战线性质的战略咨询机构,各级地方政府聘任的参事都是地方博学之士、社会名流和专家学者。目前全国地方政府参事约 1000 名左右。② 近年来,地方参事室开始更积极主动地影响地方重大政策的制定,这表现为省内参事室资源整合力度增大,跨省参事室之间横向联动增强,以及中央、地方参事室纵向联动增多。③

第四类是党政部门成立的专门研究机构,主要指各部委和地方政府直属事业单位性质的政策研究机构。在中央,如国家发改委下属的宏观经济研究院,卫生部下属的卫生经济研究所等,它们的主要目的是开展与本部职能相关的政策理论研究和各项决策的可行性分析,为决策提供咨询意见。在地方,各级党委政府和各职能部门也设有许多专门研究机构,如中国(海南)改革发展研究院、上海国际问题研究院等。

(四)中共中央和国务院下属的政策研究机构(最高智库)

中共中央和国务院下属的政策研究机构包括国务院发展研究中心,国务院参事室,国务院研究室以及中央政策研究室。这四者都是综合性极强并直接服务于最高决策者的政策研究机构,后二者同时还具有部际协调的功能。

国务院发展研究中心是直属国务院的政策研究和咨询机构,主要职责是研究国民经济、社会发展和改革开放中的全局性、综合性、战略性、长期性问题,为中共中央、国务院提供政策建议和咨询意见。自 1981 年成立以来,国务院发展研究中心积极参与了国家的国民经济和社会发展五年计划和长期规划的制定,以及各阶段的重大政策研究和决策过程,并主持或参与了许多重大国家级的研究项目以及一些地区性发展战略和规划的研究,在促进中国的改革开放和发展等方面,做了许多开创性的工作。

国务院参事室是统一战线性和咨询性的机构,现任 41 位参事均由国务院总理聘任,他们大多是民主党派成员或无党派人士,也有中共的专家、学者和富有宏观管理经

---

① 例如广东佛山市,在综合改革试验中率先在县区一级组建决策咨询和政策研究室,负责本县区内部体制改革、发展战略、政策咨询、民意调查等问题的研究。参见中共佛山市委政策研究室:"我室加强与新组建的顺德区决策咨询和政策研究室交流",http://zys.foshan.gov.cn/gzdt/200911/t20091113_1413212.htm,2010 年 8 月最后浏览。

② 陈进玉:《论政府参事调查研究的若干方法》,http://www.zjcsxh.com/E_ReadNews.asp?NewsID=84,2010 年 8 月最后浏览。

③ 童禅福:《整合资源咨询国是是做好新时期参事工作的必由之路》,http://www.cdcss.gov.cn/detai.lasp?ID=7150&ClassID=0201,2010 年 8 月最后浏览。

验的领导干部。其主要职责是围绕党和政府的中心工作,调查研究,直接向国务院领导提出意见和建议,共商国是;同时对重要法律法规草案及其他重要文件草案提出意见和建议;密切同社会各界的联系,及时向中央反映社情民意。迄今为止,国务院参事室向决策层报送建议及调研报告数千件。①

2009 年 11 月 9 日,国务院正式颁布了 5 政府参事工作条例 6,政府参事工作迈入新的轨道。② 国务院研究室是承担综合性政策研究和决策咨询任务、为国务院主要领导同志服务的国务院办事机构,下设 8 个司,负责组织或参与对改革开放和经济社会发展中的重大问题进行调查研究,提出政策性建议和咨询意见。同时还负责分析研究国内国际经济形势、各主要国家经济政策和社会发展政策,提出政策建议。

中央政策研究室是中国共产党的最高智囊机构,主要职能是负责分析国家情况,并起草中共中央的主要文件、草案、报告;对党的建设、思想理论重要课题和中央重大决策的可行性进行研究,提出政策性建议;对全国经济、社会、政治形势进行跟踪,收集、整理、分析,报送党建和思想理论的重要综合信息、动态;为中央决策提供建议和咨询等。中央政策研究室下设 10 个研究局,其中社会研究局为 2007 年新设。

上述四类政策研究机构,是当代中国政策研究群体的基本构成。通过比较可以发现,不同类型的政策研究机构,其最显著的差异并不在于其所隶属单位的性质或行政层级的高低,而在于其政策研究的性质与活动的方式。下表从政策分析的性质、主要活动、研究成果、优劣势等几个方面,对这四类政策研究机构进行综合比较。

表 1　不同层次和类型的政策研究群

	政策分析的性质	主要活动	研究成果	优势	弱势
民间智库	• 外聘研究 • 政策倡导	• 政策分析 • 政策完善 • 倡导特定立场	• 零星的意见 • 访谈 • 给媒体的简报	• 政策分析 • 具备理论、历史及比较视野 • 对社会需求敏感度高 • 沟通能力强	• 缺乏资源 • 容易被特殊利益影响 • 意识导向明显

① 参见国务院参事室官方网页,http:∥www. counsellor. gov. cn/content/2008)08/07/content_117. htm,2010 年 8 月最后浏览。

② 新华网:国务院公布《政府参事工作条例》,2009 年 11 月 9 日,http:∥news. xinhuanet. com/politics/2009)11/09/content_12416467. htm,2010 年 8 月最后浏览。

续表

	政策分析的性质	主要活动	研究成果	优势	弱势
学术智库	• 利益无涉 • 合同研究	• 政策分析 • 政策建议 • 政策完善	• 学术论文 • 不定期简报 • 倡导特定立场	• 具备理论、历史及比较视野 • 对社会需求敏感度高 • 相对不受特殊利益左右 • 研究方法优势	• 获得数据的途径有限 • 对政策制定过程缺乏 • 了解 • 抽象思维倾向
部门智库	• 内部研究 • 政策倡导	• 政策试验和田野调查 • 政策规划 • 政策协调	• 提交本部门的技术 • 给决策者提供的资料	• 具备专业政策领域的知识 • 熟悉政策制定过程 • 具备将观念转化为可行性政策建议的能力	• 部门导向 • 受部门层级关系限制 • 研究方法弱
最高智库	• 内部机构 • 政策倡导	• 政策试验和田野调查 • 政策规划 • 政策协调	• 简单报告 • 给决策者的资料 • 最终的政策文件	• 身份超脱，独立于部门利益 • 综合性较强，政策视野宽广 • "直通车"的优势 • 跨部门协调的优势	• 缺乏具体政策领域的 • 知识 • 研究方法相对薄弱

三、中国新医改的基本进程及政策咨询需求

2005 年 7 月，拉开了本次医疗体制改革的序幕，到 2009 年 4 月《中共中央、国务院关于深化医药卫生体制改革的意见》最后出台，从提上议事日程到最终决策，前后历时约 4 年。

医疗改革是世界性的难题，关乎千千万万个普通家庭和亿万人民群众的利益和福祉。由于医疗问题涉及多方位、多层次的信息不对称，无论是宏观层次政策方向的选择，还是微观层次医疗体制的设计，都复杂无比。世界上没有任何一个国家和地区的医疗改革不需要听取卫生政策专家的意见，中国同样如此。虽然中国在医改初期就形成了"恢复医疗卫生公益性，加大政府财政投入"的指导思想和基本共识，但仍然面临着一个又一个难题。如何建立与中国国情相适应的医疗体制？如何让医疗体制具有持续的公益性？财政应投向哪个环节才能有效体现公益性？这些都是中国政府政策制定过程中必须反复探索、反复论证的政策议题。

这次医改的政策制定,按照不同时期政策制定的任务和目标划分,先后经历了五个阶段:

第一阶段是问题的提出以及政策议程的设置,2006 年 10 月之前。2005 年 7 月国务院发展研究中心报告发布后,经过社会大讨论,到 2006 年 6 月国务院医疗改革部际协调小组(后文简称医改协调小组)正式成立,标志着医改政策议程的成功设置。这是一个经过公共辩论使医疗改革由一项公共议程转化为政策议程的过程,在此期间,中国的最高决策者及时确定了增强医疗服务公益性、增加政府财政投入的改革方向,使整个决策过程在大方向上始终没有脱离如何实现医疗服务公益性、将财政投入转化为群众实惠路径的探索。大方向确定后,中国的决策者最终选择从更广泛的角度倾听意见,使更多政策专家和研究机构有机会参与到政策制定的过程中来,确保政策制定不至于被少数专家引导到歧路上去。

第二阶段是备选方案的设计和选择,2006 年 8 月至 2008 年 2 月。2006 年医改协调小组成立后,在国务院的部署下,各部门用了一年多的时间深入调查研究,广泛听取意见,至 2007 年 9 月 28 日医改协调小组内部形成了《关于深化医药卫生体制改革的总体方案(征求意见稿)》,其后又经过反复讨论和修改,2008 年 2 月 29 日,国务院常务会议听取了医改协调工作小组关于医改方案的汇报,进一步修改后形成了《关于深化医药卫生体制改革的意见(征求意见稿)》初稿。这一阶段是通过广泛吸收专家意见、反复比较备选方案、最后形成改革总方案的过程,确定了医改“兼补供方和需方”的思路。

第三阶段是最终方案的内部酝酿,2008 年 2 月至 2008 年 9 月。《关于深化医药卫生体制改革的意见(征求意见稿)》初稿通过后,中央各层级决策者又对初稿进行了长达数月的酝酿、协商,通过向各部委、各省、市征询意见与建议,进行了反复的论证和调整。至 2008 年 9 月 10 日,国务院召开常务会议审议并通过了修改后的《关于深化医药卫生体制改革的意见(征求意见稿)》,决定向社会公开征求意见,内部酝酿阶段宣告结束。这一阶段政策制定的目的一方面是对方案进行内部反复论证和修正;另一方面是通过体制内各方展开商议并有序扩大意见征询的范围,使方案进一步细化、更加具有可操作性。

第四阶段是政策的公开征求意见,2008 年 10 月至 2008 年 11 月。从 2008 年 10 月 14 日起,《意见(征求意见稿)》开始通过信函、传真、电邮或网上留言方式向社会公开征求意见,为期一个月。社会各界广泛参与了本次活动。与此同时,一些地方试点探索已悄然进行。这一阶段政策制定的目的是调动社会各方面积极性,广泛征求和吸纳意见;它也是不断平衡各方利益诉求,对政策进行修正和调整的过程。截至 11 月

14 日 24 时正式结束,共收到各类建议和意见近 36000 件①。最后医改协调小组根据这些意见,对《意见(征求意见稿)》进行了数十处修改。第五阶段是政策的最后出台,2008 年 12 月至 2009 年 3 月。《意见(征求意见稿)》向全民征求意见结束后,中央又对文稿进行了最后审议和修改,至 2009 年 3 月,《中共中央、国务院关于深化医药卫生体制改革的意见》(以下简称《意见》)及《医药卫生体制改革近期重点实施方案(2009—2011)》出台,提出将建立覆盖城乡居民的基本医疗卫生制度,为所有人提供安全、有效、方便、价廉的医疗卫生服务,同时在基本医疗保障体系建设、基本药物制度建设、基本医疗服务体系建设、公共卫生体系建设以及公立医院改革等五大方面形成了清晰的改革计划。这一阶段政策制定的目的是经由中央统筹协调、把握方向、促进政策出台。《意见》的出台,标志着新一轮医疗体制改革的政策制定告一段落。

纵观医改政策制定的全过程,可以说它是一个经过广泛听取意见,反复平衡、论证、修改,最后通过集中决策出台的过程。中国的决策者坚持借助于公共政策研究群体的力量,围绕如何建立兼顾公平性与可及性的医疗卫生体系,通过在各阶段广开言路,参照国内外经验,并比较不同的方案,最终拿出了未必最佳、但令人满意的政策。那么,中国政府到底在多大程度上扩展了其政策网络?公共政策研究群体又通过何种途径进入政策制定的轨道?以及他们如何通过与各方的互动影响政策制定的各个环节?我们将在下一部分作出更细致的分析。

四、政策研究群体参与医改政策制定的过程分析

在新医改的政策制定过程中,中央各层级的决策者为了更广泛地征求意见,向各类政策研究群体打开了参与之门。然而,哪些研究群体能够参与政策制定的过程呢?以及他们能够在哪些关键环节产生影响呢?从根本上来说,这主要取决于需求与供给两方面:第一,在政策制定的不同阶段和环节,决策目标本身对外部政策建议的需求类型,这是决定研究群体能否进入政策过程的需求面;第二,不同类型的研究群体本身的性质及其相对优势,这是决定政策研究机构能否在某个关键环节发挥作用的供给面。

(一)政策议程设置阶段的参与(2006 年 10 月之前)

自 20 世纪 90 年代末期以来,社会层面从未间断过对医疗问题的讨论,开始由一项重要的公众议题,逐渐得到决策者的注意,并最终演变为政府改革的一项议程。这一过程,相关政策研究机构的参与和推动功不可没。独立研究者与民间智库是这一阶

---

① 征求意见网页,见 http://shs.ndrc.gov.cn/yg/,2010 年 8 月最后浏览。

段最活跃的政策研究群体。从 2000 年开始,围绕老百姓"看病难、看病贵"的问题,一些研究者和民间政策团体就开始通过网络和媒体批评中国医疗卫生体制的不足。不少学者认为,当时的中国卫生体制已经面临着"严峻的挑战"或"严重的危机"[①]。2003年 3 月"非典"(SARS)爆发,中国政府受到巨大震动,开始采取措施不断加大政府对公共卫生投入,与此同时社会层面对医疗卫生体制反思的声音进一步公开化,更多的政策研究者参与到讨论中来,引领全社会对医疗体制的改革道路进行更彻底的反思。[②]

2005 年初,国务院发展研究中心社会发展部与世界卫生组织联合完成一项题为《对中国医疗卫生体制改革的评价与建议》的研究报告,并明确地将问题的根源归结为改革开放以来医疗卫生领域"商业化、市场化的走向违背了医疗卫生事业发展的规律"。这份报告的摘要虽经由内参的方式上报中央并在内部刊发,[③]但几乎没有引起决策者和民众的注意和反应。数月后,《中国青年报》转载这一报告,随即在全社会范围内激起了医疗改革的大讨论,甚至在政府内部也引起不小震动。2006 年初的"两会"(全国人民代表大会和全国政治协商会议)期间,这份报告受到了全国人大代表和政协委员的广泛支持,并成为这一年"两会"最热门的讨论话题之一,大大加速了医疗改革问题从一项社会议程向政策议程的转变。[④]

这份报告引起广泛关注后,很快便划分出两大阵营。一批有影响的独立政策研究者开始以更活跃的方式对中国医疗问题的症结和改革方向展开辩争,例如北京天则研究所在这一阶段就利用内部的"天则双周论坛",连续数期邀请了观点不同的学者参与,围绕医疗的话题进行了激烈的碰撞。[⑤]而另一家政策研究机构中国经济体制改革研究会公共政策研究中心,也成为一些政策研究者聚会讨论医改问题的场所。他们中间的一部分人,后来成为医改协调小组改革方案课题委托的对象,但针对改革的路径选择也开始逐渐分化出不同的政策主张。[⑥]

在这一氛围之下,一些学术部门下属的政策研究群体开始以另一种方式参与进

---

① 李菊石:"中国公共卫生的危机",2002 年 8 月 20 日,http://www.zazhi2.org/2002/zs0205c2.txt;周雁翎:"差异悬殊:中国卫生保健事业面临严峻挑战",《中国改革》,2002 年第 4 期;胡琳琳:"从不公平到更加公平的卫生发展:中国城乡疾病模式差距分析与建议",《中国国情报告》,2002 年第 84 期。

② 王绍光:"中国公共卫生的危机与转机",《比较》,2003 年第 7 期。

③ 参见国务院发展研究中心主办:《中国发展评论》,2005 年 3 月增刊第 1 期,目录参见 http//www.drc.gov.cn/cbw/asp? tlist=32618,2010 年 8 月最后浏览。

④ 访谈,国务院发展研究中心社会发展部某干部,2009 年 8 月 4 日;访谈,国务院发展研究中心社会发展部某干部,2009 年 9 月 19 日。

⑤ 王世玲:"智库与医疗改革的博弈",《21 世纪经济报道》,2009 年 4 月 15 日。http://focus.news.163.com/09/0411/11/56K8E5RB00011SM9.html,2009 年 6 月最后浏览。

⑥ 访谈,中国经济体制改革研究会公共政策研究中心某负责人,2009 年 7 月 28 日。

来。与大部分的研究者不同,学术部门研究群体从一开始就注重进行独立的实证调研。例如2006年4月,北京大学中国经济研究中心团队针对江苏宿迁公立医院改革进行了两次独立调研,两个月以后完成了一份《宿迁医改调查报告》。这份报告直陈公立医院改革市场化的道路未能解决"看病贵"问题,反而加重了群众负担,报告负责人后来也被看成"政府主导派"的领军人物。"宿迁报告"除了交卫生部以外,也得到了其他中央政策研究机构的关注,中央政策研究室曾于2006年6月份以后专门约请项目课题负责人座谈,并要求后者提交更详细的分析报告。[①]

综合分析这一阶段各政策研究群体的参与,可以发现,研究者与民间智库,独立性强,对社会与民众需求敏感度高,他们适应了这一阶段引发公共辩论的需要[②]。而作为最终加速政策议程设置的国务院发展研究中心,本身就是国务院直属的政策研究机构,具有综合研究的优势,立场相对比较客观、独立,利用媒体和社会舆论的力量,来自这一机构的研究者最终以"借力"的方式引起了决策者对调整医改方向的重视,加速启动了医改进程[③]。他们的那份报告,也因此成为中国政策制定史上的一份里程碑式的文献。而这一阶段少量学术性政策研究机构的参与,成为2006年医改启动之后更广泛的学术性政策研究群体进入政策过程的先声。

(二)备选方案设计阶段的参与(2006年10月—2008年2月)

2006年9月国务院医改协调小组成立后,医改政策制定随即进入备选方案的设计和选择阶段。2006年10月23日,中共中央政治局进行第三十五次集体学习,探讨医疗卫生体制和卫生事业发展。北京大学中国经济研究中心副主任和中华医学会副会长,就"国外医疗卫生体制和我国医疗卫生事业发展"分别进行了讲解,介绍国外医改经验和我国卫生事业的关系。在这次学习会上,胡锦涛同志提出,要坚持医疗卫生的公益性质,建设覆盖城乡居民的基本卫生保健制度,进一步推动了医疗改革探索如

---

① 李玲:"北大课题组宿迁医改调研报告(上)",《中国青年报》,2006年6月22日。http://zqb.cyo.1com/content/2006)06/22/content_1424541.htm,2010年8月最后浏览;李玲:《北大课题组宿迁医改调研报告(下)》,《中国青年》,2006年6月23日,http://zqb.cyo.1com/content/2006)06/23/content_1425986.htm,2010年8月最后浏览。

② 访谈,北京大学经济研究中心某教授,2009年9月18日,北京;访谈,中央政策研究室某干部,2009年9月19日。

③ 本研究访谈了解到,并没有证据表明这一阶段独立政策研究者的活动受到了相关利益集团的影响,直到医改的第二个阶段,即2007年2月以后进入医改备选方案的设计和选择阶段,相关利益团体才开始与部分政策研究专家进行深入接触,以便影响政策的走向,详见后文。

何实现医疗保障体制"公益化"共识的形成。[1]

这次学习会的选题和时机由最高决策者倡议,参与医改的各主要决策部门和讲解人为这次学习会进行了长达 3 个月的沟通和酝酿。参与沟通与酝酿的不仅有卫生部,还包括国家发改委、财政部、人力资源和社会保障部等医改协调小组的其他决策部门。这是整个医改政策制定过程中,决策者正式借助政策研究专家的视野,从理论与比较的视角分析医疗服务公益性实现形式的最初探索,也是各决策部门之间展开内部磨合、辨明改革路径的第一次碰撞。[2] 这次学习会,对于此后各阶段政策制定者在更大范围内集思广益、听取专家的意见产生了十分重要的示范作用。

虽然胡锦涛同志的讲话表明决策层已就医药卫生事业的公益性、必须强化政府职责以及增加财政投入等大的原则达成了基本共识,但如何使政府投入有效地转化为医疗卫生服务公益的最大化,并没有现成的方案。因此,与前一个阶段相比,在备选方案的设计阶段,决策者更需要的是从建设性的角度寻求一套适合国情的方案。在这种决策需求的驱动下,许多隶属于大学的政策研究机构以及部分国际组织的医疗卫生政策专家、国外政府的医疗卫生政策顾问开始进入政策制定的过程,成为这一阶段影响政策制定的主角。

从 20 世纪 90 年代末期开始,学术性的政策研究群体就从未间断过与政府部门的合作,但到医改的这一阶段,公共政策研究群体与决策部门开展合作的平台以及他们发挥影响的渠道,都已经发生了明显变化。过去,他们与政府部门的合作主要以个别部门为基础,针对政策制定的某个特定环节提出具体谏言,是分散的、非常规的合作。在这个阶段,合作对象开始转变为部际协调机构,目标是形成政策制定的综合方案,是统一的、常规化的合作。这一阶段,决策者不仅通过各种方式广泛倾听来自国内外大学、国际组织以及国外医疗卫生政策专家的意见,而且以医改协调小组为平台,正式委托政策研究机构进行独立平行研究并提交各自的方案。

2007 年 2 月,医改协调小组正式委托六家国内外机构开展"中国医药卫生体制改革总体思路和框架设计"的独立平行研究[3],要求在三个月之内拿出代表各方观点的医疗体制改革方案。这六家研究机构的选择,由国家发改委和卫生部商定,综合考虑

---

[1] 有关中央政治局集体学习制度的情况,参见杨友明:"一项关系党和国家事业兴旺发达的战略任务:中共中央政治局集体学习述评",《学习时报》,2009 年 5 月 25 日。有关第 35 次中央政治局集体学习的情况,参见新华网文章:"胡锦涛强调建设覆盖城乡居民的基本卫生保健制度",2006 年 10 月 24 日,http://news. xinhuanet. com/politics/2006) 10/24/content_5244094. htm,2010 年 8 月最后浏览。

[2] 访谈,北京大学经济研究中心某教授,2009 年 9 月 18 日星期五下午。访谈,卫生部某干部,2009 年 9 月 22 日。

[3] 这六家机构包括国务院发展研究中心、北京大学、复旦大学、世界银行、世界卫生组织,以及知名的国际咨询机构麦肯锡。

各机构研究能力和学术积累,也考虑政府与民间(大学)兼顾、国内外兼顾,甚至考虑到南北方兼顾。最后决策者将在六大方案的基础上博采众长,拟订出初步医改方案。每个受委托机构都接到了正式的委托函,并由一个分管领导牵头、组织多方面的专家组成课题组。2007 年 4 月底,这六家机构提供的六个备选方案报告汇总上交到医改协调小组。①

在此期间,作为计划外方案的提供者,北京师范大学、中国人民大学、清华大学、中国社会科学院等单位的政策研究机构,也纷纷组织力量展开独立研究,并主动挤入政策制定的轨道。其中北京师范大学的方案和中国人民大学的方案在六套计划内方案上交之前,就已经面世,前者经财政部、人力资源与社会保障部推荐,被医改协调工作小组正式追加委托,而后者进入政策轨道的过程,具有更为特别的意义。2006 年下半年,中国人民大学"卫生医疗体制改革与发展研究中心"成立,这一机构在没有获得任何部门委托的情况下,针对医疗改革的几大重点政策领域,花费 5 个月开展了独立研究,至 2007 年初就已完成了后来被称为"第 8 套医改方案"的草案。为了获得决策者的注意,这一机构的负责人又主动组织内部研讨会、邀请相关部门决策者参加、向决策部门主要领导递交报告,最终获得了重视,应邀作为独立方案的提供者,参加 2007 年 5 月份召开的钓鱼台集体评审会。②

在这一阶段,隶属于学术部门的政策研究群体,围绕到底应该"补供方"还是"补需方",以及通过何种机制实现"补供方"和"补需方"等原则问题,进行了激烈辩论,基本形成了"政府主导"与"市场主导"两个派别。他们之间争论的核心是:在医疗服务的市场中,竞争机制到底能发挥多大作用。这种争论不仅出现在不同政策研究机构和不同课题组之间,甚至同一研究机构或课题组内部也出现了分化。这背后,既有不同学科背景形成的认识视角的差异,也有不同意识形态因素造成的冲突。

不同政策研究群体内部的互动以及它们与其他参与者之间的互动意义重大,结果是大大增加了中国医疗改革的备选方案,为决策者提供了更多的政策选项。2007 年 5 月 29—30 日,医改协调工作小组在钓鱼台召开评审会,16 个相关部门的副部级官员到场,讨论了这八家机构提供的医改方案以及某金融公司提供的半套方案,共八套半方案。评审大会由国家发改委和卫生部领导主持,各方案主笔人一一陈述各自方案的观点,并由应邀参会的国内外专家逐一点评,展开讨论③。这次会后,由中国社会科学

---

① 访谈,国务院发展研究中心社会发展部某负责人,2009 年 8 月 4 日。

② 在此之前,某关键部门的领导建议人民大学将报告修改后作为正式方案参与医改方案的研究、讨论,另一个部门的领导则专程来人民大学调研,直接听取汇报,还有某决策部门的领导安排相关司长、处长直接约见课题负责人座谈。访谈,中国人民大学医改研究中心某负责人,2009 年 8 月 4 日。

③ 原则上国内课题组由国外专家评议,国际组织课题组则由国内专家评议。

院某课题组对所有方案进行了综合评估并做反馈。[①] 此后,清华大学的团队又向医改小组提供了"第九套"方案,这套方案倾向于帮助决策者从国际经验中找到合适的借鉴,而该方案进入政策制定轨道的过程同中国人民大学课题组有着异曲同工之妙。[②]

表 2 政策内部酝酿阶段的主要参与者

学术部门研究机构	北京大学 清华大学 复旦大学 中国人民大学 北京师范大学 中山大学 中国社会科学院
政府研究机构	国务院发展研究中心
国际组织	世界卫生组织 世界银行 英国国际发展部
私立咨询机构	麦肯锡 中国国际金融有限公司
外国政策专家	美国总统奥巴马的医疗政策顾问 Greg Bloche 美国布鲁金斯研究所教授 Leonard D. Schaeffer 世界卫生组织与世界银行医疗卫生顾问 Hana Brixi 美国哈佛大学教授 William Hsiao(萧庆伦) 英国约克大学教授 Alan Maynard 英国伦敦大学教授 Annie Mills

至 2007 年 9 月,决策者在综合各家方案的基础上形成了《关于深化医药卫生体制

[①] 2008 年底《征求意见稿》出台之前,中国社科院已经形成了独立的综合评估建议。10—11 月份之间,研究小组将一份大本的《评估建议》分别递交中央政策研究室及国务院研究室;2008 年 12 月国务院医改领导小组成立后,他们又向医改领导小组办公室递交了 10 份《评估建议》。与此同时,该研究小组也利用院内的特殊渠道,形成了几类内容长短不一的内参和要报,其中将 2000—3000 字的内参分送到了每一位中央政治局委员和省部级干部的案头。访谈,中国社会科学院工业经济研究所研究员、中国经济体制改革研究会公共政策研究中心某负责人,2009 年 7 月 28 日;访谈,中国人民大学医改研究中心某负责人,2009 年 8 月 4 日。

[②] 清华大学"第九套"方案的主要制定者从医改课题招标开始,就利用和哈佛大学的合作资源,自己出资低调研制方案,拟定在"时机成熟的时候上交"。方案上交前,卫生部主管官员就曾多次约请方案的主要制定者进行当面交流和沟通,希望借助这一方案能从国际经验中找到合适的借鉴。参见:"十年医改路回顾:从中央制定到问计民间",《第一财经日报》,2007 年 12 月 13 日。http://news. xinhuanet. com/politics/2007/12/13/content_7236741. htm,2010 年 8 月最后浏览。

改革的总体方案(征求意见稿)》①。次年 2 月,经国务院常务会议讨论,通过了《关于深化医药卫生体制改革的意见(征求意见稿)》(以下简称《意见(征求意见稿)》)初稿,最终确定了新医改的财政投入将"兼顾医疗服务供方和需方"的基本思路和总体框架,②标志着政策制定的备选方案设计和选择阶段告一段落。与此同时,这些来自国内外大学、国际组织的政策专家参与医疗政策制定频度最高的黄金期也基本结束。以学术论文中"医疗改革"议题出现的频度作为衡量学术界对医改议题关注度的一项指标,2006—2007 年恰好是实际政策制定过程中学术性政策研究群体参与频度最高、影响力度最大的阶段。2008 年 2 月以后,随着政策制定进入内部酝酿阶段,学术性研究群体对医疗问题的关注度也随之下降(图 1)。

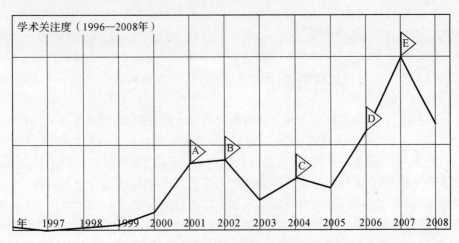

图 1　中国学术界对医疗改革议题的学术关注度
资料来源:CNKI 学术趋势检索③

　　综合来看,这一阶段政策研究群体参与医改的主要方式是用"事实"和"论证"说话。以学术部门为主体的政策研究群体,其人才优势在于长期从事学术研究,具有深厚的理论修养和良好的方法训练,他们和国际组织的政策专家均熟悉国外医疗改革的经验,长期的积累形成了良好的历史与比较分析视野。这些素质决定了他们在为决策

---

　　①　"卫生部:医改基本思路总体框架初步确定",《中国青年报》,2007 年 12 月 27 日。http://news. xinhua-net. com/politics/2007)12/27/content_7319632. htm,2010 年 8 月最后浏览。

　　②　"三年磨一剑——我国深化医药卫生体制改革大事记",中央政府门户网站要闻,2009 年 4 月 6 日发布。http://www. gov. cn/jrzg/2009)04/06/content_1278764. htm,2010 年 8 月最后浏览。

　　③　http://trend. cnk. i net/trendshow. php? searchword=％E5％8C％BB％E7％96％97％E6％94％B9％E9％9D％A9&tjType=&databasetj=define_search,2010 年 8 月最后浏览。

者辨明改革的理论基础、提供多种政策选项方面,具有无可比拟的优势,适应了这一阶段政策制定的需要。但从这一阶段开始,相关利益团体也开始频频接触一些已经进入政策制定过程的专家①,开启了此后很长一段时期部分政策研究群体和相关利益组织的"蜜月"之旅。不过,由于中央坚持广开言路的原则,使得政策制定最终没有被少数研究者引导到歧路上去。

(三) 政策内部酝酿阶段的参与(2008 年 2 月—2008 年 9 月)

2008 年 2 月《意见(征求意见稿)》初稿产生,提出了改革的基本思路和总体框架,政策制定的主题随即转移到在"兼补医疗服务供方与需方"的基础上进一步研究"如何补、补多少"等具体问题,而这将涉及有限的财政资源如何分配、各部门职能如何协调、各方面利益又如何兼顾的问题。因此,在很大程度上,这一阶段的工作既是一个如何通过职能调整和制度设计,将基本原则转化为可操作性方案的理性探究过程,又是一个如何稳妥地协调各部门职能、平衡各方面利益,使方案为各方所接受的政治互动过程。

在这种情况下,中国政府选择了以政策的内部酝酿为原则,通过各决策部门主导、政府内部各层级政策研究机构相配合的方式,积极有序地征求体制内外各方面的意见。一方面,按照国务院的规定,围绕群众最关心的问题,对改革的目标和主要措施,进行了研究和测算,实际上是通过调动体制内各方面的积极性进行政策协调,将前期形成的各项基本思路转化为更具体的、可操作性的政策步骤;另一方面,中央要求在可控的范围内,稳步平衡各方面的利益和诉求,尤其是在中央与地方之间、不同政府部门之间、公共利益与商业利益之间进行平衡,通过充分沟通和协商寻求最大共识。受到这一阶段政策制定内在需求的影响,政府内部各层级的政策研究群体开始进入政策制定过程,成为这一阶段影响政策酝酿的重要力量。

在这一阶段,主要决策部委下属的政策研究机构协助本部门进行了大量调研工作。他们从实际出发对方案的可操作性进行了反复论证,并就如何实现基本原则向决策者提出了更具体、也更具操作性的建议。但是由于他们与职能部门之间的隶属关系,其政策分析往往不可避免地带有部门视角的色彩,因此围绕部门之间的分歧,他们

---

① 通过访谈了解到,2007 年春某受托方案出来之后,包括国内和国际医药产业的代表就开始找到方案负责人,寻求合作。又如某国内医药企业管理协会,也是在同期开始找到某政策研究机构负责人,希望以中心为平台,资助他们展开讨论并影响舆论,而这一中心后来参与了中国社科院对医改方案的综合评估工作。访谈,中国经济体制改革研究会公共政策研究中心某负责人,2009 年 7 月 28 日;访谈,中国外商投资企业协会药品研制和开发行业委员会(IDPAC)某政策负责人,2009 年 11 月 20 日。

常常会成为本部门借助分析说服其他政策倡导者的工具,在独立性方面打了折扣。①
但他们是唯一既熟悉本部门职能、又能够代表本部门政策视角的研究群体,他们的参
与不仅为检测前期形成的原则和框架提供了必要理据,而且为体制内部围绕有争议的
政策议题进行协调、沟通、细化、深化创造了条件。

表 3　医改过程中主要部委下属的政策研究机构

部委	下属研究机构
卫生部	卫生经济研究所
	中国疾病控制中心研究院
财政部	财政科学研究所
发展与改革委员会	国家发展与改革委员会宏观经济研究院
	中国体制改革研究会
人力资源与社会保障部	中国人事科学研究院
	劳动工资研究所
	中国医疗保险研究会
民政部	政策研究中心
	社会福利与社会进步研究所
国家食品药品监督管理局	南方医药经济研究所
国资委	国资委研究中心
国家中医药管理局	中国中医研究院(中国中医科学院)
保监会	中国保监会政策研究室

随着中央向全国各省、市、自治区征求意见,各级地方政府下属的政策研究机构也
开始参与其中。由于对地方层面的实际情况比较了解,它们在这一阶段的作用是配合
地方政府有关部门就修改后的《意见(征求意见稿)》初稿向中央反映地方情况,表达地
方需求。除了自下而上的反馈外,中央也通过自上而下的方式直接到地方征求意见。
例如 2008 年 9 月,卫生部组成 10 个调研组分赴全国不同省份,围绕深化医改的十个
专题展开调研,目的是在完善医改方案初稿、制定医改配套政策的过程中,尽量吸纳基
层的意见、建议和成功经验。这次调研除了组织卫生部政策与管理研究专家委员会的
专家随行外,部分地方政策研究机构的代表也参与了调研和座谈,及时反映了地方实
际问题及政策建议,这些意见最终被带回北京。②
　　在这一阶段,部分中央直属的政策研究机构也参与其中,并发挥巨大作用。例如,

---

①　访谈,中国疾病预防控制中心研究院某研究员,2009 年 9 月 18 日;访谈,财政部财政科学研究所某干部,
2009 年 10 月 3 日。
②　"卫生部围绕医改组织 10 个专题调研",新华网新闻,2008 年 11 月 10 日。http://news. xinhuanet.
com/newscenter/2008) 11/10/content_10336598. htm,2010 年 8 月最后浏览。

国务院参事室针对《意见(征求意见稿)》初稿有关公立医院改革试点措施不够具体、操作性不够强等问题,于 2008 年 7 月成立了公立医院深化改革专题调研组,先后对全国九省市的部分公立医院改革情况,进行了为期 5 个月的独立调研。这次调研,既是针对涉及全局、关乎改革成败的重大问题,也是针对那些部门分歧最大的议题。由于时机选择很好,与国务院的改革步骤相吻合,这次调研为最终决策提供了非常关键的政策性意见。[①]

到 2008 年 10 月国务院常务会议决定向全社会公开征求意见的时候,经过一年多体制内广泛征求意见,《意见(征求意见稿)》初稿已经进行了反复修改,使之在健全基本医疗保障体系上更加细化,具有相当强的操作性。

综合来看,这一阶段的主角是传统的政府智库。与其他类型的研究机构相比,中央部委下属的政策研究机构,更熟悉政府部门的职能和内部运作,有利于它们将决策者提出的宏观改革思路转化为具体政策方案。而国务院参事室的优势在于身份"超脱",不代表任何部门利益,而且拥有"直通车"优势,它们可以针对那些分歧最大的问题进行独立调研并提供独立报告。此外,政府内部各层级政策研究机构则承担了反映体制内各方面意见和局部诉求的功能,经由它们,地方实际情况和好的经验、意见被带到中央,并被吸纳到政策中来。

(四)政策公开征求意见阶段的参与(2008 年 10 月—2008 年 12 月)

2008 年 10 月,修订后的"意见(征求意见稿)"发布在互联网上,公开向全民征集意见。政策制定开始从内部延伸到外部,从体制内半开放状态转化为全社会范围内的开放状态。通过公开征询意见,决策者希望达到三个目的:(1)使新的改革方案获得更广泛的民意基础;(2)检测社会各方面尤其是各相关利益群体对改革方案的反应,进一步平衡各方面的正当利益诉求;(3)通过集中全社会的智慧,完善方案,为方案最后出台做好准备。因此,这是整个医改政策制定过程中社会各方参与最广泛、各方面互动最频繁的一个阶段。

在这一阶段,几乎所有的政策研究群体又重新回到舞台的中央,开始基于不同目的、通过不同渠道参与对《意见(征求意见稿)》评头品足。除了通过网络的方式提出意见外,它们还试图动用各种资源来影响公共舆论,进而影响决策者。这一阶段表现最活跃的是部分对市场机制深信不疑的独立政策研究者和部分来自学术部门的研究者们,他们通过网络、论坛以及接受媒体访谈等方式,表达了对于方案几个关键政策环节

[①] 这次调研,从中央到地方,召开了 60 多场座谈会,前后访谈了 900 多人,直接听取了各地政府部门的意见、大量院长、医生、护士的意见,甚至走访了长期患病家庭、农民工、离退休人员和街道社区的代表。访谈,国务院参事室独立调研组某成员,2009 年 12 月 9 日

没有坚持彻底的市场主义的失望。

相关政策研究群体与有组织利益团体的合作与互动,在这一阶段达到空前程度。2008 年 10 月《意见(征求意见稿)》出台的第二天,北京某公共政策研究中心的学者们就组织了一个记者集中见面会,邀请重要的商业媒体集中接受采访。受邀参加这次见面会的还有中国某医药企业协会的代表,他们共同向媒体释放信息,影响舆论的发展。[①] 与此同时,有组织利益团体也积极展开了一系列活动,邀请它们青睐的政策专家的参与,包括组织各种形式的"媒体见面会"和多渠道"上书"等。这些活动,不仅是有组织利益团体联合政策研究群体向公众和决策者表达行业利益诉求的方式,而且此后的发展证明,这些活动也是更大规模的有组织利益团体在政策出台前夕向中央"上书"活动的前奏。[②]

综合来看,决策者这一阶段最主要的目的是向全民公开征求意见。由于前一个阶段采取了政策内部酝酿的方式,使得除政府内部智库以外的绝大多数政策研究群体和相关利益集团的代表没有获得系统影响政策制定的机会。《意见(征求意见稿)》一经公布,相关政策研究群体和有组织利益团体无疑会充分利用这一机会,公开表达其政策主张或利益诉求。这期间,绝大多数政策研究群体是基于公益的需要,从建设性的角度对方案提出了意见,虽然部分研究者或基于意识形态的一致性,或基于利益的缘故,与有组织利益团体之间展开互动,但已经不能改变政策的大方向。相反,这种有限的互动在客观上有利于正当利益的表达,使即将出台的方案可以更加兼顾各方面的诉求。

(五)政策最后出台阶段的参与(2009 年 1 月—3 月)

2009 年 12 月,中央医改领导小组成立,由一位分管副总理担任组长,政策的主要制定者由各职能部门转为中央最高决策机构。最高决策者通过中央集中决策机制,全面审议并吸收政策酝酿阶段的各种意见,统筹协调政策制定中的重大问题,综合平衡各方面的利益、诉求,坚持原则、把握方向,推动了政策的最后出台。

在这一阶段,参与政策制定的主要研究机构是中央政策研究室和国务院研究室。作为中共中央和国务院层次的最高政策研究机构,它们具有其他类型的研究机构所不具备的独特优势。首先,这两个机构独立于各政府职能部门,直接为最高决策者服务,

---

① 访谈,中国经济体制改革研究会公共政策研究中心某负责人,2009 年 7 月 28 日。
② 这一阶段有组织利益团体组织了各种形式的"上书",获得了中央决策者的回应。例如,因《征求意见稿》明显忽略了药品流通领域全国 30 多万家零售药店的利益,激起了这一群体的巨大反弹。2008 年 11 月中国医药商业协会组织全国 33 家医药协会进行了一次联合"上书"这次上书引起了最高决策者的注意。最后由国务院主管副总理专门签署意见,安排各相关部委组织人力,当面倾听企业与行业协会的意见,并吸收了其中合理的要求。访谈,中国医药商业协会某负责人,2009 年 9 月 1 日。

超脱性比较强。其次,它们一直参与党和国家重大方针、政策的文件起草工作,几乎所有即将出台的重大文件均需经过它们的最后统稿,因此它们更能从全局出发对文稿进行审议。最后,它们是最接近最高决策层的政策研究机构。

在知识结构方面,新医改的过程说明,中国不同类型的政策研究群体显示出不同的比较优势。它们中间,既有民间政策研究机构,又有官方党政研究机构;既有学术性的研究机构,也有部门性很强的政策研究机构。有的偏重理论,具有历史与国际比较的视角;有的偏重实践,具有将政治理念转化为可操作方案的经验,还有的偏重综合,具有整合不同视角、协调不同方案的特长。这种搭配才真正适应了重大政策制定的需要,它既有利于形成多元化政策视角,又有利于观点与立场的互补和平衡,从而保证决策的质量;既有利于展开充分的辩争,又有利于适时控制不必要的纷扰,从而保证决策的效率。

在利益整合方面,新医改的过程揭示,中国的政策研究群体在很大程度上代表了中国社会各方面的意见和利益诉求。它们中间,既有局部利益的代表,也有整体利益的代表;既有中央性质的,又有地方性质的;既有对群众需求反应敏锐的社会层面的代表,也有对国家体制和宏观政策把握能力很强的国家层面的代表。在整个政策制定过程中,不仅中央通过"自上而下"的方式广泛问计于政策研究群体,而且这些政策研究群体也在多个环节通过"自下而上"的方式,将局部的情况和利益诉求反映到中央决策者那里,很好地发挥了利益和意见整合功能。

总之,政策研究群体参与中央重大政策制定的过程与模式说明,一方面,中国的政策研究群体对决策过程的参与和影响,受惠于中国独特的体制和运作机制,另一方面它反过来又对中国的政府体制,尤其是中央决策体制产生了深刻影响。纵观新医改政策制定的全过程,由于每个政策环节都有政策研究群体的参与,这不仅提升了政府决策的科学化水平,而且广泛的参与和充分的互动,也在很大程度上改变了政府部门之间的传统协调机制,除了更多的信息进入决策层从而增强了部门沟通的基础以外,也使得各决策部门不得不认真对待各方面的压力,有助于中央直接回应民众所关注的问题,合理平衡各方的利益,调动和吸纳更广泛的政治参与。从更大的意义上说,中国政策研究群体对重大社会政策制定的实践表明,中国正在以自己独特的方式践行其民主、科学、有效执政的理念。

(作者简介:王绍光,香港特别行政区策略发展委员会委员,香港中文大学政治与行政学系讲座教授,清华大学公共管理学院长江讲座教授,研究领域:比较政治,政治经济学,中国政治,民主理论与实践;樊鹏,中国社会科学院政治学研究所副研究员,研究领域:中国政府与政治,比较政治与政府研究,行政体制改革。)

作者
戚建刚

我国食品安全风险规制模式之转型①

内容提要：以食品安全风险规制所涉主体为基点，通过考察行政机关、利害关系人、专家和普通公众四类主体在食品安全风险规制中所承载的不同角色和功能，可以抽象出食品安全风险规制的两种模式。我国传统的食品安全风险规制模式属于自上而下模式，食品安全法的颁布与实施强化了该模式。面对当前我国频繁发生的食品安全事件，自上而下的规制模式在风险议题形成、安全标准制定、风险评估、风险信息沟通和风险管理等方面面临全面挑战。相互合作的规制模式有当代政治法律理论和国外食品安全风险规制经验的支持，有助于在食品安全风险规制所需要的理性与感情、科学与民主之间寻求尽可能的平衡，符合我国食品安全风险规制的现实需要。在规范层面上，该模式的制度框架由核心制度、支持性制度和技术制度构成。

关键词：食品安全风险规制；食品安全法；行政法学

一、引言

从学理上讲，食品安全风险规制是由议程设置、安全标准制定、风险评估、风险沟通和风险管理等要素构成的制度状态。② 欧盟和美国等食品安全风险规制的经验或教训表明，有效防范和及时应对各类食

---

① 本文原载于《法学研究》2011 年第 1 期。本文获马怀德教授主持的国家自然科学基金重大研究计划项目《非常规突发事件应急管理的法制保障系统》(项目号：90924028)资助。

② See Marion Dreyer Ortwin Renn(ed.)，*Food Safety Governance*：*Integrating Science Precaution and Public Involvement*，Springer-Verlag Berlin Heidelberg Press，2009. p. 31

品安全风险取决于食品安全风险规制的合理安排与科学设计。① 从我国近几年连续发生的一系列食品安全事件来看,现行的食品安全风险规制已经陷入合法性危机。频繁发生的食品安全事件,既严重侵害了公众的生命、健康和财产等权利,也严重损害了公共利益以及相关企业的合法权益。更为重要的是,公众和企业已经对现行的食品安全风险规制产生了不信任,而对制度的信任是人们服从该制度的心理基础,也是制度具有生命力的动力机制。② 缺乏公众和企业信任的食品安全风险规制自然不会得到公众和企业的支持,这又将削弱政府规制食品安全风险的能力,助长食品安全事件的发生,进一步冲击现行食品安全风险规制的合法性。由此可以认为,我国的食品安全风险规制正在陷入一种恶性循环。

打破上述恶性循环,重塑我国食品安全风险规制的合法性,需要立足于食品安全风险的特点和规律,提高风险规制的科学性,增强风险规制的民主性,增进行政机关、公众和企业之间的相互信任。本文尝试从食品安全风险规制所涉主体的角色和功能出发,试图通过对各个主体角色和功能的调整,达到提高风险规制科学性、增强风险规制民主性的目的。文章首先运用理想类型的方法,以风险规制所涉主体——行政机关、利害关系人、专家和普通公众——承载的角色和功能为参照,概括出食品安全风险规制的两种模式:自上而下的模式与相互合作模式;在此基础上,进一步讨论自上而下模式面临的主要挑战,以及相互合作模式的合理性基础及其制度框架。

一、食品安全风险规制两大模式

建构食品安全风险规制模式在理论上存在不同的切入点,从而可以选择不同的变项。比如,以食品安全风险的特点和规律为基点,选择针对这些特点和规律的规制方法为变项;以食品安全风险规制的过程为基点,以不同阶段的特征或者侧重点为变项;以食品安全风险规制的权力分配为基点,以各个具体化的权力行使为变项;如此等等。本文以食品安全风险规制所涉主体为基点,选择行政机关、利害关系人、专家和普通公众四类主体为变项,通过考察这四类主体在食品安全风险规制中所承载的不同角色和功能,抽象出食品安全风险规制的不同模式。之所以选择风险规制所涉主体为基点,主要有两方面的考虑:第一,前述食品安全风险规制的合法性危机实乃信任危机,而信任危机的本质是民主性问题。以风险规制所涉主体为基点,有利于凸显民主性问题,

---

① See Patrick van Zwanen Berlin Erik Millstone, *BSE: Risk, Science, and Governance*, New York: Oxford University Press, 2005, pp. 236-245

② E. Peters and P. Slovic, The Springs of Action: Affective and Analytical Information Processing in Choice, 26 *Pes. Soc. Psychol. Bull.* 1465-1475(2000)

同时也有助于寻找克服民主性困境的出路;第二,食品安全风险规制重在实践,正是各个不同主体实践的相互作用决定着风险规制的效果和对风险规制的评价。以风险规制所涉主体为基点,考察不同主体在风险规制实践中所承载的角色和功能,有助于发现主体之间角色和功能方面可能存在的错乱,从而为通过主体的角色功能调整来提升风险规制的科学性提供理论上的基础。

作为变项的四类主体:行政机关主要指,根据现行法律,如食品安全法的规定,负有管理食品安全风险职权与职责的行政机关,包括卫生行政、农业行政、质量监督、工商行政管理、食品药品监督管理部门等。利害关系人是指,与某一食品安全事件在法律上有直接权利与义务关系的主体。专家主要是指,行政机关以外、系统掌握某一方面食品安全风险知识、被训练成以定量方法来进行食品安全风险规制的人。普通公众是指,对某一食品安全风险感兴趣或具有法律上潜在利害关系的主体。根据这四类主体在风险规制实践中承载的不同角色和功能,本文把食品安全风险规制划分为两大模式:自上而下模式和相互合作模式。

(一)行政机关的角色

在自上而下的食品安全风险规制模式中,行政机关的角色主要有三种。

一是与食品安全风险有关的公共利益的当然判断者和代表者。行政机关被法律委以代表和判断与食品安全风险有关的公共利益的权力,有权决定食品生产经营者的某一项活动所产生的风险是否能够被社会所接受,有权决定以何种方式、在何种程度上向公众或其他企业公开某一食品安全风险的信息,有权制定何种严格程度及具有何种效力的食品安全标准,有权采取或不采取措施来管理某一食品安全风险等。

二是规制食品安全风险的绝对的领导者、支配者和监督者。在食品安全风险规制的整个过程中——议程设置、评估、沟通、管理等各个环节,它们都处于绝对支配者的地位。它们有权决定对食品安全风险进行评估,有权制定食品安全标准,有权公布食品安全信息,有权认定食品检验机构的资质,有权对食品生产、食品流通、餐饮服务活动实施监督管理,有权对相关行政相对人违反食品安全法律规范或行政命令的行为进行处罚等。

三是食品安全风险规制责任的集中承担者。与处于绝对支配者的强大职权相匹配,行政机关也是食品安全风险规制责任的集中承担者。当其在食品安全风险规制过程中存在不履行食品安全法律规范所规定的职责或者存在滥用职权、玩忽职守、徇私舞弊等情况时,则要承担相应的行政责任,,甚至刑事法律责任。

食品安全风险规制机关的这三种角色,在我国现行食品安全法律规范中都有体现。比如,《食品安全法》第4条规定,国务院卫生行政部门承担食品安全综合协调职责,负责食品安全风险评估、食品安全标准制定、食品安全信息公布、食品检验机构的资质认定条件和检验规范的制定,组织查处食品安全重大事故。国务院质量监督、工商行政管理和国家食品药品监督管理部门依照本法和国务院规定的职责,分别对食品生产、食品流通、餐饮服务活动实施监督管理。《食品安全法实施条例》第 2 条、第 5条、第 20 条等多个条款都作了更加明确的规定。从食品安全风险规制实践来考察,也可以凸显自上而下规制模式中行政机关的角色。一个比较典型的例子就是 2008 年 9月初,因三鹿问题奶粉事件曝光,国务院办公厅在几日内就废除一项已经在我国施行几年的食品质量免检制度,而代之以定期或不定期的抽检制,从而强化行政机关规制食品安全风险职责。

　　与自上而下的食品安全风险规制模式中的行政机关角色相比,在相互合作的食品安全风险规制模式中,行政机关的角色呈现出相当的差异。这主要体现为四个方面。

　　一是行政机关虽然也是与食品安全风险有关的公共利益的最终判断者,但对公共利益的判断是在与利害关系人和普通公众的代表等主体相互沟通、论证和协商过程中最终形成的。当行政机关否定或拒绝利害关系人和普通公众的代表等主体的意见时,应当说明理由。

　　二是行政机关虽然在食品安全风险规制中也会承担监督者和领导者的角色,但其不是处于绝对支配地位。这种监督者和领导者的角色,在很大程度上依赖于所需要规制的食品安全风险的背景,包括食品安全风险规制问题的历史、与该食品安全风险有关的信息数量、该食品安全风险所涉及的利益团体之间的冲突本质及各方的相关影响力、食品安全风险的特点与属性等。

　　三是行政机关虽然依旧要担当监督者和领导者角色,但其还需要担当更为灵活、积极、主动和多样化的角色。比如,当对于那些科学上尚无定论、具有不确定危害属性的食品安全风险进行规制时(较为典型的如因杀虫剂、生长激素、抗生素、复合化肥等引发的食品安全风险),行政机关就应当采取一种试验主义的立场,需要与利害关系人进行合作式管理。对于此类食品安全标准的制定,行政机关只是最低标准的起草者,它需要召集各方当事人共同参与和制定该类食品安全的标准,与各方当事人共同确定对该类食品安全风险加以规制的目标并论证和选择实现目标的必需措施。又如,当对于那些具有在价值判断上存在模糊或争议的危害属性的食品安全风险进行规制时(较为典型的如抗病虫的转基因食品、2008 年发生在我国的"碘盐风波"等),行政机关除了担当召集者、协商者的角色之外,还要担当说服者、推动者、资助者、能力建设者等角色。为了防止那些具有强大资源或影响力的团体(如企业)支配协商和合作过程,行政机关需要对那些缺乏该类食品安全风险信息的弱势主体,特别是普通消费者,安排资金给予相应的资助,并提供技术专家支持;行政机关需要说服利害冲突较激烈的各方当事人参与合作,告诉它们如果能够参与规制过程就能够比单纯对抗获得更多收益,如节省成本、减少诉讼或增进关系等;当该类食品安全风险问题的谈判陷入僵局、集体行动无法达成一致意见时,行政机关还需要积极努力促成共识,以推动谈判程序的顺利进行。

四是行政机关虽然也将承担食品安全风险规制中的责任,但它不是责任的集中承担者,参与共同规制的各方当事人也将承担相应的责任。也就是说,食品安全风险规制责任的承担已经超越公与私的界线。显然,这在自上而下模式中是难以想象的。这样一种责任分配方式是基于相互合作模式中的一个事实,即对食品安全风险规制标准、措施等的确定是行政机关、利害关系人、专家和普通公众等主体基于各自的经验、知识,在不断反思、互动过程中形成的。行政机关虽然是最终的决策者,但这种决策吸纳了利害关系人、专家和普通公众等主体的意志,是基于共识基础上的决策。

显然,与自上而下模式中的行政机关角色相比,它们之间存在相当差异。在当前特别强调强化政府对食品安全风险进行规制的背景下,这样一种新的食品安全风险规制模式或许显得特别异类。然而,一方面,欧盟等食品安全风险规制比较先进的地区,由于清醒地意识到自上而下模式存在的种种弊端,对行政机关的单一支配和命令角色已经作了改革,并积极转向相互合作模式中行政机关多样化的主动和灵活的角色。比如,欧盟对转基因食品安全风险的成功规制就运用了相互合作模式。① 另一方面,当前我国大量的食品安全事故也表明强化政府规制食品安全风险模式的失灵,因此,寻找或设计一种新的、替代性的食品安全风险规制模式,实为回应现实所需之举。

(二)利害关系人的角色

在食品安全风险规制过程中,利害关系人主要有两类:一是与某一食品安全风险相关的食品生产经营者;二是当发生某一食品安全事件或疑似事件时,所涉及的消费者。在两类食品安全风险规制模式中,利害关系人的角色存在一定的差异。在自上而下模式中,两类利害关系人的角色主要是服从者——遵守食品安全相关法律规范,服从行政机关的关于食品安全的命令和政策。这在食品安全法以及《食品安全法实施条例》中作了大量的规定。当然,在实践中,某些食品生产经营企业基于强大的经济实力,当发生某一食品安全事件时,能够影响相关行政机关的决策,让行政机关作出有利于自己利益的政策选择,然而,它们本身并不制定政策,也无需承担因政策违法所产生的法律责任。

在相互合作模式中,两类利害关系人虽然也要遵守食品安全法律规范和政策与命令,也担当服从者的角色,但它们还将担当另一个更为重要的角色——制度化的参与者,即通过法律的形式来保证利害关系人将参与食品安全风险规制的全过程。它不同

---

① See Marian Garcia Martinez, Co-Regulation as a Possible Model for Food Safety Governance: Opportunities for Public-Private Partnerships, 32 *Food Policy* 299-314(2007)

于行政机关邀请利害关系人对其所提出的食品安全风险规制方案作出简单评论,而是涉及为利害关系人提供机会以形成食品安全风险规制的议题。它要求行政机关不再将利害关系人视为食品安全风险规制的局外人,从而对利害关系人充满戒备或敌意,而是将利害关系人视为与行政机关进行精诚合作的伙伴。它要求食品安全法律规范或行政机关的政策为利害关系人提供一种保证或承诺,这种保证或承诺超越了在某一孤立的食品安全风险问题上给予利害关系人参与的机会,而是给予利害关系人全面和广泛的参与机会。它所要求的也不是一些形式化的程序改革,如行政机关听取利害关系人的意见、召集利害关系人开座谈会,而是要求行政机关与利害关系人对各自的方案或观点进行相互说理和论证,同时又要承担相应的法律责任。因此,在相互合作模式中,两类利害关系人所担当的服从者角色也具有新的含意,即服从自己与行政机关共同作出的关于食品安全风险规制的决定或方案。

(三)专家的角色

食品安全风险规制经常面临科学知识的缺乏或不确定性问题,从而造成行政机关无法科学和有效地进行风险规制,所以,行政机关必须依赖相关领域的专家,由此专家也成为食品安全风险规制中不可或缺的主体。然而,在两类食品安全风险规制模式中,专家的角色存在一定的差异。在自上而下模式中,专家通常担当着相关食品安全风险知识的提供者、为行政机关决策的合法性进行求证的角色,因而专家知识成为决策的主要依据。专家往往受聘于相关的行政机关,当行政机关的某一食品安全风险规制政策受到公众的质疑时,它们通常会以"专家这样认为"、"根据专家意见"来进行辩护。这里隐含着这样一个假设,即专家的建议被认为是中立、客观、正确和确定的,并且是基于事实而没有求助于判断。《食品安全法》对风险评估中的专家的规定,就体现了自上而下模式中专家的角色定位。该法第 13 条第 2 款和第 3 款规定,国务院卫生行政部门负责组织食品安全风险评估工作,成立由医学、农业、食品、营养等方面的专家组成的食品安全风险评估专家委员会进行食品安全风险评估。对农药、肥料、生长调节剂、兽药、饲料和饲料添加剂等的安全性评估,应当有食品安全风险评估专家委员会的专家参加。根据这一条款,卫生行政部门应当聘任专家参与食品安全评估工作,而专家有义务为卫生行政部门的风险评估工作提供知识和建议,当然也暗含着专家为其决策提供合法性确证的义务。在实践中,以食品安全风险规制机关所聘请专家的意见作为其决策依据的典型例子,是 2008 年起引起公众广泛关注的"碘盐风波"。2010年 7 月,卫生部依据由其所委托的国家食品安全风险评估专家委员会所撰写的《中国食盐加碘和居民碘营养状况的风险评估》,作出由于我国居民碘缺乏的健康风险大于碘过量的健康风险而继续实施食盐加碘策略的决策。

在相互合作模式中,专家虽然也依然担当食品安全风险知识和信息提供者的角色,但此时的专家已经变得多元化,利害关系人、普通消费者也可以聘请自己的专家,从而出现专家之间的意见或观点不一致的局面,打破自上而下模式中专家知识确定性的假设,而专家知识作为食品安全风险规制主要、甚至唯一依据的神话也将破灭。专家的义务是指出关于食品安全风险的已经为其所知道的知识及没有为其所知道的知识。当专家提出一项观点时,他需要进行清楚地解释,需要接受同行审查并经得起公众的质疑。同时,专家也需要明白食品安全风险规制被不确定性包围着。因此,在相互合作模式中,专家不再是某一食品安全风险知识的垄断者,专家知识的不确定性已经被公开暴露。代表不同主体的专家之间,以及专家与利害关系人之间以相互合作和尊重的方式开展工作。

(四)普通公众的角色

从理论上讲,由于普通公众是食品安全风险的承受者,他们最有资格在食品安全风险规制过程中享受各类权利,诸如知情权、参与权和监督权等,从而成为食品安全风险规制过程中的真正主人。然而,在自上而下模式中,普通公众处于边缘地位。不论是在食品安全风险议程的设置阶段,还是在食品安全风险评估阶段,不论是在食品安全风险管理阶段,还是在具体的政策制定与选择阶段,普通公众都担当被动接受者和服从者的角色。有时,食品安全法律规范虽然也会规定公众有权对行政机关制定的食品安全标准进行评论,行政机关有义务向公众公告食品安全标准,但对于公众的评论,行政机关是否接受,对于不接受的行政机关是否需要说明理由等关键问题,法律规范则没有规定,因而属于行政机关裁量权范围,公众的评论对行政机关没有强制约束力。

在相互合作模式中,普通公众的角色将发生重大转变。普通公众的代表与前述相互合作模式中的利害关系人的角色基本一致,他们是制度化的参与者,是与行政机关共同规制食品安全风险的合作者和协商者,同时也将承担相应的法律责任。而代表以外的普通公众则担当监督者和评议者的角色。对于行政机关、利害关系人、专家和普通公众代表形成的食品安全风险规制方案,广大的公众享有知情权,他们有权对该方案进行监督和评议,有权提出不同的意见和建议,而行政机关有义务接受这些意见或建议,并对方案进行再修改。

二、自上而下模式面临的主要挑战

我国当前的食品安全风险规制模式属于自上而下模式,而且,该模式随着食品安全法的实施得到进一步强化。我国食品安全风险规制模式形成于 20 世纪 60 年代的计划经济时代,①食品安全风险问题开始出现并受到强烈关注是在 21 世纪初期。当时,在国际上较典型的是 2007 年发生的"中国制造"危机,在国内较典型的是 2008 年的问题奶粉事件。② 国内外食品安全事件的叠加,使得形成于计划经济时代的食品安全风险规制模式备受批评,也将食品安全风险规制改革推至政府议事日程。废除原先的食品卫生法,重新制定食品安全领域的基本法律——《食品安全法》,被视为食品安全风险规制改革的标志性成果。然而,《食品安全法》在诸多方面强化了自上而下的风险规制模式。例如,该法第 60 条规定,食品安全监督管理部门对食品不得实施免检。县级以上质量监督、工商行政管理、食品药品监督管理部门应当对食品进行定期或者不定期的抽样检验",从而将国务院在三鹿问题奶粉事件后以全面抽检制代替免检制的政策予以法律化,强化政府规制;该法第 18~28 条,排除食品安全行业标准的强制性标准地位,淡化行业组织在食品安全风险规制中的角色与功能,强调食品安全标准的制度和构成上的政府主导性。从法律的社会效果看,《食品安全法》的实施也并没有根本改变我国食品安全的严峻现状,公众和企业,特别是公众对行政机关规制食品安全风险的能力依然不信任。该法实施不久,我国仍连续发生一些较大食品安全事件,如 2010 年 1 月份三聚氰胺奶粉在全国一些省市重新出现。笔者认为,这种形成于计划经济时代,因食品安全法的制定而得以强化的自上而下的食品安全风险规制模式,在面对当前层出不穷的食品安全风险时,主要会遇到以下几个方面的挑战。

第一,就食品安全风险议题形成而言,行政机关通常将利害关系人,特别是普通公众排除在外。

所谓食品安全风险议题,就是确定什么问题构成食品安全风险,从而需要行政机关优先规制。它是行政机关分配资源进行风险评估和管理以及制定安全标准的重要前提。食品安全风险议题的形成包括对与食品安全风险相关现象的解释和选择,因而是一个充满价值冲突的过程。食品生产者、普通消费者、行政机关及其聘请的专家,对于什么问题构成食品安全风险往往会持有不同的观点。比如,对于所有人造食物添加剂,消费者通常认为会对食品安全构成风险,因而要求行政机关进行评估,而生产企业则认为人造食物添加剂是无害的,无需对其风险进行评估。对于这样一个充满价值争议的问题,在实践中,行政机关通常将利害关系人特别是将普通公众排除在议题形成的过程之外。比如,2010 年 9 月 12 日,卫生部《食品安全国家标准食品添加剂使用标准(征求意见稿)》停止征求意见,在允许使用的食品添加剂名单中,面粉增白剂依然在

---

① See Shumei, Sham or Shame: Rethinking the China's Milk Power Scandal from a Legal Perspective, 12 *Journal of Risk Research*, 732(2009)

② See Z. Wang, Y. Mao and F. Gale, Chinese Consumer Demand for Food Safety Attributes in Milk Products, 33 *Food Policy*, 27-36 (2008)

列。经媒体披露后,一个已经争议了20多年的问题——面粉增白剂存废——再一次受到公众强烈关注。如果从食品安全风险议题形成之角度来分析,卫生部《征求意见稿》将面粉增白剂列在允许使用的食品添加剂名单之内,表明卫生部经过权衡,已经形成关于面粉增白剂对食品安全是否构成风险这样一个议题。然而,从事后各类媒体的报道中可以发现,在该议题形成过程中,主存派(卫生部及面粉增白剂生产企业)与主废派(粮食局和大型面粉生产企业)之间的观点交锋异常激烈,双方都举出有利于自己的证据。可是,这样一个充满争议且关系到普通消费者切身权益的议题在形成过程中,普通消费者始终是缺席的。

第二,就食品安全标准制定而言,行政机关存在不制定标准,或者所制定标准相互冲突等情况。

在很大程度上,食品安全标准是行政机关规制食品安全风险的依据,也是食品生产经营者生产和加工符合安全标准的食品的依据。我国现行与食品安全风险规制有关的法律对行政机关制定食品安全标准的职权都作了明确规定。然而从实践来看,食品安全标准存在诸多问题,比如,不同部门制定的标准相互冲突且可以随意更改。一个较为极端的例子是黄花菜中的二氧化硫残留含量。2004年5月12日和6月14日,卫生部发布公告,规定在现行食品添加剂的卫生标准中将黄花菜排除在干菜之外,从而不允许在最终产品中存在任何二氧化硫残留。然而,由原商业部和国家质检总局联合制定的标准中将黄花菜列为干菜,农业部在它的企业标准中,明确允许干黄花菜中的二氧化硫残留为0.1克/公斤。当卫生部发布上述公告之后,大量企业生产的黄花菜就成为有毒的黄花菜。在将该标准问题提交给温家宝总理决定之前,卫生部于2004年8月9日又发布了另一个公告,允许干黄花菜中的二氧化硫残留为20毫克/公斤。[①] 又如,在某些关键食品领域,行政机关没有制定国家标准。当一些紧急食品安全事件发生时,行政机关没有任何标准可以参考,而涉事企业也没有任何标准可以遵守。在2008年的问题奶粉案件中,就奶粉的生产、加工和分配的过程而言,行政机关虽然已经制定了31项标准,但没有一项标准提到如何检测三聚氰胺。直到2008年10月7日,中国国家标准化管理委员会才对食品中的三聚氰胺发布了检测标准。同样,在2010年的"圣元奶粉致女婴性早熟"事件中,国家也没有制定奶粉中性激素的检测标准。

第三,从食品安全风险评估而言,行政机关及其聘请的专家存在不及时评估风险或没有科学评估风险等现象。

食品安全风险评估是对特定食品安全危害可能造成的负面后果进行定性或定量

---

① 前引 5,Shumei Chen 文。

分析,一般包括危害识别、危害特征描述、暴露评估、风险特征描述等内容。① 它要求行政机关和有关专家运用科学知识,正确和客观地反映食品安全风险的严重性。它是食品安全风险规制的基础,也是科学防范食品安全风险的重要前提。对于行政机关评估食品安全风险的职能,我国相关法律已经作了明确规定,如《农产品质量安全法》第 6 条、《食品安全法》第 13 条和第 14 条等。然而从实践来看,食品安全风险规制机关没有进行风险评估、不及时进行风险评估、不科学进行风险评估等情况较为突出。比如,在 2008 年 9 月三鹿问题奶粉全面披露之前的 3 个月,在国家质检总局食品生产监督司网站上,就有消费者投诉婴儿食用三鹿奶粉后患肾结石的情况。2008 年 6 月 16 日,甘肃一家地方医院就向甘肃省卫生部门报告婴儿肾衰竭的案例。到了 7 月份,江苏省徐州市儿童医院的医生也向国家质检总局食品生产监督司网站反映婴儿食用三鹿奶粉后出现肾衰竭情况。② 然而,国家质检总局和卫生部门并没有启动对三鹿问题奶粉的风险评估。到了 8 月 3 日,虽然三鹿集团公司向河北省石家庄市政府报告了问题奶粉的情况,但河北省石家庄市政府也没组织专家进行风险评估。由于相关职能部门对三鹿问题奶粉没有进行风险评估,因而无法确切掌握三鹿问题奶粉的社会危害性,也就没有采取及时和有效的防范措施。等到卫生部组织调查组对三鹿集团奶粉进行深入调查时,已经是 9 月中旬,错过了治理三鹿奶粉危机事件的关键三个月。这不仅在客观上加速了三鹿奶粉集团的灭亡,也扩大了对消费者的损害。③ 又如,在 2006 年 1 月震惊全国的"有毒多宝鱼事件"中,农业部官员承认由于事前缺乏对硝基呋喃的风险评估和预警预报,致使国家花费大量财力人力引进培育起来的一个将近 40 亿元的多宝鱼产业链几乎遭到灭顶之灾。这一事件也促使农业部在 2007 年 5 月 17 日成立国家农产品质量安全风险评估专家委员会。

第四,从食品安全风险沟通而言,行政机关存在迟延和片面向利害关系人和公众传播食品安全风险信息,或者以一种单向而不是互动的方式进行风险信息沟通等行为。

食品安全风险沟通作为食品安全风险规制的有机组成部分,意指行政机关通过一定的平台,如互联网、媒体,与公众和企业交流和传播关于食品安全风险信息的活动。有学者认为,它具有告知功能,即告诉特定主体有关风险的知识,增进他们对食品安全风险的认识,并且使原先不接受风险的人转而接受风险;行为引导功能,即帮助特定主

---

① See National Research Council, *Risk Assessment in the Federal Government : Managing the Process*, Washington DC; National Academy Press 1983, pp. 18-19.

② 参见孙长胜:"三鹿事件始末",http:// blog. sinacom. cn/S/blog_53csb3beolooaefq. html,2010 年 10 月 20 日访问。

③ 前引 5,Shumei Chen 文。

体对食品安全风险议题形成准确的讨论和结论,并通过个别或集体行动来降低风险。① 对于行政机关履行食品安全风险沟通的职责,不仅《政府信息公开条例》第9条和第10条作了明确规定,其他单行法律,如《产品质量法》第24条、《食品安全法》第82条等也都作了规定。然而从实践来看,行政机关存在不及时、全面公开食品安全风险信息,或者以单向的、居高临下的方式与公众进行信息沟通等行为。比如,2010年8月湖南金浩茶油致癌物——苯并芘——严重超标的事件被媒体披露,而早在2010年2月18日湖南省质监局即已通过抽检,查出金浩茶油的9批次产品存在苯并芘超标,只不过湖南省质监局在长达半年之内未将该信息公之于众,而是选择了秘密召回。② 又如,在2010年8月的"圣元奶粉致女婴性早熟"事件中,虽然卫生部通过召开新闻发布会的形式向媒体公布了婴儿乳房早发育与食用圣元乳粉无关这样一个结论,但作为该事件的家长对结论充满疑问,而该事件曝光的奶粉行业激素催奶的潜规则,则让公众感到恐慌。其中的原因,与卫生部门沟通此次食品安全风险信息的方式有很大关系。一是对于奶粉是否允许含有雌激素问题,卫生部发言人前后不一致。在8月10日新闻发布会上,卫生部发言人认为奶粉中不允许含有激素,而在8月15日的新闻发布会上,卫生部发言人通报检测结果表明,圣元乳粉中未检出外源性性激素,而内源性雌激素和内源性孕激素的检测值符合国内外文献报道的含量范围。这里,卫生部以笼统的"符合国内外文献报道的含量范围"为依据,就认定婴儿乳房早发育与食用圣元乳粉无关,缺乏充分的说服力。况且前后两次发言内容不一致。二是对于媒体和家长的一些疑问,卫生部并没有给予充分的回应或者展开比较充分的交流与沟通。我国奶粉行业大量存在激素催奶现象,但国家质监部门和企业又不检测激素含量,那么又如何确保奶粉中激素含量是正常的? 如果奶粉中含有雌激素,多少含量会引起婴儿性早熟? 这些问题,卫生部都没有给予回应。

第五,从食品安全风险管理而言,行政机关不作为或缺位管理等现象时有发生。

风险管理是食品安全风险规制的核心环节。它是负有食品安全风险规制职能的行政机关选择相应的行政执法措施用以排除、减少、缓解、转移和防备食品安全风险的行政活动。③ 我国现行与食品安全风险规制有关的几部重要法律,如《农产品质量安全法》、《产品质量法》、《食品安全法》及其生效之前的《食品卫生法》等,都明确和详细地规定了相关行政机关对食品安全风险的执法与监督职能。然而从实践来看,行政机关或者出现管理缺位和不作为,或者实施选择性管理,或者要等到食品安全事件发生

---

① 参见唐钧:"风险沟通的管理视角",《中国人民大学学报》(人文社科版),2009年第5期。

② 参见赵何娟、郑正文:"湖南掩盖金浩山茶油致癌物超标事实秘密召回",http://finance.qq.com/a/20100829001016.html,2010年10月21日访问。

③ 参见[美]罗伯特·希斯:《危机管理》,王成等译,中信出版社2004年版,第40页以下。

之后才实施所谓的"救火式"管理等现象较为突出。比如,对于食用油中的地沟油监管,根据学者的调查,我国每年大约有 300 万吨地沟油进入餐桌。[①] 从法律上讲,相关行政机关对食用油风险管理存在缺位或不到位的问题。又如 2010 年 7 月南京市发生了"小龙虾致肌溶解"事件,造成 20 多人中毒。中毒事件发生之后,南京政府立即组织了卫生、质监、工商等行政部门对小龙虾养殖、运输、销售、餐饮加工等环节进行专项整治。南京市政府的专项整治行动对于小龙虾致人中毒的风险的规制可谓"救火式"管理。

三、相互合作模式的合理性基础及制度框架

以上分析足以表明,我国现行自上而下的食品安全风险规制模式已经无法适应当前食品安全风险规制之需求,重构食品安全风险规制模式已成为一项迫切的时代任务。然而,改革的途径不是完全放弃行政机关对食品安全风险的规制,改由市场"看不见的手"来调整。因为食品安全的外部性以及食品生产经营者与消费者之间关于食品安全风险信息的不对称性,决定了不能完全由市场来规制食品安全风险。[②] 比较可行的途径是,通过行政法上权利与义务机制,建立并实施相互合作的食品安全风险规制模式。

(一)相互合作模式的合理性基础

食品安全风险规制的相互合作模式是以责任共担、信息共享、平等协商、理性沟通、相互信任、公开透明、灵活高效等为特征的一种新的规制模式。它的合理性基础既可以在政治哲学思想中汲取,也可以在当代公法思想中获得证成。就前者而言,功能主义观念、新自由主义观念、审议观念、人类学观念、解放观念和后现代观念等都可从不同角度证明风险规制中公与私合作治理的正当性。[③] 比如,合作的审议观念主要受德国学者尤尔根·哈贝马斯(Jügen Habermas)的话语理论的影响。根据哈贝马斯的观点,只有在所有受影响的主体的同意之下,政府决策才具有合法性。因此,合法的政府决策的形成就被概念化为不同主体参与决策,提出各自论据并进行相互论理的过程。[④] 显然,这一观点对相互合作的食品安全风险规制模式的正当性具有重要支撑作

---

① 参见蒋昕捷:"中国人年均吃 300 吨地沟油毒性百倍于砒霜",http://news.163.com/10/0317/16/6208
AKMT000146BC.html.2010 年 10 月 20 日访问。

② 参见王可山、李秉龙:"食品安全规制及其研究探讨",《现代经济探讨》,2007 年第 4 期。

③ See Renn,*Risk Governance*,*Copying with Uncertainty in a Complex World*,London:Earthscan Press,2008,pp. 345-356.

④ P. Corrigan and Joyce,Five Arguments for Deliberative Democracy,*Political Studies*,947-969(1997).

用。就后者而言,当代公法思想中的参与式治理、合作治理等观念也强有力地支持了食品安全风险规制的相互合作模式。[①] 比如,合作治理的一个基本观点是要超越传统行政管理中行政机关与相对人之间就管理事项严格区分公与私的界线,主张行政相对人参与行政管理,与行政机关共同决策,并承担相应的法律责任。[②] 此外,这一新型规制模式的合理性基础还可以从美国、英国等国家的实践经验中获得支持。一个较为典型的例子是,2002 年,英国食品标准机构运用利害关系人参与决策程序来管理羊中的疯牛病的潜在风险。[③]

除了上述一般性理论及国外的经验的支持之外,该模式的合理性基础还存于以下两个方面。

首先,它符合由食品安全风险双重属性所决定的食品安全风险规制应当在理性与感情和科学与民主之间获得恰当平衡的要求。既然食品安全风险规制是以食品安全风险作为规制对象,那么设计这种制度的逻辑起点就非常重要,而这个逻辑起点应当是食品安全风险的属性。与我国政府通常规制工程和桥梁安全风险、交通安全风险等仅具有单一属性的风险不同,食品安全风险具有双重性——它既是一种客观意义上的物理性存在,也是一种社会、心理和文化意义上的建构。所谓客观意义上的食品安全风险观是指,食品安全风险是真实的、可观察到的不利后果。它们不以人的主观意志为转移,是可以预测的,在可观察的食品安全风险与作为现实的食品安全风险之间存在着一种镜像关系。测量食品安全风险的一个常用公式是:食品双重性——它既是一种客观意义上的物理性存在,也是一种社会、心理和文化意义上的建构。所谓客观意义上的食品安全风险观是指,食品安全风险是真实的、可观察到的不利后果。它们不以人的主观意志为转移,是可以预测的,在可观察的食品安全风险与作为现实的食品安全风险之间存在着一种镜像关系。测量食品安全风险的一个常用公式是:食品安全风险(R)=损害的程度(H)×发生的可能性(P)。该公式的特点是使用定量的技术,以一种总体性的度量来判断食品安全风险,如在既定时间内某一食品安全事件将会造成的受伤或死亡人数,并以一个统一的单位来衡量损害的大小,即金钱数额。因此,如果某一食品安全事件发生的可能性越高,发生之后能够用金钱衡量的损失越大,那么它的风险就越高,反之,则越低[④]。对于其他因素, 如食品安全风险的分布是否平等、

---

①　See Orly Lobel, The Fall of Regulation and the Rise of Governance in Contemporary Legal Thought, 89 *Minn. L. Rev.* 342-470(2004).

②　See Jody Freeman, Collaborative Governance in Administrative State, 45 *UCLA L. Rev.* 1-98(1997).

③　See Henry F. Rothstein, Precautionary Bans or Sacrificial Lambs? Participative Risk Regulation and the Reform of the UK Food Safety Regime, 82 *Public Administration*, 857-881(2004).

④　See Richard H. Pildes & Cass R. Sunstein, Reinventing the Regulatory State, 62 *U. Chi. L. Rev.* 1. 49 (1995).

食品安全风险是否人们自愿遭受等，则被排除在外。所谓建构意义上的食品安全风险观是指,对食品安全风险的理解,不应仅仅着眼于食品安全风险现象本身或不应仅仅从食品安全风险现象本身入手,还应当从食品安全风险感知者的角度来认知。从本质而言,食品安全风险及其表现形式是由社会团体、组织和个人所编造的社会人工制品。与以单一的物质性维度作为判断食品安全风险否定性后果不同,建构意义上的食品安全风险观认为,道德的维度、政治的维度以及心理的维度,对于评价食品安全风险的否定性后果同样重要。[①]

从实践而言,纵观最近几年我国发生的食品安全事件,既有真正的食品安全事件,如"福寿螺"事件、"三聚氰胺"事件,又有诸如"陈化粮"、"巨能钙使用双氧水"、"雀巢奶粉碘超标"这样一些虽然不会导致人体健康问题,但却引起公众强烈反响甚至恐慌的食品安全事件。2008年奶粉行业中的"三聚氰胺"事件引发的连锁反应较为典型地体现了食品安全风险的心理和社会属性。根据上海市食品协会的一份调查,"三聚氰胺"事件对上海整个食品行业的影响都很大,包括甜食、休闲食品行业等都受到了不小的冲击,很多以奶粉作为原料的甜食、休闲食品品牌深受其害。消费者开始对乳业行业不信任,产生了恐慌情绪,一时间闻"奶"色变。一些与该事件虽然无甚关系但选用了奶制品作为原料的涉奶食品企业的生产、销售,都出现同比三成以上的暴跌。[②]这些事件表明,食品安全风险不仅仅是一种物质性的存在,它也会被公众或社会所建构,从而产生社会放大效应。

客观意义上的食品安全风险观,以科学和理性的优势著称,然而,这一优势也是其劣势所在。它所面临的质疑或批评主要是:为人们所认知的关于食品安全风险不受欢迎或否定性后果的东西取决于人们的价值和偏好;[③]与运用技术性方法分析所能够获得的关于食品安全风险的后果相比,食品安全风险与人们相互影响所产生的后果更加复杂、精致和特别;食品安全风险规制不能被视为一种与价值无涉的活动。在食品安全风险如何被描述、测量及解释过程中,专家的价值偏好就被反映出来;在何种程度上,某种食品或食品成分构成风险取决于不同感受者的生活方式及其关于该食品或食品成分的片断性知识,在大多数情况下,食品安全风险评估专家是不知道这些知

---

① Stephen Breyer, *Breaking the Vicious Circle: Toward Effective Risk Regulation*, Cambridge, Massachusetts: Harvard University Press, 1993, pp. 23-28.

② 参见叶松:"三聚氰胺事件拖累涉奶食品行业",http://finance.aweb.com.cn/2008/12/25/2252008122507483310.html,2010年6月20日访问。

③ See William Freudenberg, Perceived Risk, Real Risk: Social Science and the Art of Probabilistic Risk Assessment, 242, *Science*, pp. 44-49(1988).

识的。①

建构意义上的食品安全风险观扩大了食品安全风险有害后果的范围,从社会建构的角度来认知食品安全风险的本质,突出了食品安全风险背景的重要性。它的优势是:能够识别和解释食品安全风险来源相关的公众所关注的问题;解释食品安全风险发生的背景;识别与特殊的食品安全风险相关的文化意义和联系;有助于丰富食品安全风险规制的目标,如增加食品安全风险分担的公平性,考虑食品安全风险的长远影响;以食品安全风险评估专家的技术性分析评估方法所不大可能做到的方式反映个人价值偏好,等等。显然,建构意义的食品安全风险观具有的民主和公平的优势,弥补了客观意义上的食品安全风险观的缺陷,为食品安全风险评估结论的合法性提供了认识论视角。然而,它存在两大弱点:一是它所提供的建议或方法,体现了不同主体的价值偏好和世界观,而这些价值偏好和世界观很容易发生变化;二是它没有为测量食品安全风险的社会可接受性提供一个共同的标准。由于这两大弱点,使得食品安全风险问题变得更加复杂、不确定或模糊,也使食品安全风险规制存在不确定性。而这些问题,正是客观意义上的食品安全风险观所力图克服的。

由于食品安全风险具有客观性和建构性两大属性,作为一种制度安排的食品安全风险规制就应当完整体现这双重属性,整合两类食品安全风险观的优势——在理性与感情、科学与民主之间获得恰当的平衡。相互合作的食品安全风险规制模式建立在这样一个基础之上,即对于食品安全风险的规制,行政机关、利害关系人、专家和普通公众等主体都能够贡献自己的知识和经验,通过以责任与效率为前提的理性说服与建设性对话,以及以制度化参与为保证的平等沟通和充分的信息披露,来确保食品安全风险规制的合法性。如果说在该模式中,行政机关代表科学与理性,那么利害关系人、普通公众则代表民主与感情,而对由不同主体聘请的专家的知识进行相互审查与论证,则进一步增加该模式的理性与民主性。自上而下模式则既没有体现民主与感情——将利害关系人、普通公众排除在规制程序之外,也没有真正反映科学与理性——代表利害关系人、普通公众的专家没有出场,专家之间的观点和论据没有予以充分审查。

其次,它切中了当前我国食品安全风险规制问题的要害,符合我国食品安全风险规制的现实需要。对于我国当前食品安全风险规制的主要问题,一些学者将矛头指向"部门分割、缺乏协调"的规制组织体系,并主张设立统一的食品安全规制机构作为化解问题的良药。② 然而,多部门和多机构的食品安全规制组织体系并不为我国所独

---

① See B. Fischhoff, Risk Perception and Communication Unplugged: Twenty Years of Process, 15 *Risk Analysis*, pp. 137-145(1995).

② 参见张晓涛、孙长学:"我国食品安全监管体制:现状、问题与对策——基于食品安全监管角度的分析",《经济体制改革》,2008 年第 1 期。

有,食品安全风险规制较为先进的美国,就是一种多机构的规制组织体系。① 笔者认为,近年来我国连续发生的一系列较大或重大食品安全事件的原因,从行政机关规制角度而言,虽然不排除一些行政机关存在滥用职权或故意失职等情况,但主要原因则是行政机关无限的规制职能却有限的规制资源与食品安全风险信息的无限复杂性与多样性之间的紧张关系。一方面,在现行自上而下的食品安全风险规制模式下,行政机关是食品安全风险规制的绝对支配者、领导者和监督者,同时又是责任的集中承担者。行政机关所承担的是一种无限的规制职能,而在国家财政预算约束前提之下,承担食品安全风险规制职能的行政机关的规制资源则是有限的。另一方面,我国食品安全风险信息具有无限的多样性和复杂性,以及分散性和零碎性等特征。这些特征由我国传统的丰富的饮食习惯,存在规模小但数量众多的食品生产与加工企业或小作坊,②以及环境污染严重、生态受到破坏导致食品污染源增多等现实情况所决定。因此,在食品生产经营者与承担食品安全风险规制的行政机关之间存在信息严重不对称的情况,行政机关由于规制手段、人力及物力的限制,无法充分掌握市场中的食品安全风险信息,因而无法及时制定标准或进行风险评估与管理。"三聚氰胺奶粉重现市场"就是因行政机关执法资源有限,无法全面掌握三聚氰胺奶粉信息,从而导致规制失灵的例证。2007 年三鹿问题奶粉事件之后,三聚氰胺已经成为众矢之的,行政机关在多个场合多次表态,要坚决打击,一查到底。然而,豪言壮语不能有效规制三聚氰胺奶粉风险。当 2010 年 1 月贵州省卫生厅发布三聚氰胺超标食品"黑名单",确定四个批次的食品存在三聚氰胺超标问题时,举国哗然,行政机关规制乳制品风险的能力再度受到质疑。此次事件规制失灵的主要原因,主要是 2008 年三聚氰胺奶粉事件发生后,虽然行政机关销毁了流通领域已经查获的三聚氰胺奶粉,但并没有完全掌握部分乳制品企业在生产领域存在的三聚氰胺奶粉,而全国有多少家企业在生产奶粉,就连国家质检总局也不知道确切数据。③ 相互合作的食品安全风险规制模式的一个显著特征是通过制度化的方式让利害关系人和普通公众及其聘请的专家参与整个风险规制过程,让这些主体与行政机关以一种相互信任的伙伴式关系来共同承担风险规制任务,以一种主人翁的态度来与行政机关共享食品安全风险信息,从而尽可能克服食品安全风险规制中的信息不对称难题。显然,这是一条有效缓解、甚至化解当前我国食品安全风险规制合法性危机的适当途径。

---

① 参见前引 National Research Council 书,第 34 页以下。
② 参见章剑锋,"食品安全问题何以无解——专访国家食品安全风险评估专家委员会主任委员陈君实院士",《南风窗》,2010 年第 17 期。
③ 前引章剑锋文。

（二）相互合作模式的制度框架

从规范角度而言，相互合作的食品安全风险规制模式主要由三种类型的制度构成。

1. 核心制度

所谓核心制度是指，直接用以规范或调整特定主体在食品安全风险规制中的行为的规则体系。核心制度主要包括下列五项。

第一，协商式参与制度。① 它是指通过行政法上权利与义务的形式，规定食品安全风险规制机关、利害关系人、普通公众代表、专家等主体通过相互合作、平等协商、理性沟通、共享信息以及共担责任等形式来共同形成食品安全风险议题和制定食品安全标准，其大致包括以下几个环节。

（1）公告。当行政机关根据国家法律的规定，对国内外食品安全现状的判断，根据一定数量的利害关系人和公众的请求，准备制定食品安全国家标准或形成食品安全风险议题时，应当通过行政机关的公报、网站或媒体向利害关系人或公众公告，以便利害关系人、普通公众代表等主体能够参与。

（2）行政机关内部成立协商委员会，并确定一个召集者。召集者通常是由行政机关内部的法制机制工作人员来担任。协商委员会由行政机关工作人员、相关企业代表、普通消费者代表、专家代表、对食品安全风险感兴趣的人士代表，包括媒体界人士代表、观察员或评论员代表等组成。

（3）协商。协商委员会的成员事先规定一些协商规则，如期限、日程等，并确定争议的焦点或者主要问题。虽然通常是由召集者和行政机关工作人员设计风险议题或者确定协商基调，但利害关系人和普通公众代表等有权提出建议，也有权提出独立的风险议题。协商委员会的成员是平等的，每一成员都有相同的权利和义务。协商委员会成员之间通过充分的说理和沟通，形成食品安全风险议题草案或食品安全标准草案。

（4）评论。行政机关将协商委员会形成的关于风险议题或食品安全标准的草案在媒体上公告，接受更广泛的公众的评论。行政机关也有义务向公众公开协商委员会的陈述和证词。

（5）形成正式的议题或安全标准。行政机关将公众的评论或意见分类和整理，返回给协商委员会，协商委员会根据评论意见对草案进行修改，行政机关最终确定风险

---

① 本文所说的协商式参与制度，吸取了美国行政法上的协商式规章制定程序的基本要素。关于美国行政法上的协商式规章制定程序，见 Lawrence Susskind & Gerard McMahon, The Theory and Practice of Negotiated Rulemarking, 3 *Yale, J. on Reg.* 133-164(1985)

议题或安全标准。当然,如果风险议题或安全标准的争论比较激烈,行政机关会将经由协商委员会修改后的草案再一次接受公众评论,经过反复评论与修改,最终形成正式议题或安全标准。

第二,由多元主体组成的风险评估协调委员会制度。在相互合作模式下,食品安全风险评估的制度形式将打破自上而下模式中由行政机关聘请的专家组成的专家委员会,取而代之的将是由多元主体组成的食品安全风险评估协调委员会。该协调委员会的成员组成至少包括五个方面:一是由卫生部门聘请的医学、农业、食品、营养等方面组成的专家。二是普通消费者代表。普通消费者代表既可以作为个体的消费者,也可以是一些消费者组织的代表。三是食品生产企业界代表。食品生产企业界代表既包括直接与某食品安全风险相关的企业代表,也包括与该食品安全风险没有直接利害关系,但属于该行业的企业代表。四是卫生行政部门及其他行政部门的工作人员。五是由普通消费者和食品生产企业界聘请的专家以及对食品安全风险感兴趣的人士代表,包括媒体界人士代表、观察员代表等。

由这五种类型成员组成的食品安全风险评估协调委员会,将为关于食品安全风险的多种价值和知识进行相互交流与沟通提供一个平台。该风险评估协调委员会的总规模并不是一成不变的。它将依据特定食品安全风险的特点,作相应的调整或变动。比如,对于那些具有科学上的不确定性、社会和政治意义上模糊性的食品安全风险,典型的如转基因食品风险、辐照食品的风险,就需要更多的专家代表和更多的普通消费者代表。根据成员类型不同,该协调委员会可以成立四个小组:专家小组,由消费者代表和感兴趣的人士代表组成的公众小组,企业界代表小组,以及行政机关成员组成的组织、领导、协调和监督小组。

从行政法上讲,在食品安全风险评估的不同阶段,除行政机关成员小组以外的其他三个小组的权利和义务既存在一致性,也具有一定差别。在危害识别上,这三个小组都有平等的陈述权、提供证据的权利和质证的权利,都承担说明理由的义务。在危害特征描述、暴露评估和风险特征描述上,专家小组享有决定权,其他两个小组则享有知情权,并享有要求专家小组作出解释和说明的权利。在风险评估结论的形成上,专家小组享有决定权,但承担举证和说明理由的义务,其他两个小组则享有评议权、建议权并要求专家小组说理的权利。由行政机关成员组成的小组主要行使组织、监督、协调和领导等权力,当然最终的决策权由行政机关行使。但如果行政机关改变风险评估委员会的结论,则要重新召集委员会进行再评估。只有通过这一系列权利与义务的配置,在食品安全风险评估中,不同小组才能恰当地发挥各自的角色。

第三,贯穿于食品安全风险规制全过程的、开放的和双向的食品安全风险沟通制度。就食品安全风险沟通而言,相互合作模式也将以全过程的、开放的和双向的沟通方式取代自上而下模式中单向的、孤立的及封闭的沟通方式。在相互合作模式中,行政法需要将风险沟通贯穿于食品安全风险议题之形成、安全标准之制定、风险之评估及风险之管理的每一个环节。不仅如此,行政法还需要规定行政机关、利害关系人、普通公众及专家等主体之间以一种平等的、开放的和互动的方式来交流食品安全风险信息。这一沟通模式以这样一种假设为出发点,即在不同社会背景下行动的人们,对于食品安全风险具有不同的观念,对于食品安全风险情景的事实知识和评价性判断的要求也是不同的,被食品安全风险所影响的各类主体(主要是公众)需要行政机关及其聘请的专家的信息;同样重要的是,行政机关及其聘请的专家也需要利害关系人和公众及其聘请的专家的信息。这两类食品安全风险信息并不存在优劣之分。由此,相互合作模式中的风险沟通是这样一种程序,即试图在具有不同食品安全风险知识的团体、个体与行政机关及其聘请的专家之间展开对话,发展行政机关与公众之间关于食品安全风险信息的共享的理解。它的目的不仅仅是食品安全风险信息的告知或引导,而是通过交流来重新塑造行政机关与公众之间稳定的社会关系,维持彼此间的信任。它的主要产物不仅仅是食品风险信息,还包括在沟通过程中所发生的行政机关与公众之间社会关系的质量,以确保行政机关与利害关系人和公众之间形成一种伙伴关系。

第四,参与式风险管理制度。它是指行政法规定特定主体在食品安全风险规制措施的选择、评估、衡量、执行和监督与反馈等风险管理的关键环节上相互合作、共同决策、相互监督与共担责任等的规则体系。它将破除现行自上而下模式中以封闭、事后和缺乏监督等为特征的风险管理。这一制度虽然与用以食品安全风险议题之形成和食品安全安全标准之制定的协商式参与制度具有类似的观念基础,但具体的制度内容存在相当差异,因为它主要用以食品安全风险规制措施的选择、执行与监督等。

这一制度隐含着由行政机关、专家、公众和利害关系人所共同所掌握的知识、经验和信息来共同管理食品安全风险的含义,即食品安全风险管理除依赖于以行政机关及代表不同主体的专家所有的技术或经济的知识之外,还应当考虑利害关系人和普通公众所具有的文化的、心理的、政治的和道德的因素,并且这些因素有时比单纯的技术或经济的因素还重要。这是因为食品安全风险规制措施的选择或执行并不是一个价值中立的过程,而是涉及众多的价值判断。比如,对社区中的流动摊贩所出售食品的风险管理,就应当更多考虑社区民众的价值选择,回应社区民众的需求。对婴儿食用奶粉的管理,就应当更多考虑婴儿这类群体的特殊性,因而采用更为严格的安全标准或惩罚措施。更为重要的是,对食品安全风险措施的科学分析与价值判断是不能相互分离的。心理、道德、情感和文化等背景因素虽然会影响公众对于食品安全风险规制措施的选择,但它们同样会影响专家的判断。进一步而言,现代社会中的食品安全风险的复杂程度已经远非某一领域的知识所能解释,而专家也只是某个领域的专家,在他们不熟悉的食品安全风险领域,如以克隆动物作为食品的安全风险,他们的知识同样是有限的,有时也不得不依赖直觉或经验来选择规制措施,这导致专家之间的观点经常出现不一致。况且,与专家相比,公众关于食品安全的风险知识不一定就不准确,他们拥有与专家"相互竞争的理性"。[①]

就具体的制度结构而言,参与式风险管理制度除了与参与式协商制度具有相似的几个环节——公告、召集、协商、评论——之外,还具有更为丰富的形式。比如协助式执法,即行政机关将与以一定程序产生的普通公众代表和相关食品生产与经营企业工作人员一起定期检查食品生产经营企业遵守食品安全风险规制法律规范的情况。就那些在价值判断上存在重大争议的食品安全风险管理,像"碘盐致病风波",行政机关可以主持人的身份在主要利害关系人、普通公众代表等之间进行调解与和解等。再如风险管理措施的反馈制度,即利害关系人和普通公众通过网络、媒体等形式定期向相关行政机关反馈风险管理措施的有效性和合理性,供行政机关反思和修改。总之,在参与式风险管理制度中,行政机关、利害关系人、普通公众等主体将行使多项权利(力),承担多项义务,扮演多个角色,以便灵活、能动地共同管理食品安全风险。

第五,动议制度。所谓动议制度是指,作为申请人的利害关系人、普通公众代表、新闻媒体等主体享有法定的权利,要求特定的行政机关依法启动风险议题之形成、国家安全标准之制定、风险之评估、风险之沟通以及风险之管理等程序,该特定行政机关应当依法对申请人提出的申请作出相应的处理,如果申请人对食品安全风险规制机关的处理决定不服,可以依法请求法律救济的规制体系。动议制度不仅具有独立的价值,即体现自治和民主,而且还可以有效制约行政机关在食品安全风险规制各个环节中的不作为和延迟作为等违法行为。该项制度主要包括以下步骤:一是提出申请。利害关系人、普通公众代表、专家、新闻媒体等主体根据自身掌握的关于食品安全风险信息的情况,依法向有管辖权的行政机关以书面形式提出要求启动食品安全风险规制程序的申请。二是受理与审查。特定行政机关根据申请人的书面申请应当先行受理,并在法定时间内进行审查。在审查过程中,行政机关可以要求申请人进一步提供证据或其他事实材料,与申请人进行沟通与交流等,行政机关也可以亲自作调查。三是作出决定。经过审查,特定行政机关认为申请人的申请符合法定条件,认为有必要启动食品安全风险规制程序,应当作出书面决定,并在该决定中明确启动相应规制程序的时间等。反之,行政机关应当作出不予启动食品安全风险规制的决定,并说明理由。四是申请救济。申请人对行政机关的决定不服,行政机关拒绝受理或者没有在法定时间内作出决定的,都可以在法定期限内向上级行政机关申请复议或向人民法院提起行政诉讼。

2. 支持性制度

所谓支持性制度是指,用以支撑核心制度顺利推进和有效开展的规则体系。相互

---

① See Paul Slovic, *The Perception of Risk*, Trewbridge: Cromwell Press, 2007. p. 238

合作模式的支持性制度主要包括下列两项。

第一,多中心的信息公开制度。我国食品安全风险信息现状呈现出极端复杂性和多样性,不仅普通公众与食品生产经营者之间存在信息不对称,相关的行政机关与食品生产经营者之间也存在信息不对称,不仅普通公众与相关行政机关之间存在信息不对称,食品生产经营者之间也存在信息不对称。此外,专家之间也存在信息不对称的问题。现行的自上而下模式中,食品安全风险信息由行政机关来统一公布,而从 2008年的问题奶粉事件及 2010 年的金浩茶油事件中所暴露出的信息公开问题来看,由行政机关统一公布食品安全风险信息被证明是失败的:一方面相关食品生产经营企业存在隐瞒信息的情况,另一方面行政机关出于多种因素的考虑,也没有及时和全面公布信息。由此,我们需要采取一种新的食品安全风险信息公开制度,即多中心的信息公开制度。它是指除了行政机关有职权或职责公布食品风险信息之外,还需要通过法定的方式来规定食品生产经营企业必须向行政机关定期报告并提供潜在的对健康具有影响的食品安全风险信息。① 更为重要的是,普通公众、食品生产经营企业的同行和专家、新闻媒体等享有通过互联网、报纸等各种平台或渠道发布食品安全风险信息的权利。这种多中心的食品安全风险信息公开制度既能够制约行政机关不及时、不全面公开信息的情况,也为相互合作模式的顺利展开提供基础。

第二,责任制度。与现行自上而下模式中由行政机关集中承担食品安全风险规制责任的形式截然不同,在相互合作模式中,普通公众、利害关系人、专家等各类主体在食品安全风险规制的整个过程中都将承担相应的责任。换言之,它是一种新的责任制度,贯穿于从食品安全风险议题之形成、安全标准之制定、风险评估、风险沟通和风险管理的全过程,作为私方主体的利害关系人、普通公众以及专家等将与作为公方主体的国家行政机关及其工作人员共同承担食品安全风险规制责任。一方面,如果行政机关及其工作人员存在不履行公告、召集、协商、评论、反馈等法定职责,在协商过程中存在隐瞒信息、滥用职权、不作为或迟延作为等违法情况,或者存在随意改变评估委员会的结论或建议,不依法及时行使组织、监督等权力,在没有说明理由的情况下不听取和不采纳利害关系人、普通公众及专家提出意见或建议,对申请人的动议请求不予受理或不予决定,上级行政机关、行政监察机关和人民法院都可以依法对相关行政机关及其工作人员追究相应的法律责任。另一方面,如果利害关系人、普通公众代表、专家等存在提供虚假信息,隐瞒重要信息或证据、作不实陈述、相互勾结、不按照规定参加协商、不及时公开信息等,则将承担名誉、资格和财产方面的不利后果。

---

① 这方面美国的相关立法值得我们借鉴。1986 年英国国会制定一部紧急计划和社团知情法,根据该法公民和必须向州或当地政府报告被分类并排放到环境中去的危险物质的含量。参见[美]习凯斯·R.孙斯坦:《风险与理性——安全、法律及环境》,师帅译,中国政法大学出版社 2005 年版,第 325 页。

3. 技术性制度

所谓技术性制度是指,为核心制度的顺利开展提供工具、技巧或方法的规则体系。相互合作模式的技术性制度主要包括下列三项。

第一,普通公众代表之间的共识会议。共识会议主要用以解决在食品安全风险规制过程中,如何将广大普通公众的意志或判断整合进行政机关决策过程的制度。丹麦的国家技术局在规制转基因食品安全风险、食品中的化学添加剂风险和高速公路与信息技术的风险等问题上,经常使用这一方法。挪威、瑞士、英国、法国、日本和美国等国家在保护消费者权益、规制环境和健康风险等领域也广泛运用该制度。[1] 共识会议包括下列结构。

一是确定会议代表。借助于新闻媒体等宣传手段,作为会议组织者的行政机关选择愿意参加关于某一食品安全风险主题的共识会议的普通公众代表。行政机关根据年龄、性别、教育、职业背景和地区分布等标准,从这些报名的公众当中选择出 10 到 15 人。

二是获取信息和报酬。作为共识会议成员的公众代表有权获得关于该食品安全风险问题的各类信息和材料,如背景性的报道、新闻剪报、专家的意见和其他相关的信息。同时,行政机关将为会议代表提供相应的差旅、劳务等报酬。这些报酬将以法定的方式纳入国家财政预算。

三是共识会议成员开预备会。预备会一般安排在周五下午或晚上。这些公众代表之间将交换和沟通关于所讨论的问题的主要观点,并拟定相应的问题。在行政机关帮助下,这些问题将提交给不同领域的专家。

四是共识会议的正式召开。正式会议一般连续召开两天,通常在周六与周日进行。在正式会议第一天,公众代表与专家见面,专家回答代表们所提出的问题,代表们也可以当场进一步提问,甚至是相互对质。作为决策者的行政机关则以观察者和监督者的身份出席会议,其他普通公众以旁观者身份参加会议。经过一天的会议,作为公众代表的会议成员会形成一个关于所讨论问题的已经达成共识的简要结论或建议,对于进一步需要澄清的问题则在第二天继续向专家提问。第二天上午,提问与讨论继续进行。作为公众代表的成员会将前一天已经达成共识的结论在会议上向行政机关和专家等报告,对于没有达成共识的问题,专家进一步提供信息和指导,专家与会议旁听者可以对这份报告提出疑问。这些成员则进一步调整或修改报告或建议。第二天下午,该报告在一个新闻发布会上公开并作解释。当然,根据食品安全风险问题的难易程度,共识会议中的每一个步骤都可以进一步扩展,关键要素是具有责任心和公益心的普通公众代表的参与和评论。在法治比较发达的国家,与这种共识会议具有类似功

---

[1]　前引 Martin Dreyer Ortwin Renn 主编书,第 191 页。

能和结构的技术性制度还包括公民论坛和公民陪审团等。[①]

第二,专家研讨会和听证会。食品安全风险规制涉及大量科学上具有不确定性、争议性、疑难性的问题。虽然行政机关不能按专家的思维或判断来规制食品安全风险,但它们需要了解相关食品安全风险的真相和事实。从实践来说,行政机关主要通过组织专家研讨会和听证会等形式来实现这一目的。为确保专家研讨会和听证会真正发挥效果,行政机关应当邀请持不同意见或观点的专家参加会议,并应当通过新闻媒体等形式公开报道会议的情况。如果所涉及的食品安全风险问题比较复杂,在会议进行过程中,行政机关还可以临时追加其他专家参加会议(包括公众代表所聘请的专家)。对于专家之间的质证、辩论等,都需要作成记录,并形成案卷。

第三,专家代表与利害关系人及普通公众代表之间的共识会议。由于食品安全风险具有双重属性,这种双重属性往往造成专家与普通公众和利害关系人之间就某一食品安全风险在认知和判断上的差异,而这种差异会对食品安全风险规制带来一系列负面影响。[②] 因而,在专家与利害关系人和普通公众之间达成共识就显得非常重要。为实现这一目标,实践中采取的制度形式是专家代表与利害关系人及普通公众代表之间的共识会议。该制度形式主要由两个环节组成:一是通过团体德尔斐(Delphi)方法,[③]在专家之间达成共识。专家通过面对面的分析和协商, 特别是对利害关系人所识别的潜在食品安全风险的不利后果及不确定性进行评估,最终形成两方面成果:以书面报告的形式陈述专家对食品安全风险与不确定性的定量评估;以录像证词的形式记录专家的不同观点,以表明专家对各类偏好或信息是如何解释和判断的。二是对专家的报告进行讨论。行政机关将录像证词和直接的书面证词提供给由对食品安全风险感兴趣的人或利害关系人随机组成的讨论小组。这些讨论小组将参加一系列工作会议来了解专家的观点。公众讨论小组也可以要求专家提供更多的分析或者亲自实施调查。在考虑了食品安全风险的可能后果及专家的观点之后,他们可以进行协商并对最后的评估结论提供建议。这种建议将提供给行政机关。从理想状态而言,行政机关事先已经做出承诺,会认真考虑讨论小组所提出的建议。如果所涉及问题极端复杂和不确定,这种专家与公众之间的互动可以进行几个轮回,直至最终形成双方都比较满意的共识。

(作者简介:戚建刚,中南财经政法大学法学院教授。**)**

---

① See J. Applegate, Beyond the Usual Suspects: the Use of Citizens Advisory Board in Environmental Decision-making, 73 *Indiana Law Journal*, 903-912(1998)

② 参见戚建刚:《风险认知模式及其行政法则之意蕴》,《法学研究》2009 年第 5 期

③ 德尔斐原是古希腊的一处遗址,就是传说中神谕灵验并可预卜未来的阿波罗神殿所在地,后人借用以比喻高超的决策能力,20 世纪 50 年代,美国兰德公司首次尝试使用这一方法,以德尔斐命名。See T. Webker. D. Levine Rakel and O. Renn, A Novel Approach to Reducing Uncertainty, the Group Deiphi, 39 *Technological Forecasting and Social Change* 253-263(1991).

图书在版编目（CIP）数据

公共政策评论. 2014.1 / 姚先国，金雪军主编. —杭州：
浙江大学出版社，2014.6
 ISBN 978-7-308-13388-3

 Ⅰ．①公… Ⅱ．①姚… ②金… Ⅲ．①政策科学－研
究－中国 Ⅳ．①0601

 中国版本图书馆 CIP 数据核字（2014）第 132706 号

公共政策评论. 2014.1

主编　姚先国　金雪军

责任编辑	余健波	
封面设计	续设计	
出版发行	浙江大学出版社	
	（杭州市天目山路 148 号　邮政编码 310007）	
	（网址：http://www.zjupress.com）	
排　版	杭州好友排版工作室	
印　刷	富阳市育才印刷有限公司	
开　本	787mm×1092mm　1/16	
印　张	16	
字　数	347 千	
版印次	2014 年 6 月第 1 版　2014 年 6 月第 1 次印刷	
书　号	ISBN 978-7-308-13388-3	
定　价	48.00 元